속에 살아 숨 쉬는
전통 첨단 과학 이야기

초판 1쇄 발행 | 2012년 4월 30일
초판 12쇄 발행 | 2025년 5월 10일

지은이 | 윤용현
펴낸이 | 양진오
펴낸곳 | (주)교학사
등록일 | 1962년 6월 26일 제18-7호
주 소 | 서울시 마포구 마포대로14길 4(공덕동)
전 화 | 편집부 (02)707-5350   영업부 (02)707-5147
팩 스 | (02)707-5160
홈페이지 | www.kyohak.co.kr
편 집 | 송배근
디자인 | 김용호

ⓒ 윤용현 2012

저작권자와 맺은 협약에 따라 검인을 생략합니다.
이 책은 저작권법에 따라 보호를 받는 저작물이므로, 무단 전재와 무단 복제를 금합니다.
이 책 내용의 전부 또는 일부를 이용하려면 반드시 저작권자와 (주)교학사의 동의를 받아야 합니다.

이 도서의 국립중앙도서관 출판시도서목록(CIP)은 e-CIP 홈페이지(http://www.nl.go.kr/cip.php)에서
이용하실 수 있습니다. (CIP제어번호 : 2012001440)

ISBN 978-89-09-17270-7   43400

• 잘못 만들어진 책은 구입하신 서점에서 바꾸어 드립니다.
• 이 책 내용의 전부 또는 일부를 재사용하려면 반드시 지은이와 (주)교학사 양측의 동의를 받아야 합니다.
• 주의 : 책 모서리가 날카로우니 떨어뜨리지 않도록 주의하시고,
         책장을 넘길 때 종이에 베이지 않도록 주의하시기 바랍니다. (사용 연령 : 만 8세 이상)

"전통 과학 기술"이란 무엇일까요?

"전통 과학 기술"이란, 우리 겨레가 유구한 역사를 통해 자연에 대해 사색하고 경험하여 발견한 지식과 그 지식을 실용적으로 응용하여 창안해 낸 방법과 도구로, 그 우수성을 재발견할 수 있는 기술 자산이라고 정의할 수 있을 것입니다.

전통 과학 기술은 자연 속에서 출발하여 우리 생활 속에 녹아든 친환경 기술로 현대인의 인간 친화형, 친환경적 욕구를 충족시킬 수 있는 실현 가능성이 매우 높은 기술입니다. 또한 생활 속 오랜 경험을 통해 이미 안정성과 신뢰성이 확보된 기술이라는 점에서 현대인에게 건강한 삶과 삶의 질을 높일 수 있는 대안으로써의 매력을 갖고 있다고 할 수 있을 것입니다.

현재 선진국의 경우에는 자국의 문화와 전통 기술에 현대적 감각을 더하여 세계적인 명품으로 발전시킨 사례가 빈번해지고 있습니다. 이러한 시점에서 우리도 우리나라를 대표할 수 있는 전통 과학 기술을 발굴하여 지원하고, 현대 첨단 과학 기술과의 접목을 통하여 한(韓)브랜드로 세계에 내놓을 수 있도록 더욱 노력하고 연구하여야 할 것입니다.

이러한 관점에서 이 책을 다루었으며, 다룬 글들은 필자가 과학동아, 월간 과학소년, 원우(원자력연구원), 충청일보, 디지털타임즈, 동아일보 등에 기고하였던 내용을 수정 보완한 것입니다. 특히 2007년부터 시작한 충청일보의 '한국 고유 사이언스' 고정 지면에 178회의 연재가 이 책의 큰 틀이 되었음을 말씀드립니다.

필자가 국립 중앙 과학관 사람이 된지 20여 년이 되었으니, 열정을 갖고 전통 과학에 매진한 기간 또한 이와 같을 것입니다. 이 지면을 빌어 국립 중앙 과학관에서 이 분야에 대해 매진할 수 있게 큰 버팀목이 되어 이끌어 주신 선배 정동찬 실장님께 큰 감사를 드리며, 과학 기술사 연구실에서 전통 과학을 일구는데 함께했던 선후배 동료를 비롯하여 과학관 직원 모든 분께 고마움을 전합니다.

또한 대장간, 옹기, 염색, 한지, 상감, 무쇠솥 등 34개 분야 전통 과학 기술 현장 조사 시 따뜻하게 맞이해 주시고 수십 년간의 노하우를 아낌없이 풀어내 주신 100여 명의 기술 보유자님께 마음에서 우러나는 깊은 감사를 드립니다.

한국 고유 사이언스를 연재토록 지면을 할애한 충청일보 편집부원 관계자분과, 최근에 많은 가르침 주시며 전통 과학 기술에 대한 열띤 토론을 하여 주신 문헌과 문물(文獻與文物) 회원님들께도 감사를 전합니다.

그리고 헤아릴 수 없는 마음으로 바라봐 주시는 부모님과 묵묵히 내조해 주는 사랑하는 아내에게 고마움을 전하며, 어느새 훌쩍 커버린 아이들에게도 고마움을 전합니다. "효재야! 주원아! 멋지게 잘 커줘서 참 고맙다."

끝으로 부족한 이 책이 나올 수 있도록 정성을 다해 준 교학사 양철우 사장님과 편집을 맡아 준 송배근 차장님께 깊은 감사를 드립니다. 교학사와 인연을 맺은 2008년은 저에게 참 뜻있는 한해로 기억될 것입니다.

2012년 3월

한밭고을에서 윤 용 현

차례

I 생활 속에 숨 쉬는 과학의 지혜

- 빛 에너지인 '등잔'의 과학 / 7
- 열기를 가두는 최고의 난방 시스템 '온돌' / 9
- 추석 속의 실용과 생활 과학 '방아'와 '송편' / 16
- 화학 기술과 원자 물리 기술의 바탕 '절구'와 '맷돌' / 22
- 마찰력과 원심력 '매통' / 26
- 열 함유량의 대명사 '뚝배기' / 28
- 세계의 으뜸 '발효' 과학 기술 / 30
- 장기 숙성 전통 '된장'의 우수성 / 34
- 바이오 과학인 '옹기'와 김치 냉장고 / 39
- 멜빵 문화의 완성작 '지게' / 42

II 장인 정신이 빚어 낸 과학의 숨결

- 세계의 으뜸 '전통 한지'의 우수성 / 47
- '한지발'의 과학 슬기 / 52
- '먹'의 과학 / 56
- 고 기능성인 '숯' / 60
- 천연 도료 '옻칠' / 64
- 나노 기술을 찾다 '체' / 68

III 과학과 예술의 조화

- 첨단 선진 기술인 '금속 상감(金屬象嵌)' 기술 / 73
- 완숙한 주조 기술과 정치한 도금술의 최고봉 '백제 금동 대향로' / 78
- 음향과 합금 기술의 백미 '종(鐘)' / 82
- 구조학적 안정성과 조화된 곡선미의 백미 '첨성대' / 88
- 비례와 균형의 극치 '석탑(石塔)' / 94
- 물리·수학·건축 기술 등 과학 슬기가 숨어 있는 신라 미술의 절정 '석굴암' / 101
- 뛰어난 조형미와 구조 안정성의 으뜸 '홍예(虹霓)' / 105

IV 실용 정신과 합리성이 결합된 과학 슬기

- 방직 기구로 보는 선조들의 과학 지혜 '물레'와 '베틀' / 113
- '쟁기'와 벡터 원리 / 122
- 조선의 냉장고 '석빙고'의 과학 / 126
- 하늘을 그리다 '천상열차분야지도(天象列次分野之圖)' / 130
- 제어 시스템의 극치이자 아날로그·디지털 변환기 '자격루' / 134
- 시간과 절기를 한눈에 '앙부일구' / 137
- 세계 최초의 강우량 측정 체계 확립 '측우기' / 140
- 조선의 초정밀 과학 기술 '혼천시계' / 144
- 기상학의 선구 '풍기대' / 150
- 고정·움직도르래 원리 이용한 '거중기' / 152

V 전통 속에 녹아 있는 첨단 과학 기술

- 전기 드릴의 원조 '눌비비'와 '활비비' / 157
- 청동기 시대 과학 기술의 결정체 '청동 잔무늬 거울' / 160
- '철'의 하이테크 초강법과 표면 경화 처리 / 165
- '조개가루'의 우수성 / 168
- 첨단 조직의 산실 '낫' / 172
- 군사 무기의 백미 '쇠뇌' / 175
- 가마솥에 숨겨진 과학 '무쇠솥'과 '통가열식 압력밥솥' / 179
- 이동식 다연장 로켓 '신기전(神機箭)' / 185
- 우리 민족의 신기술 '유기' / 192
- 첨단 도난 방지 시스템인 '자물쇠' / 197
- 자이로 원리를 배우자! '팽이치기'의 과학 / 202

I

생활 속에 숨 쉬는 과학의 지혜

빛 에너지인 '등잔'의 과학

• 등경

전기가 사용되기 전까지 우리 조상들이 어둠을 밝히며 살아왔던 여러 가지 조명 도구들 가운데 으뜸은 등잔이다.

빛을 밝혀 주는 것은 천연의 빛인 태양과 예부터 사용되어 온 기름을 사용한 등잔과 램프, 그리고 전기를 이용한 전구와 형광등 등을 들 수 있다.

등잔이란 동물성[어유(魚油), 고래 기름], 식물성[참기름, 콩기름 등] 기름을 담아 등불을 켜서 어두운 곳을 밝히는 용기를 말하는데, 재료는 불연소성 소재인 돌·토기·도자기·놋쇠·철제 등으로 만든다. 이러한 등잔에 솜·한지·노끈 등으로 심지를 만들고 기름이 배어들게 하여 불을 켜게 되는 것이다. 『연려실기술(燃藜室記述)』에 "명아주실로 심지를 만들어 불을 밝히고 역사를 썼다."는 기록에서 선조들이 사용했던 심지의 재료가 어떤 것이었는지 알 수 있다.

등잔은 등경걸이·등잔받침 등으로 구성되는데, 종지형 등잔이 가장 기본적인 형태이다. 종지형 등잔은 지름 7㎝, 높이 5㎝ 내외의 크기가 가장 많이 사용되었다. 그러다가 1876년경 석유의 도입으로 널리 쓰이면서 형태도 인화와 휘발을 막기 위한 심지가 붙은 뚜껑을 덮는 폐쇄형인 사기 등잔이 보급되었다. 이 등잔도 등경에 걸거나 좌등에 넣어 사용하였는데, 1970년대 초기까지도 전기의 보급이 안 된 일부 산촌 지방에서 사용하였다.

우리나라에서 발견된 등잔 가운데 가장 오래된 것은 평양 낙랑 유적의 청동제 고배형 등잔이다. 고구려의 쌍영총 고분 벽화에는 낙랑 유적의 고배형 등잔과 매우 유사한 것이 그려져 있어 고구려 등잔 형태를 알 수 있는 좋은 예가 되고 있다.

• 호형 등잔

신라의 유물로는 토기로 된 다등식 등잔(多燈式燈盞)이 있고, 백제의 것으로는 무녕왕릉 감실에서 출토된 종지형 백자 등잔을 들 수 있다.

낙랑 출토품의 등잔은 여러 개의 등잔이 나뭇가지 형태의 가지 위에 얹혀져 각기 독립된 형태를 유지하지만, 신라의 다등식 등잔은 4~6개의 등잔이 하나의 둥근 원통관(Pipe)에 연결되어 기름을 한 곳에 넣으면 여러 개의 등잔에 일정한 유량을 유지하면서 불을 밝힐 수 있도록 과학적으로 고안되었음을 알 수 있다.

● 신라 다등식 토기 등잔

백제 무녕왕릉에서 출토된 종지형 등잔은 이후 조선 시대에 이르기까지 등잔의 기본 형태로 정착되었다. 이는 실생활의 용기(그릇)를 이용한 것으로 광범위한 계층에 사용되었는데, 제작상의 간편함과 등잔에 사용되는 기름이 인화성이 약한 동·식물성 기름으로 일관되게 사용되었기 때문이다. 등경은 이와 같이 낮은 등잔을 일정한 높이에 올려 사용하기 위해 창안된 것이다.

그러면 등잔에 담겨 있는 우리 선조들이 활용한 과학 원리는 무엇일까?

등잔에는 심지가 담겨져 있는데, 바로 이것에 과학 원리가 듬뿍 배어 있다. 등잔의 기름을 빨아 올리는 심지(wick)에서는 섬유 사이의 공간이나 통기성 물질의 구멍에서 볼 수 있는 현상으로, 작은 관과 같은 통로를 따라 액체가 올라가거나 내려가는 현상인 '모세관 현상'을 살펴볼 수 있다.

모세관 현상이 표면 장력(表面張力) 때문에 생기는 것은 다 알고 있을 것이다. 물 속에 가는 관을 넣었을 때 물이 관을 따라 올라가는 것은 물 분자와 유리 벽면 분자, 또 물 분자 상호간의 인력(引力) 때문에 생기는 것이다. 이 인력은 특정한 높이까지 올라간 액체 기둥에 작용하는 중력과 균형을 이룬다. 따라서 모세관의 안지름이 작을수록 물은 더 높이 올라가는 것이다.

또한 등잔의 빛은 연소 과정을 거쳐야 나오는데, 연소를 일으키기 위한 에너지와 불이 붙는 발화점 이상의 높은 온도의 필요성을 인지하였던 슬기로움도 엿볼 수 있다.

조상들의 지혜의 산물이자 우리의 아름다운 추억을 간직한 등잔에는 이렇듯이 현대 열과 빛에너지의 과학 원리이자 생활 속의 과학이 뿌리 깊이 배어 있는 것이다.

● 부엌용 등잔

열기를 가두는 최고의 난방 시스템
'온돌'

우리는 서늘한 바람을 피하려는 듯 옷깃을 여미며 발길을 재촉하는 거리의 행인들 모습에서 따뜻함이 그리운 계절이 되었음을 느끼게 된다.

우리나라는 사계절이 뚜렷해 고온다습한 여름과 추운 겨울이 있기 때문에 한옥(韓屋)은 난방을 위한 온돌[구들]과 더위를 피하기 위한 대청마루를 갖추고 있다.

● 칠성사 백장암 굴글 온돌 유슬

고구려 벽화 무덤인 황해도 안악 3호분(4세기) 벽화. 아궁이와 굴뚝이 있는 부엌에서 한 여인이 음식을 장만하고, 다른 여인이 부뚜막 아궁이에 불을 지피는 장면.

온돌은 추운 북쪽에서 발달하여 차츰 남쪽으로 전해진 북방적 특징을 가지고 있는데 비해, 마루는 남쪽 지방에서 발전하여 북쪽으로 전파된 남방적 특징을 가지고 있다. 전혀 어울리지 않을 것 같은 이 두 요소가 결합하여 우리의 한옥 구조를 이루고 있다. 즉, 우리나라는 사계절의 변화가 뚜렷한 기후 특성으로 여름철에는 남방적 특징인 대청마루, 누마루, 쪽마루, 툇마루 등의 마루 문화를, 그리고 가을부터 봄까지 세 계절에는 북방적 특징인 온돌이라는 독특한 난방 문화를 가지고 있다. 이러한 것은 우리나라 건축에만 있는 구조적 특징이며 자랑이다.

우리나라의 온돌은 신석기 시대인 함북 웅기군 서포항 조개더미 유적에서 처음으로 발견되며, 청동기 시대인 평북 영변 세죽리 유적에서는 'ㄱ'자형 외고래 온돌로 발전하였다.

삼국 시대 고구려의 온돌에 관한 기록으로는 『구당서(舊唐書)』 「동이전(東夷傳)」 '고구려조(高句麗條)'에 보이는 '겨울철에는 모두 긴 고래(長坑)를 만들어 밑에 불을 때어 따뜻하게 한다.'는 기록을 들 수 있다. 이로 미루어 고구려는 민가에서도 온돌을 사용하였음을 알 수 있다. 또한 4세기경의 고구려 벽화 무덤인 황해도 안악(安岳) 3호분 벽화에 보이는 아궁이와 굴뚝이 있는 부엌에서 한 여인이 음식을 장만하고, 다른 여인이 부뚜막 아궁이에 불을 지피는 장면 등이 그러한 사실을 뒷받침하고 있다.

백제의 온돌에 관한 기록으로는 『삼국유사(三國遺事)』 「권 제2 남부여 전백제 북부여조(券第二 南扶餘 前百濟 北扶餘條)」에 왕흥사(王興寺) 이야기와 함께 등장하는 '돌석(突石)'은 온돌의 한자 표현으로 보인다. 또한 부여 부소산성 내 제3건물지에서 구들과 부뚜막 시설이 발견되어 백제의 온돌 관련 사실을 뒷받침하고 있다.

신라의 온돌에 관한 기록으로는 중국의 『신당서(新唐書)』 「동이전(東夷傳)」 '신라조(新羅條)'에 보면 '겨울에는 집안에 부뚜막을 만들고, 여름에는 음식을 얼음 위에 놓는다.'라는 기록이 있어 신라의 온돌 관련 사실을 이해할 수 있다.

삼국 시대의 이러한 온돌이 가옥의 일반적인 구조가 된 것은 고려 시대이며, 전국적으로 보급된 것은 조선 시대부터이다.

온돌의 형태적인 면을 종합해 보면, 화덕에서 부뚜막 형으로 변화된 뒤 부뚜막을 좀 더 길게 연장한 일자형 온돌(고래)로, 다시 'ㄱ'자형 온돌 형태로, 그 다음 단계로 여러 줄의 고래를 갖춘 온돌로, 마지막 단계로는 방 전체를 온돌로 하는 모습으로 변화·발전되어 왔음을 알 수 있다.

온돌은 아궁이, 고래, 개자리, 연도, 굴뚝으로 구성되는데, 특히 고래를 어떠한 형태로 만들었는가에 따라 연료의 소비량과 실내 보온에 크게 영향을 미친다.

온돌은 방바닥을 골고루 덮혀 주고, 습기가 차지 않도록 하여 인간이 거주하기에 가장 적합한 환경을 만드는 방바닥 축조법이다. 아궁이와 방, 개자리, 고래의 형태 등에 따라 다음과 같이 분류된다.

먼저, 아궁이와 방의 기능에 따라 분류할 수 있는데, 남부 지방에 많은 '한 아궁이에 한 방 온돌'과 추운 지방에 많은 '한 아궁이 여러 방 온돌', 그리고 아주 추운 북부 지방의 많은 겹집에 보이는 '한 아궁이 여러 방 온돌'이 겹쳐져 있는 '겹집 온돌'을 들 수 있다.

아궁이 형태에 따른 온돌은 두 가지로 분류되는데, 부넘기와 개자리가 없고 함실에서 직접 열을 공급하는 '함실 온돌'과 개자리와 부넘기가 있고 부뚜막에서 열을 공급하는 '부뚜막 온돌'이 있다. 부뚜막 온돌의 경우 대개 부뚜막에 솥을 건다.

개자리에 의한 분류로는 주로 남부 지방에 많은 '개자리가 없는 구들'과 북부 지방에 많은 '개자리가 있는 구들'을 들 수 있다.

고래의 형태에 따라서는 곧은고래, 굽은고래, 되돈고래 등으로 분류되며, 고래 구조에 따라서는 줄고래, 허튼고래, 부채고래 등으로 구분된다.

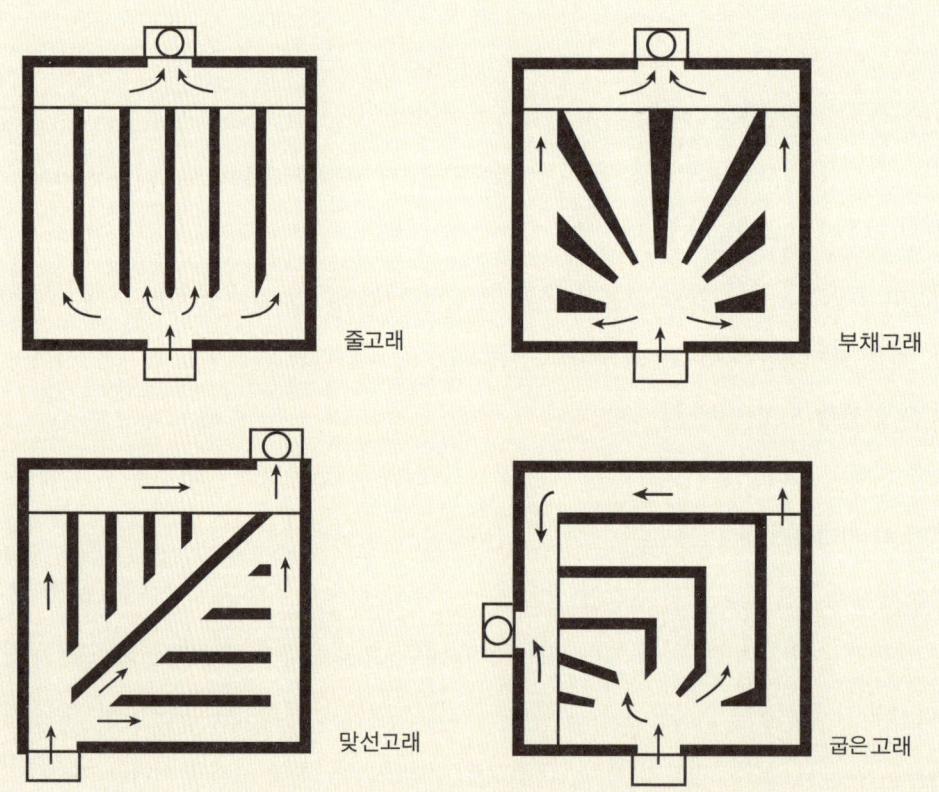

● 온돌의 종류

온돌의 축조 방식 가운데 가장 대표적인 '곧은고래'의 축조 방법을 살펴보면, 먼저 부엌에 부뚜막을 설치하여 연소실의 역할을 하는 아궁이를 만들고, 부뚜막에는 솥을 걸어 취사와 난방을 겸하였다. 부엌과 고래가 통하게 되어 있어 아궁이에서 불을 지피면 부넘기에서 불길이 넘어가서 불의 열기가 고래를 통하여 사이폰 (Siphon, 열기를 빨아들이는 원리) 작용에 의하여 윗목의 구들장까지 덥힐 수 있도록 설계하였다. 고래는 굴뚝에 닿기 전에 개자리를 만들어서 불길의 역풍을 막을 수 있도록 고안하였다.

이러한 온돌의 구조를 보면, 아궁이에서 고래로 들어가면서 급경사를 이루어 높아지다가 다시 약간 낮아지는 부넘기가 있는데, 부넘기는 불길을 잘 넘어가게 하고 불을 거꾸로 내뱉지 않도록 하며, 굴뚝개자리는 역류되는 연기를 바깥으로 내미는 역할을 한다.

아궁이에서 굴뚝 연도(煙道, 연기가 굴뚝으로 빠져 나가는 통로)까지 도랑 모양으로 만들어 그 위에 구들장을 덮어 연기가 흘러나가게 만든 곳을 방고래라 하며, 고래 옆에 쌓아 구들장을 받치는 것을 두둑이라 한다. 부넘기에서 굴뚝이 있는 개자리까지는 안쪽이 높게 약간 경사를 두어 아궁이 쪽이 낮아지게 하는데, 이 때문에 아궁이 쪽을 아랫목이라 하며, 굴뚝 쪽을 윗목이라 부른다.

이렇듯이 온돌은 불길과 연기가 나가는 고랑인 고래와 방고래 위에 놓은 넓고 얇은 돌인 구들장으로 이루어졌다. 고래 한쪽에 만든 아궁이에 불을 지펴서 구들장을 데우고, 구들장의 복사열과 전도열로 실내를 데우는 한국 고유의 난방 장치가 온돌인 것이다.

구들장은 아랫목은 낮고 윗목은 높게 설치하는 반면, 위에 바르는 흙은 아랫목은 두껍고 윗목은 얇게 발라 열 전도성을 좋게 하고, 열이 고르게 퍼지도록 만들었다. 구들은 방바닥 전부가 열의 복사면이 되므로 하루 2차례의 장작불만으로도 열

● 온돌의 구조도

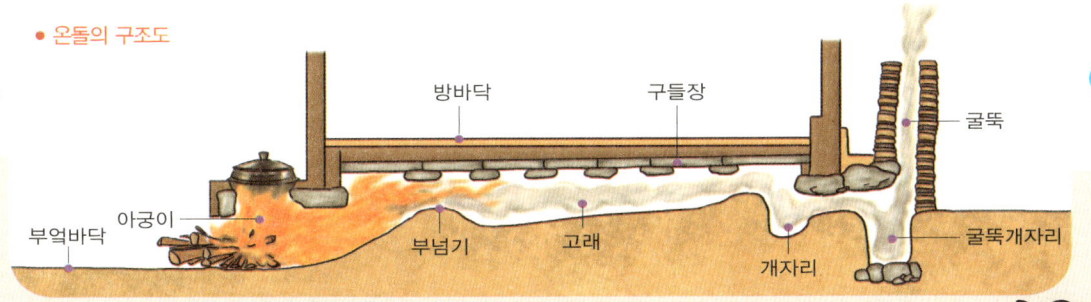

기를 고래로 내류(고래에 머물며 열기가 도는 것)시켜 구들장을 가열하고 축열(畜熱, 구들장에 열을 가두는 것)시켜서, 불을 지피지 않는 시간에도 축열된 열을 방바닥에 퍼지게 하는(방열(放熱)) 고체 축열식 난방 방법이다.

이러한 우리의 온돌은 서양의 벽난로 난방법(열기와 연기가 함께 나오는 구조)과 달리 연기는 걸러내고 열기만을 얻는 '필터링 시스템' 원리를 완벽히 갖추고 있는데, 연기가 나갈 때에도 찬 공기만 나가고 열기는 나가지 않도록 설계되었다. 또한 개자리에는 입체 역학 원리가 있어서 전후좌우로 열기를 전달하고 오래 머무르게 하는 역할을 한다.

구들을 놓을 때 아궁이, 고래 구멍 및 굴뚝의 배치는 지역의 바람 방향, 기후 조건에 따라 절묘하게 맞출 수 있는 과학적 슬기가 절대적으로 필요하다. 만약 이것을 잘못 맞추면 아궁이에서 굴뚝으로 들어가야 하는 열과 연기가 거꾸로 아궁이로 되돌아 나오기 때문이다.

온돌에서 열은 1차로 기체인 공기에 전달되고, 2차는 고체(구들장, 진흙 등), 3차에서는 다시 실내 공기에 전달된다. 따라서 난방 효과는 열전달 과정의 속도와 시간에 의하여 좌우되며, 이는 외기 온도에도 크게 영향을 받는다. 즉, 열에너지가 구들에 체류하는 시간이 길어지도록 고래, 개자리 등을 통과하여 축열되는 과정과 구들장, 흙, 벽 등을 통하여 외기로 방열되는 과정이 잘 조화되도록 만들어졌을 때 난방 효과가 가장 커지는 것이다.

온돌은 실내 온도를 섭씨 13~16도로 유지할 수 있을 정도로 뛰어난 난방 방식이다. 특히 집 안에서 발생된 열이 구들 속에 오랫동안 머물러 있도록 설계되었기 때문에 열에너지의 옥내 체류 시간을 많이 늘려 에너지를 절약하도록 되어 있다. 이러한 구조로 인해 방 안에 별도의 난방 시설이 필요 없었고, 한편으로는 산소가 충분하여 방 안이 쾌적해지는 좋은 조건을 갖출 수 있었다.

자 그러면 우리의 온돌과 현재 서양에서 많이 사용하고 있는 라디에이터 난방 방식을 비교해 보자.

먼저 서양의 라디에이터 방식은 '대류 난방'으로 사람이 서 있는 자세에서 머리는 고온이 되고, 발은 저온이 되는 '두열족냉식(頭熱足冷式)'으로 건강에 좋지 않은 방식을 취하고 있다. 반면에 우리의 온돌은 달궈진 구들장에서 방출되는 열로 난방을 하는 '복사 난방'이어서 방 안의 위아래 온도차가 거의 없고, 열을 방 공간에 고루 넓게 퍼지게 함으로서 방바닥은 따스하고 실내 온도와 습도는 적당히 유지된다. 또한 사람의 몸 전체가 구들장에 직접 접촉하므로 구들장에서 방출되는 전도열로 몸 전체가 따끈해져 혈액 순환을 촉진하는 작용을 하는 것이다. 이러한 점에서 우리의 온돌은 자연 법칙에 가장 충실한 이상적인 '복사 난방'이라 할 수 있는 것이다.

우리의 생활과 함께한 온돌은 그 동안 우리들의 무관심 속에 묻혔는데, 독일 프랑스 등 외국의 현대 건축가들은 온돌 기술을 배워가 온수 파이프를 활용한 난방 장치를 개발하는 중이다. 이것이 거꾸로 우리나라에 들어와 아파트에 적용되고 있다는 사실을 아는 한국인이 얼마나 될까?

국제적인 관심사로 떠오르고 있는 온돌은 '개정판 옥스퍼드 사전'에 발효 과학의 정수인 'Kimchi(김치)'와 함께 'Ondol(온돌)'로 수록되어 있다. 우리의 귀중한 과학 문화 유산이자 세계의 과학 문화유산으로 인정받고 있는 것이다.

온돌은 동시대 어떤 민족도 갖지 못한 것으로, 우리 겨레가 우리의 자연 환경에 맞도록 발명해 낸 전통 사회의 반영구적 첨단 난방 시설이다. 또한 오늘날 대두되고 있는 에너지의 절약과 효율성 극대화에 꼭 필요한 세계에서 가장 훌륭한 난방 시스템인 것이다.

● 김준근의 '디딜방아'

추석 속의 실용과 생활 과학
'방아'와 '송편'

방아 우리 고유 명절 가운데 으뜸인 추석은 한가위 또는 중추절(仲秋節)이라고도 하며, 신라의 '가배(嘉俳)'에서 유래되었다고 한다.

추석이라는 말은 음력 8월 보름달이 가장 달빛이 좋음을 이야기한 『예기(禮記)』의 조춘일(朝春日) 추석월(秋夕月)에서 나온 것이다. 중추절이라 하는 것도 가을을 초추·중추·종추 3달로 나누어 음력 8월이 중간에 들었으므로 중추요, 명절이기에 중추절이라 부르게 된 것이다.

그 기원은 신라 시대의 풍속에서 찾을 수 있는데, 『삼국사기』의 유리이사금 조에 의하면 '왕이 신라를 6부로 나누고, 왕녀 두 사람이 각 부의 여자들을 두 패로 나누어 음력 7월 16일부터 8월 15일까지 한 달 동안 늦은 밤까지 길쌈과 적마(積麻)를 하여 실력을 겨루었다. 마지막 날인 음력 8월 15일에 그 성과에 따라 진 편에서 이긴 편에 술과 음식을 대접하며 가무(歌舞)를 즐기며, 각종 놀이를 하였는데 이를 가배(嘉俳)라 한다.'고 하였다.

이 가배라는 말의 어원을 살펴보면 '가뷔(嘉俳)→가위·가빗날(嘉俳日)→가윗날→한가위'로 표기 변이된 순수한 우리말로 오랜 전통을 갖고 있음을 알 수 있다.

추석에는 일 년 동안 농사지은 햇곡식과 햇과일을 하늘과 조상에게 우리가 먹기 전에 바치는 일종의 추수 감사제 성격이 깃들어 있다. 하늘과 조상의 음덕에 힘입어 온갖 과일과 곡식들을 풍성하게 거두었다는 감사의 마음을 전하는 것이다.

이때는 무엇보다 오곡이 풍성하므로 시절(時節)에 맞는 여러 음식이 있는데, 햇곡식과 햇과일로 밥과 떡, 술을 만들어 차례를 지내고 온 가족이 나누어 먹었다.

추석의 음식 가운데 필수적인 것이 송편이다. 햇곡식을 이용하여 송편과 같은 떡을 만들기 위해 가장 중요한 작업이 곡식을 이용하기 쉽게 껍질이나 겨를 벗겨 내거나 부수거나 가루로 만드는 일이다. 이러한 일을 '방아'라고 하는데, 여기에는 찧기·쓿기·빻기·타기 따위의 일이 있다. '찧기'란 쓿고 빻는 일을 통틀어 일컫는 말이고, '쓿기'는 곡식의 겨를 벗겨 깨끗하게 하는 일, '빻기'는 가루로 만드는 일, '타기'는 곡식을 성글게 부수는 일을 가리킨다.

방아는 곡식에 충격을 주어 곡식의 알갱이끼리 또는 알갱이와 연장 사이의 마찰력을 이용하여 곡식을 찧거나 빻는 도구로서 절구·디딜방아·물방아·물레방아가 있다. 또 서로 반대 방향으로 운동하는 도구를 만들어 물체 사이에 곡식을 넣어 벗기거나 부수는 매통·맷돌·연자매가 있다.

● 물방아

● 디딜방아

● 연자매

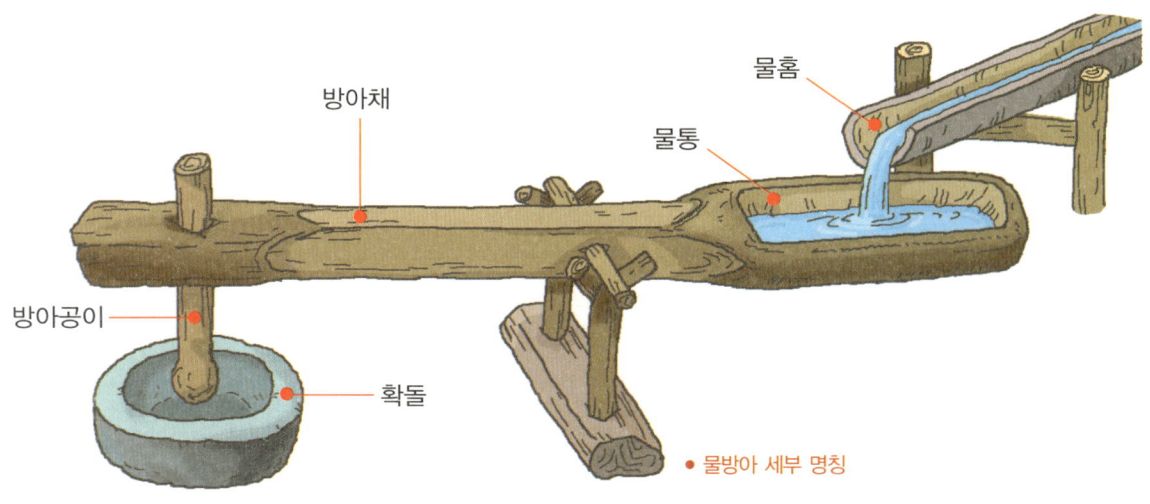

● 물방아 세부 명칭

최초의 방아는 신석기 시대에 나타나는 갈돌과 갈판이다. 그 뒤 절구와 맷돌이 만들어지고 나아가 지레의 원리를 이용하는 디딜방아가 개발된다.

디딜방아는 이웃나라에도 있지만 만들어진 형태에 있어서 차이점을 보인다. 외국의 디딜방아는 외다리방아인데 비해 우리의 디딜방아는 Y자의 2가닥으로 형성된 양다리방아로 2명이 함께 찧을 수 있도록 고안되었다. 2명이 함께 찧을 수 있기 때문에 1명이 찧는 외다리방아보다 훨씬 더 능률적이었다.

디딜방아에는 힘점인 다리, 받침점인 볼씨, 작용점인 방아공이로 구성되어 있는데, 사람이 눌러 주는 힘점과 받침점의 사이가 지렛대와는 다르게 만든다. 디딜방아는 힘점과 받침점의 사이가 짧

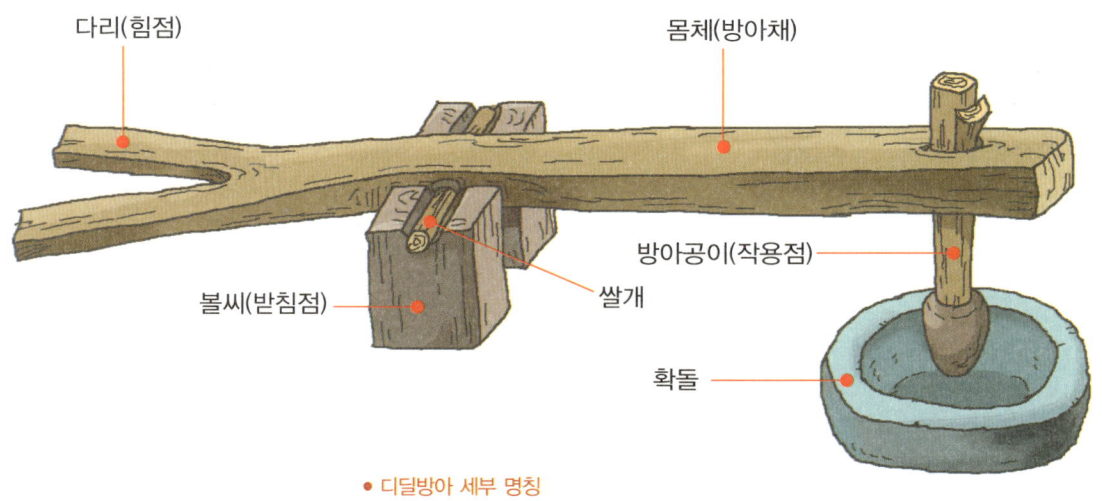

● 디딜방아 세부 명칭

아 많은 힘이 들어서 비효율적으로 보일 수 있다. 그러나 공이가 올라가는 높이가 지렛대에 비해 훨씬 높고 길기 때문에 공이가 떨어지면서 곡식을 빻을 때 몇 배의 에너지를 얻을 수 있는 장점이 있다.

소나 말 등 가축의 힘을 이용하여 베벨 기어와 원운동의 원리를 접목한 연자매는 역학적으로 매우 합리적으로 고안되었다. 연자매는 윗돌에 패여 있는 홈에 곡물이 맞물리면서 껍질이 벗겨지는 방식인데 식물성 물질을 변질 없이 가공하는 독특한 도구이다.

방아 중에 가장 발달된 것으로는 물의 힘을 이용하는 물레방아를 들 수 있다. 물레방아는 1870년대 증기 기관이 발명되기 이전에는 가장 발달된 동력 수단이었다.

물레방아는 자연의 힘을 이용한 방아 장치로 선조들의 과학적 슬기를 보여 주고 있는 동력 장치이자 친환경적인 에너지원이다.

물레방아의 기술적 제원을 살펴보자. 물레바퀴의 크기는 직경 220~489cm, 폭 75~115cm이다. 물의 양, 설치 장소에 따라 알맞게 변형되어 사용되는데, 직경 330cm, 폭 100cm인 것이 표준형이다. 물레바퀴까지의 낙차 거리는 10~30cm까지이다. 물레바퀴의 크기와 낙차 거리에 따라 회전 속도는 1분에 18회에서 25회이다. 이 회전 운동에서 8~10마력(10~13kw)의 힘이 생겨 한 가마니의 벼를 찧는데 25분에서 40분이 소요된다. 찧는 정도나 균일함은 현대식 정미 기계에 못지않다.

● 물레방아

표준형 물레방아에 이용되고 있는 유량(流量)은 초당 320리터 정도이다. 물레방아가 최대 출력을 낼 수 있도록 하기 위해서는 물레바퀴의 날개 수는 32개, 그 각도는 25°, 날개 길이는 400mm로 한 것이 가장 효율이 높고 경제적이라고 분석되고 있다.

물레방아에는 자연의 위치 에너지를 운동 에너지로 바꾸는 에너지 전환 원리, 회전 운동을 직선 운동으로 전환하는 기어의 원리가 있으며, 직선 운동을 상하 운동으로 바꾸는 캠과 캠축의 원리가 들어 있다. 물레방아에서 캠의 역할은 방아눌림목이며, 캠팔로우는 방아다리가 된다. 방아눌림목이 일정한 간격으로 방아다리를 눌러 주는 것인데, 다시 말하면, 캠인 방아눌림목이 돌면서 정확한 시간에 정확한 높이로 일정하게 캠팔로우인 방아다리를 움직이는 역할을 하는 것이다.

물레방아가 가지고 있는 과학 기술의 원리는 자동차 엔진, 발전소의 터빈을 비롯한 현대 동력 장치의 뿌리가 되고 있다.

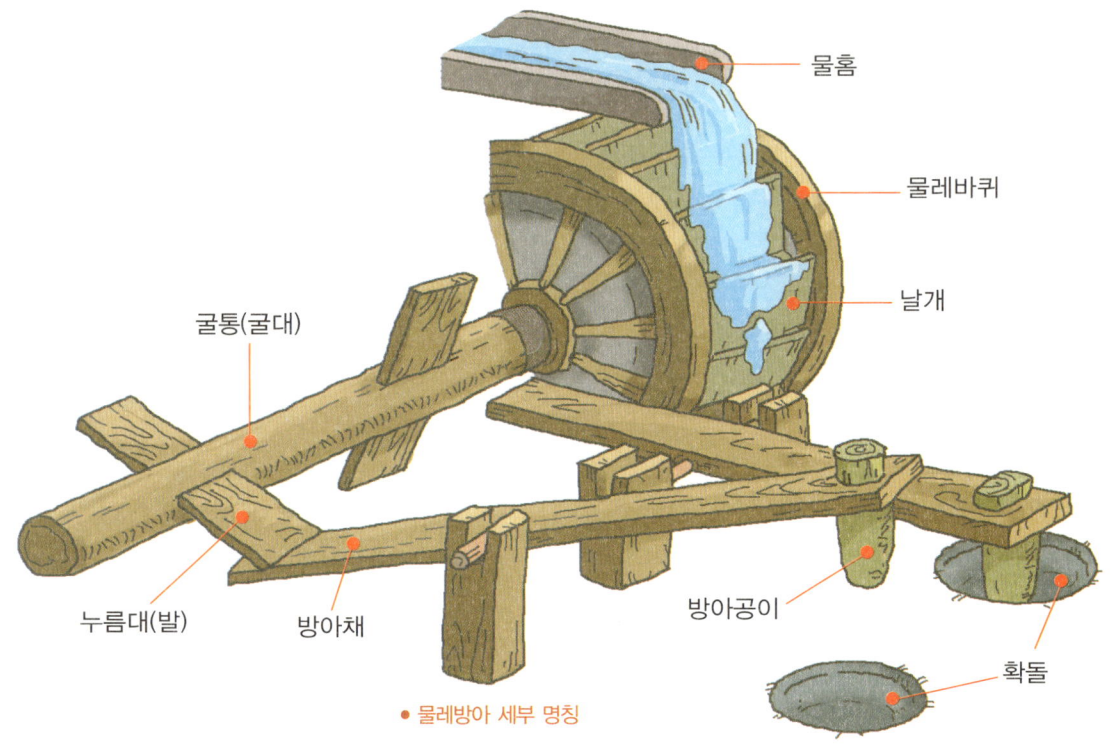

● 물레방아 세부 명칭

송편

조선 후기 『동국세시기』에 보면 송편(松䭏)을 대표적인 추석 음식으로 뽑았다. 이 송편은 멥쌀가루를 익반죽하고 콩, 팥, 깨, 꿀, 밤 등으로 만든 소를 넣어 보름달·반달·모시조개 모양으로 빚어 만든다.

차례상에는 가장 먼저 수확한 햅쌀로 빚은 오려 송편을 올렸는데, 송편은 송편 안에 넣는 고물인 소의 재료에 따라 콩·팥·깨·꿀·밤 송편 등으로 이름을 달리하였다.

이러한 송편을 찔 때는 예부터 솔잎을 사용하였는데, 준비된 싱싱한 솔잎을 잘 빚은 송편과 함께 쪄 내었다. 쪄내는 방법은 시루에 솔잎을 깔고 송편을 한 줄 놓고 다시 반복하여 여러 겹이 되도록 차곡차곡 놓았다. 이렇게 쪄낸 송편에는 솔잎 향이 배어들어 향긋한 맛을 느낄 수 있다. 송편(松䭏)의 '송'자가 소나무 송(松)자인 이유는 송편을 찔 때 솔잎을 사용하기 때문에 붙여진 것이다.

여기서 놀라운 사실은 후각적 향기와 시각적인 멋으로만 생각되었던 솔잎 송편에 과학적인 바탕이 깔려 있음이 근래에 밝혀진 것이다.

우리는 피로한 심신을 자연적으로 치유하고자 숲 속을 찾아 산림욕을 즐기는데, 이때 느끼는 특유의 독특한 산림 향을 피톤치드(phytoncide)라고 한다. 이 용어에는 식물이 내뿜는 휘발성 향기 물질이란 뜻이 담겨 있다. 이것은 향기가 좋고 살균성과 살충성이 있을 뿐 아니라, 인체에 유익한 독특한 작용을 하는 것으로 알려져 있다.

숲 속의 많은 나무들이 저마다 피톤치드를 내뿜지만 활엽수보다는 침엽수에서 많이 발산되며, 그 가운데 소나무는 보통 나무의 10배에 이른다. 또한 소나무의 피톤치드에는 테르펜(terpene)으로 통칭되는 다양한 화학 성분들이 복합적으로 들어 있어 이들이 진통·구충·항생·살충·진정 작용 등을 하는 것으로 밝혀졌다.

특히 솔잎에는 이러한 피톤치드와 테르펜이 다량 함유되어 있기 때문에 송편을 찔 때 자연스럽게 송편에 흡수되어 세균의 근접을 막아 부패를 억제하였던 것이다.

또한 송편을 찌는 방법에서도 식품 영양 과학을 찾아볼 수 있다. 송편의 요리법으로 대표되는 찜 요리는 재료가 불과 물에 직접 접촉하는 요리 방법보다 음식 재료의 원형을 보존하고, 각종 영양소의 손실을 줄여 영양소를 극대화시킨 최고의 요리법이자 영양 과학인 것이다.

오랜 세월 동안 우리 민족의 최대 명절인 추석과 그 추석의 대표 음식으로 자리 잡아온 솔잎 송편에는 이렇듯 실용 과학과 생활 과학 원리가 들어 있는 것이다.

● 송편

화학 기술과 원자 물리 기술의 바탕
'절구'와 '맷돌'

우리 민족의 고유 명절인 한가위(추석)! 이때는 한해 농사를 끝내고 오곡을 수확하는 시기이므로 명절 중에서 가장 풍요로움이 넘치는 때이다. 한가위에 없어서는 안 될 것이 바로 송편, 절편과 같은 떡인데, 이러한 떡을 만드는데 필수적인 것이 바로 절구와 맷돌이다.

한가위와 관련한 전래 동화 중 어렸을 때 할아버지께서 들려주신, 달나라에 사는 옥토끼와 절구의 이야기는 언제나 정겹기만 하다. 토끼가 방아 찧던 '절구'는 곡식을 찧거나 양념을 빻을 때 또는 메주와 떡을 칠 때에 쓰는 기구로, 하루에 두 사람이 1가마 정도의 매조미쌀[현미(玄米)]을 쌀[백미(白米)]로 쓿었다.

절구는 신석기 시대의 '돌공이'에서 시작되어 돌확으로 개선되었다. 삼국 시대에 이르러 절구와 같은 모양을 갖추었고, 나아가 지레의 원리를 이용한 디딜방아, 물의 힘을 이용한 물레방아로 발전하였다.

절구는 곡물을 넣는 절구통과 충격을 가하는 공이로 이루어져 있는데, 절구통의 재료에 따라 공이의 재료를 달리하기도 하였다. 나무절구에는 나무공이를 쓰지만, 돌절구나 무쇠절구에는 돌공이, 무쇠공이를 쓰기 때문에 재료와 일의 분량에 따른 일의 효율성을 배려하였음을 알 수 있는 것이다. 예를 들어, 벼 한 말을 찧는데 나무절구에 나무공이는 한 시간 정도 걸리는데 비하여 돌공이는 반시간 정도 걸린다.

껍질 벗기기, 쓿기, 빻기(분쇄) 등의 기능을 갖는 절구에는 곡식 등에 충격을 주어 곡식의 알갱이끼리 또는 알갱이와 연장 사이의 마찰력과 충격력으로 쓿거나 빻는 과학적 원리가 담겨져 있다.

'맷돌'은 곡식을 압착하고 비벼서 껍질을 까거나 갈아서 가루로 만들 때 쓰는 기구이다. 맷돌의 기원은 신석기 시대의 갈돌과 갈판에서 찾아지며, 삼국 시대에 현재와 같은 모양을 갖추었고, 이후 가축을 이용한 연자매로 발전하였다.

맷돌은 위짝에 암쇠를, 아래짝 한가운데에 수쇠를 끼워 고정시키고, 위짝에 ㄴ자 형의 손잡이를 끼워 돌리는 형태이다. 우리나라 맷돌은 중부와 남부 지방의 것에 차이가 보이는데, 중부의 것은 위아래의 크기가 같고, 갈아진 곡물가루를 담는 매함지나, 맷돌을 올려놓는 Y자형의 매판을 깔고 쓰는데 비해, 남부의 것은 아래가 위짝보다 넓고 크며 옆에 주둥이까지 길게 달려있어 매함지나 매판을 사용하지 않는 특징이 있다.

이러한 맷돌에도 우리 조상들의 과학적인 슬기를 엿볼 수 있다. 맷돌에 곡물을 갈 때에는 두 사람이 마주 앉아 한 사람은 곡물을 위짝 구멍에 떠 넣고, 나머지 한사람이 위짝을 돌린다. 이때 이 도는 힘(원심력)에 의해서 다 갈려진 곡물들은 맷돌이 놓인 매함지로 흘러내리게 된다. 위짝은 항상 원운동을

• 쇠절구

● 맷돌의 구조

매손(맷돌 손잡이)

곡식 넣는 구멍

● 맷돌 위짝

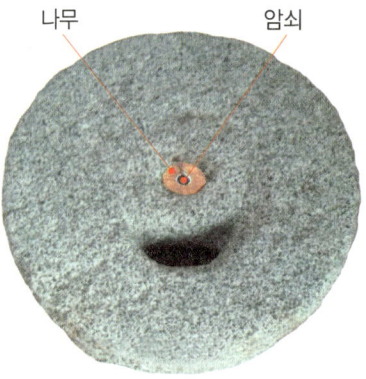

나무　　암쇠

● 맷돌 위짝 아래면

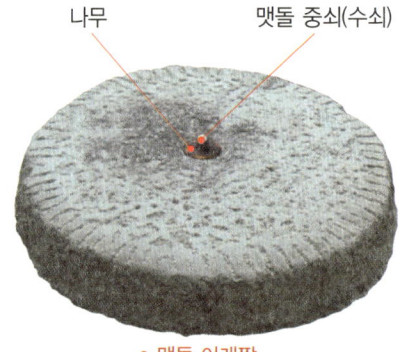

나무　　맷돌 중쇠(수쇠)

● 맷돌 아래짝

하고 있으므로 그 힘은 원의 중심에서 멀어지려는 방향으로 작용하게 되어 곡물이 바깥쪽으로 밀려나오는 것이다. 마치 자동차가 커브를 돌 때 사람이 커브 바깥쪽으로 밀려나는 현상과 같은 것이다. 이 원심력을 잘 활용하기 위하여 위짝 밑 부분에 달팽이 모양의 홈을 파서 곡물이 바깥으로 쉽게 밀려날 수 있도록 하였다. 또한 맷돌 위짝의 밑 부분과 아래짝 윗부분에는 곡물이 잘 갈리도록 하기 위하여 맞닿는 면을 오톨도톨하게 쪼

● 맷돌

았으며, 갈린 곡식이 잘 빠지도록 아래짝은 위로 봉긋하게 위짝은 오목하게 만들고 방사선의 홈을 파 넣었다.

맷돌은 오늘날의 전기 분쇄기와는 달리 천천히 돌리면서 갈기 때문에 영양소의 파괴가 적고, 식품의 맛이 훨씬 좋다. 뿐만 아니라 곡식을 갈 때 생기는 발생열의 냉각 기능이 우수하고, 식물성 물질의 변질이 거의 없다.

인류가 물질을 재구성하여 이용하는 데에는 세 가지 기술이 있다. 첫째는 물질을 갈아서 가루로 재구성하는 것이고, 둘째는 물질을 원자 상태까지 부수어 재구성하는 화학 기술, 셋째는 그 원자를 분해하는 원자력 기술이다.

절구와 맷돌은 마찰력과 충격력으로 곡식 등을 갈아서 가루로 재구성함은 물론, 그 가루가 원자 상태에 이르기까지 부수어 재구성하는 화학 기술이 담겨 있다는 점에서 오늘날 화학 기술과 원자 물리 기술의 바탕을 보여 주고 있다고 하겠다.

곡식의 껍질을 벗기지 않고 밥을 해 먹으면 밥맛이 어떨까? 밥짓기도 어려울 뿐 아니라 먹기도 매우 괴로울 것이다. 그래서 곡식은 반드시 껍질 벗기기·찧기·쓿기·갈기·빻기 등의 공정을 거치게 된다.

● 나무절구

마찰력과 원심력
'매통'

• 매통과 맷방석

매통은 우리 조상들이 지금과 같은 정미기가 없었을 때 벼의 껍질을 벗겨 현미(玄米)를 만들기 위해 사용하던 연장으로 가정에서 없어서는 안 될 중요한 도구였다.

매통은 『해동농서』에는 '목마'로 표기되었는데 지역에 따라서 '나무매', '통매', '매'라고도 불린다. 이러한 매통의 기원은 맷돌과 같이 신석기 시대의 갈돌과 갈판에서 비롯되었으며, 뒤에 정미기로 발전하였다.

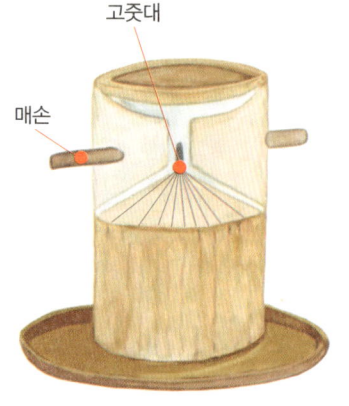

매통은 보통 100년 이상 자라 굵고 단단한 아름드리의 통나무(소나무)를 톱으로 잘라 두 짝으로 만든 뒤, 맞닿는 면의 위짝은 우묵하게 파내고 아래짝은 봉긋하게 다듬어 만든다. 두 짝이 서로 맞닿는 면에는 톱니처럼 요철로 팠는데 이것이 껍질을 벗기는 역할을 하는 것이다.

또한 위짝의 윗마구리는 절구와 같이 우묵하게 파고, 가운데는 벼가 흘러 들어갈 수 있도록 지름 5cm 정도의 구멍을 뚫어 놓았는데, 마치 깔대기의 모양을 하고 있다. 아래짝에는 위짝 가운데 홈에 넣을 수 있도록 봉긋한 곳에 30~50cm 정도의 막대 축을 박아 위·아래짝이 비틀어지지 않고 고정시키는 구실을 하도록 하였다.

한번에 홈으로 들어가는 곡식의 양은 약 1말을 넘지 않는 분량이며, 삼태기 등으로 곡식을 퍼부으면 위짝이 돌아가면서 껍질이 벗겨진다. 껍질과 낱알을 받기 위해 아래짝의 바닥에는 도래방석이나 맷방석을 깔아둔다. 벼 한 말의 껍질을 벗기는데 약 10여분이 걸린다.

• 매통 아래짝
• 매통 위짝
• 매통 구조도

매통을 사용하는 방법은 위짝의 중간 좌우 양쪽에 자루를 박고 아래짝의 수직 막대를 회전축으로 삼아 이리저리 돌리면서 갈면 된다.

그러면 이 매통에 담겨 있는 우리 조상들의 과학 원리를 자세히 살펴보도록 하자.

무게 30kg 정도의 매통을 회전축을 중심으로 좌우로 돌리면, 위짝이 돌아가면서 내리누르는 힘이 아래짝에 가해지면서 상호 접촉되는 면에 마찰력이 생기는데 바로 이 마찰력이 알곡 껍질을 벗겨 내는 것이다. 이때 회전축을 중심으로 도는 힘(원심력)에 의해서 껍질이 벗겨진 곡물들은 매통이 놓인 맷방석 위로 흘러내리게 되는 것이다.

매통의 위짝은 항상 원운동을 하고 있으므로 그 힘은 원의 중심에서 멀어지려는 방향으로 작용하게 된다. 그렇기 때문에 곡물이 바깥쪽으로 밀려나오는 것이다. 이것은 자동차가 커브를 돌 때 사람이 커브 바깥쪽으로 밀려나는 현상과 같은 것이다. 이 마찰력과 원심력을 잘 활용하기 위하여 매통 위짝의 밑 부분과 아래짝 윗부분에는 곡물이 잘 갈리도록 하기 위하여 톱니 모양의 홈이나 구멍을 내는 것이다.

오늘날의 동력 정미 방아도 이 매통의 원리가 그대로 활용되고 있다. 단지 기계화에 의해 대량으로 방아를 찧을 수 있다는 점만 달라졌을 뿐이다. 그렇다면 방앗간에 설치되어 있는 동력 정미 방아 기계인 현미기와 정미기에 대하여 살펴보자.

현미기는 벼를 두 개의 롤러 사이에 넣고 왕겨와 현미로 분리하는 기계로 고무롤(rubber)식과 임펠러식(impeller type)이 있다. 고무롤식은 회전 속도가 서로 다른 2개의 고무 롤러 사이를 벼가 통과할 때 고무 롤러와 벼의 마찰에 의해 벼 껍질을 벗겨 내는 방식으로 현미의 손상이 적어 많이 사용된다.

임펠러식은 공급된 벼가 고속 회전하는 임펠러(기계의 회전축에 날개를 단 것)에 의해 가속되어 임펠러의 곡선부와 라이닝을 흘러내리면서 발생한 마찰력에 의해 벼 껍질이 벗겨진다.

정미기(Rice milling machine)는 현미의 미강층을 벗겨 내어 백미를 만드는데 사용한다. 이 정미기는 마찰력을 주로 이용하는 마찰식, 절삭력을 주로 이용하는 연사식, 이 두가지를 복합적으로 이용하는 연삭마찰식이 있다.

이와 같이 현미를 만드는 현미기나 백미를 만드는 정미기의 벼 껍질을 벗겨 내는 원리는 마찰력에 의한 것으로, 매통의 원리가 그대로 담겨 있다고 해도 과언이 아니다.

열 함유량의 대명사 '뚝배기'

'장맛은 뚝배기'라는 말이 있듯이 뚝배기는 우리 고유의 음식 조리용 용기이면서도 오늘날까지 이어져 오고 있는 오지그릇의 하나로, 우리의 식생활과 매우 밀접한 관계를 맺고 있다.

뚝배기는 찌개를 끓일 때 또는 설렁탕·육개장·삼계탕과 같은 것을 담을 때 쓰는 토속적인 그릇으로, 지방에 따라 툭배기, 툭박이, 투가리 등으로도 불린다.

형태는 지역에 따라 약간의 차이가 있으며, 그 크기는 대·중·소와 물이 한 컵 정도 들어가는 알뚝배기 등 다양하다.

뚝배기는 아가리가 넓고 속이 약간 깊은 그릇으로 질그릇과 같은 방법으로 만든다. 질그릇은 잿물을 입히지 않고 600~700℃ 사이에서 구워 연막을 입혀 겉이 테석테석하고 윤기가 없는 반면에 뚝배기는 잿물을 입혀서 1,200℃ 이상의 고온에서 구웠기 때문에 윤기가 있고 두드리면 쇳소리가 난다.

뚝배기는 고온에서 구울 때 그릇의 내부에 있던 결정수가 증발되어 그 증발 통로나 자리, 즉 미세구멍이 존재한다. 미세구멍을 주사전자현미경으로 관찰하여 보면 그 크기는 1~100 마이크로미터로 다양하며, 잿물 유약을 바른 뚝배기보다 바르지 않은 뚝배기가 미세구멍이 많음이 관찰된다.

이와 같은 뚝배기 기면 속의 미세한 구멍으로 인해 그릇 밖의 공기와 내부의 공기가 순환할 수 있게 된다. 이러한 통기성은 음식의 발효를 돕고, 된장과 같은 양념류나 음식 등의 부패를 억제하며, 물이나 음식 속에 들어 있는 각종 오염 물질을 흡수하는 기능을 갖고 있다.

특히 뚝배기는 불에 강하여 직접 불 위에 올려놓고 음식을 끓이면서 먹을 수 있을 뿐 아니라 열 함유량이 크고 열전달계수가 작아 보온성이 좋다. 요즈음의 금속제 냄비처럼 쉽게 끓지는 않지만, 일단 끓고 나면 그 열이 오래 지속되기 때문에 된장찌개나 곰탕 등과 같은 탕류 음식을 담는데 적합하다.

우리 전통 음식은 염분이 많고 다양한 첨가물을 넣어 만들게 되는데, 금속으로 만든 그릇의 경우 이 과정에서 금속의 부식이나 산화로 인하여 인체에 해로운 물질을 만들기도 한다. 그러나 뚝배기는 화학적으로 매우 안정되어 있기 때문에 금속으로 만든 그릇이 녹슬지라도 거의 영향을 받지 않는 안전한 그릇이다.

이런 까닭에 투박하게 생겨서 비위생적인 것으로 비춰질지 모르지만 요즘의 어떤 위생 그릇이나 바이오세라믹 그릇과 같은 첨단 그릇에 못지않은 우리 겨레의 정서와 과학 슬기가 담겨 있는 그릇이다. 그러므로 우리의 건강한 삶과 문화는 우리 고유의 그릇에서 찾아야 한다는 사실을 잊어서는 안 되며, 이를 활용한 새로운 세라믹 재료의 개발에 심혈을 기울여야 할 것이다.

세계의 으뜸 '발효' 과학 기술

우리가 항상 먹는 김치, 장, 젓갈, 고유 술, 그리고 자연의 빛깔이 살아 있는 천연염색에 발효 과학을 활용하는 조상들의 슬기가 배어 있다.

세계 어디에도 우리나라처럼 발효 과학을 생활 곳곳에서 잘 활용하고 있는 나라는 흔치 않다. 일상적인 우리의 밥상을 떠올려 보아도 밥 한 공기에 따라붙는 밑반찬으로 김치, 된장, 간장, 젓갈, 장아찌 등 발효 식품이 많다.

흔히 '발효' 하면 발효 식품만을 떠올리기 쉬운데, 발효법은 먹는 것뿐만 아니라 천연 염색 과정에도 사용된다. 우리는 대대로 천연 재료를 발효하여 염색하는 기법을 통해 자연의 빛깔이 살아 있는 옷을 지어 입었다.

천연 염색의 발효에는 푸른색의 쪽 발효와 홍색의 홍화 발효가 있다. 먼저 쪽을 발효하기 위해서는 천연 잿물과 햇살에 의한 발효가 충족되어야 한다. 햇살 발효란 한여름에 햇살을 이용해 1차로 발효를 시키는 것을 말한다. 이러한 과정은 우리나라의 푸르고 맑은 가을 하늘 색을 표현해 내는 데 더할 나위 없이 좋은 방법이다.

먼저 쪽물에 70℃ 정도의 잿물을 넣어 준 후 막걸리로 만든 식초나 곡물의 촉진제(엿기름 등)를 넣어 준다. 쪽죽(조개가루가 푸른색 안료인 인디고(Indigo)를 머금고 있는 상태)에 엉켜 있던 인디고는 뜨거운 잿물을 만나 맑은 산소를 채우며 횟가루에서 분리되어 쪽꽃을 피우기 시작한다. 한여름에는 밤에도 20~25℃의 온도를 유지하고, 한낮에는 30℃를 오르내리기 때문에 3일에서 1주일 정도면 발효가 시작된다.

햇살 발효가 끝났다고 하여 염색이 되는 것은 아니다. 실내에서 발효의 숙성 과정을 거쳐야 하는 것이다. 실내에서 적정한 온도(보온 상태가 좋은 환경에서 쪽물의 온도가 25℃ 이상)를 유지해야

쪽   잿물   발효 및 숙성   햇살 발효

● 쪽 발효와 염색

하고, 서서히 발효를 도와주며 숙성 과정을 거치는데 이 과정이 쪽에서 가장 중요한 시기이다. 이 과정을 거친 쪽물을 보면 계란 노른자처럼 발효한 상태를 보게 되는데 이것이 완전한 쪽 발효 상태가 된 것이다.

홍화(잇꽃) 또한 쪽과 마찬가지로 천연잿물이 염색 과정에서 중요한 역할을 한다. 홍화는 염색물을 들이기 위해서 염료가 잘 안착되게 해 주기 위해 매염제(媒染劑)를 사용한다. 홍화

홍화 발효 홍화물 들인 모시 다양한 홍화 염색

● 홍화 발효와 염색

염색에 사용되는 매염제로는 오미자매염, 매실로 만든 오매매염, 매실산매염을 들 수 있다.

이러한 천연 발효 염색에 의한 옷은 요즈음 어린이는 물론 성인들에게까지 발생되고 있는 아토피 등의 질병에 효능이 매우 높은 것으로 밝혀지고 있다.

발효 식품(醱酵食品, fermented food)은 자연의 반응을 이용해 맛과 향이 자연스럽게 형성되었기 때문에 최고의 자연 건강식이라 할 수 있다. 세계적인 장수촌에서 먹는 요구르트, 항암 성분과 노화 방지에 효과가 있다고 밝혀진 와인, 우리나라의 된장과 김치가 그렇다. 특히 김치와 장류의 항암, 항노화, 항혈전, 혈압 강하 및 면역 증강 등의 생리 기능성이 많이 밝혀지고 있다.

발효 식품에는 곰팡이에 의한 발효 식품인 콩 발효, 쌀 발효 등이 있으며, 세균 발효에 의한 것으로는 김치, 젓갈, 청국장과 치즈, 발효유 등이 있다. 효모 발효 식품으로 주류, 쌀가루 반죽과 탁주를 첨가한 증편, 밀가루 반죽과 **효모**를 접종한 부푼 빵 등을 들 수 있다.

● 다양한 발효 식품

쪽물 들이기 쪽물 들인 명주 다양한 쪽 염색

● 김치

우리나라 발효 식품의 식품학적 특성으로는 발효 식품 자체로서도 반찬 음식의 기본적인 구성을 한다. 즉, 발효 식품 단독으로도 조리 음식류의 기본 양념 역할을 하며, 우리나라 음식 맛의 바탕을 형성하고 있다는 것이다.

또한 발효 식품류를 상호 조화시켜 새롭고 다양한 음식 맛을 창출하며, 발효 식품을 단독 또는 복합적으로 이용하여 2차 발효 식품 내지 저장성 음식의 침장원으로 재이용된다는 점이다. 다시 말하면, 음식의 기본 찬류 및 조리원으로 우리나라 음식 맛을 근원적으로 지배하고 있는 것이다.

이러한 특성과 가치를 잘 보여 주고 있는 것이 우리 고유 발효 식품인 김치다. 김치의 원리는 양념류의 삼투압에 의한 수분의 교환, 배출이다. 이로 인하여 채소의 풋내가 없어지고, 미생물과 효소가 작용하여 김치가 숙성된다. 특히 김치는 숙성의 과정을 거치는 젖산 발효 식품으로서 젖산균이 증가하면서 병원성 미생물을 살균하고, 채소류에 들어 있는 당을 젖산으로 바꾸어 김치 맛을 산뜻하게 한다. 특히 젖산균은 여러 가지 식품을 만들어 주며, 우리의 체내에 살면서 질병을 예방해 주고, 각종 장기의 점막에서 건강함을 유지해 주고 있다. 살아 있는 젖산균은 강장 작용이 있는 것으로 알려져 있으며, 식욕 증진 효과도 있다.

된장은 뛰어난 맛과 여러 가지 효능으로 많은 사랑을 받아오고 있는 식품이다. 최근 과학적 연구 결과가 속속 발표되면서 새삼 우리 조상들의 지혜가 빛을 발하고 있다. 특히, 된장은 탁월한 항암 효과뿐만 아니라 간 기능 회복과 해독에도 효과가 큰 것으로 알려져 있다. 암에 걸린 쥐 중에서 된장을 지속적으로 먹인 쥐는 그렇지 않은 쥐에 비해 암 조직의 무게가 약 80%나 감소했다고 국내의 한 보고서는 밝히고 있다.

미래학자 엘빈토플러에 의하면 21세기의 식생활은 1차적인 소금 맛, 소스 맛의 시대를 지나 '제3의 맛', 즉 발효 맛이 지배할 것이라 하였다.

발효 식품은 제품 수명이 짧은 가공 식품에 비하여 전통 고유의 맛이 오랫동안 전승되어 온 것으로, 그 지역과 민족의 식품 문화 혼이 깃들어 있다. 그렇기 때문에 쉽게 변화하지 않으면서 지속성을 갖고 있는 뿌리 깊은 유형 문화재이다.

또한 전통적인 발효 식품의 이해는 첨단 기술을 개발하는 원천이기도 하다. 최근에는 발효 식품에서 3차 기능 식품 효과가 있는 유용한 물질 탐색 및 발효 대사의 연구가 활발하게 진행되어 여러 방면에 이용되고 있다.

발효 식품의 식품학적 가치는 원료보다 외형적으로 매력적인 변화를 갖는 점, 원료보다 영양 가치가 개선되는 점, 원료보다 저장성이 개선된다는 점, 그리고 원료보다 안정성이 확보된다는 점에 있다. 다시 말해서 식량 공급원으로서 경제적이고 유용한 식품 생산 수단이 된다는 점이다. 특히 식량 및 에너지원으로서 식용과 사료용으로 단세포 단백질(SCP)과 미세조류(microalgae) 등의 개발이 필요하며, 바이오 에너지로서 알코올(메탄올, 에탄올, 부탄올)과 대체 에너지(바이오 수소, 바이오 디젤)의 발굴과 개발이 시급히 이루어져야 할 것이다.

● 발효 청국장

최근의 연구 성과 중에 세계 최초로 이소플라본 합성 항암 쌀 2종을 개발한 것은 획기적인 일이다. 일반 쌀에는 존재하지 않는 항암·항산화 효과가 있다고 알려진 이소플라본(Isoflavone) 성분 제니스테인(genistein)을 함유한 쌀을 개발한 것이다.

콩에는 주요 기능성 성분으로 12종의 이소플라본이 존재하는데, 이소플라본 중 대표적인 항암 성분인 제니스테인(genistein)은 전립선암, 유방암 등 각종 암세포 증식을 억제하는 기능성이 있다. 콩의 이소플라본 성분 제니스테인(genistein)을 함유한 항암 쌀은 GM(유전자 변형) 작물의 실용화를 위하여 2년간 포장 실험이 진행 중에 있으며, 향후 인체 안정성과 환경 위해성 평가를 거친 후 상품화할 계획 중에 있는 것으로 알려져 있다.

이렇듯이 발효 과학 기술을 활용한 건강 기능성 식품, 화장품, 의약품 시장의 산업·경제적 가치는 거의 폭발적인 증가세에 있다.

세계적인 건강·기능성 식품 등 소위 웰빙 상품이 자동차, 컴퓨터에 이은 1천조 규모의 3대 신산업(新産業)으로 떠오르고 있는 것은 이러한 현상을 잘 대변해 주는 자료라 하겠다.

최근 21세기 핵심 기반 기술로 주목받고 있는 발효 산업을 성장시키기 위해 유익한 전통 발효 식품의 비법 발굴과 새로운 발효 미생물 균주의 검색 및 유전자 재조합 등 대사 경로 연구로 유용 물질의 생산 기술을 발전시키고 있다. 또 과학적인 연구를 통한 전통 발효 식품의 계승화, 국제 경쟁력 제고와 국제적인 식품화에 대한 노력이 진행되고 있음은 참 다행스러운 일이라 하겠다.

이와 함께 발효 식품 강국으로서 발효 국가 브랜드를 구축하는데 온 국민이 발 벗고 나서야 할 것이다.

장기 숙성 전통 '된장'의 우수성

　된장은 청국장, 쌈장, 고추장 등과 더불어 콩을 발효시켜 만든 한국의 전통 발효 식품이다. 특히 곡류 단백질에서 부족하기 쉬운 필수아미노산, 지방산, 유기산, 미네랄, 비타민 등을 보충해 주는 영양학적 우수성과 많은 생리 활성이 알려져 있다.

　된장은 영양학적 가치 이외에도 항비만, 고혈압 예방, 항암, 항산화 및 항혈전, 간기능 강화, 치매 예방 효과, 골다공증 등의 생리 활성이 알려져 있다. 콩에 포함된 생리활성 물질들은 된장에서 발효 과정을 거치면서 생체 내 흡수율이 증가되는 것으로 보고되어 있다.

　전통 된장은 우리 국민이 수 천 년 간 섭취해 온 콩이 자연 발효된 전통 식품으로 일본, 중국, 인도네시아 등의 콩 발효 식품과는 큰 차이를 보인다. 가장 큰 차이는 다른 나라에서는 주로 진균류를 이용하여 대부분 한 달 이내의 비교적 짧은 숙성 기간을 가지는 반면, 우리나라는 세균과 곰팡이, 효모의 공동 발효로 최소한 6개월 이상의 발효 기간을 가지며, 오래 숙성할수록 더욱 깊어지는 맛과 생리 활성이 다양해지는 것으로 알려져 있다.

　일본은 높은 온도와 습도로 인해 우리나라와 같은 제법으로 제조하면 원하지 않는 발효, 즉 부패가 된다. 그렇기 때문에 미리 코지균을 증자(蒸煮)된 쌀에서 키운 후 콩과 섞어 일본식 된장인 미소를 만든다. 다양한 종류가 있지만 발효 숙성 기간이 대부분 한 달 이내이다. 인도네시아의 템

● 발효된 청국장
● 메주

페도 대표적인 콩 발효 식품으로, 곰팡이균인 라이조프스균을 이용하여 제조하는 것으로 발효 기간은 2~3일이다.

이에 비하여 우리나라의 전통 된장은 메주를 만들어 1차 발효를 하고, 메주를 소금물에 '염지-혼합-숙성'의 과정을 거쳐 된장으로 만들어 다시 발효 숙성을 한다. 따라서 메주 제조부터 시작하면 최소한 1년 이상이 경과되어야 식품으로서의 가치를 가진 된장으로 탄생한다. 현재 우리나라에 시판되는 장은 일본식 된장 제법 공정이 많이 도입되어 숙성 기간이 60일 정도로 짧고, 맛과 향도 전통 된장과 차이를 보임에 따라 시장의 수요가 제한적이다.

이처럼 한때는 주부들이 우리의 전통 된장보다 일본 된장 또는 일본식 된장을 선호하는 경향이 있었다. 이것은 우리의 전통 된장은 자연 발효가 되어 발효균의 유·무해성을 모를 뿐 아니라 비위생적이라는 이유 때문이었다. 하지만 최근 들어 업체에서도 전통 된장의 우수성을 인식하고, 전통 메주를 이용한 된장의 생산을 시작하여 점차 생산량을 확대되고 있다. 이러한 현상은 우리의 전통 방식 그대로 만든 된장이 전 세계의 영양학자들에게 호평을 받고 있음에 비추어 볼 때 당연한 것이다.

우리나라의 된장은 숙성이 진행되면서 맛과 풍미가 향상되고, 콩의 주요 성분들의 생체 이용도가 증가한다고 알려져 있다. 된장의 생리 활성과 관련된 유용 물질로는 콩에서 유래한 사포닌(saponin), 피드산(phytic acid), 렉틴(lectin), 올리고당(oligosaccharide), 이소플라본(isoflavone) 외에도 발효를 통해 생성된 펩타이드 등이 있다.

콩의 유용 성분 중 하나인 이소플라본은 된장 발효 과정 동안 미생물에 의해 아글리콘/글리코시드(aglycone/glycoside)로 전환되어 생체 흡수율이 증가하는 것으로 알려졌다.

된장에 의한 발암 억제와 암세포 전이 억제 활성도 된장의 숙성 기간이 증가할수록 증가한다는 보고가 있는 것으로 보아, 전통 된장의 발효 숙성 기간이 된장의 생리 활성에 큰 영향을 준다는 것이 확인되었다. 이외에도 된장의 기능성으로 항비만, 고혈압 예방, 항암, 항산화 및 항혈전, 간기능 강화, 치매 예방 효과, 골다공증 등이 있다.

그러나 최근 된장에서 아플라톡신, 오크라톡신 등 곰팡이 독소와 바이오제닉 아민류 등 화학적 위해(危害) 인자와 장독소를 생산하는 바실러스 세레우스(Bacillus cereus)가 다량 검출되면서, 전통 장류의 안정성이 큰 문제로 대두되었다. 그러므로 우리나라 고유의 전통 된장을 보급하기 위해서는 안전성에 대한 연구도 같이 이루어져야 한다.

다행히도 2008년 구민선 박사(한국 식품 연구원)가 연구한 생리 활성 결과에 의하면, 된장에서 항산화 활성과 생리 활성을 평가한 결과 총 폴리페놀, 플라보노이드, DPPH 래디칼 소거능, ABTS 래디칼 소거능 모두에서 우수한 항산화 활성을 보여 주었으며, 숙성 기간의 증가에 따라 항산화 활성과 생리 활성이 증가하는 것이 확인되었다.

암세포는 정상 세포가 여러 원인에 의해 비정상적으로 분열해 나가면서 그 형태, 모양 및 성질이 다르게 나타나는 세포이다. 대장암 세포에 된장물 분획 처리 시 암세포의 증식이 억제되는 것이 연구 결과 밝혀졌다.

뼈는 오래된 뼈를 갉아먹는 파골세포와 새로운 뼈를 만드는 조골세포의 균형을 통해 항상 일정하게 유지되게 된다. 뼈를 형성하는 조골세포에 된장물 분획을 처리하게 되면 조골세포의 활성이 증가되는 반면, 뼈를 없애는 파골세포에 된장을 처리하게 되면 파골세포의 활성은 감소되었다.

또한 된장 미생물 프로필(profile) 분석 및 분리의 연구에서도 된장의 위해(危害) 미생물을 숙성 기간별로 모니터링한 결과, 대장균, 대장균군, 황색포도상구균, 살모넬라균, 리스테리아 모노사이토제네스, 비브리오균, 바실러스 세레우스와 아플라톡신 생산균주도 모두 검출되지 않았다.

된장 내의 미생물은 분리 배지에 다양한 소금 농도(0.85, 5, 10%)를 첨가하여 분리하였다. 일반 세균 수는 숙성 기간별로 큰 차이를 보이지는 않았으나, 약간 감소하는 경향을 보여 주었다. 동일한 된장 시료에서 소금 농도를 달리하여 일반 세균 수를 분리한 결과, 소금 농도가 증가할수록 일반 세균 수는 약간 감소하

• 1년 된장   • 3년 된장

였다. 곰팡이 중 진균류는 숙성 5년차까지 검출이 되었으나, 그 이후에는 검출되지 않았고, 효모는 숙성 2년차 된장부터 검출되었으며, 소금이 5% 이상 분리 배지에 포함된 플레이트에서 더 많은 수가 검출되었다.

숙성 기간별 된장을 정량적 묘사 분석으로 한 관능 검사에서는, 숙성 기간이 증가함에 따라 콩비린내, 메주향, 이취, 이미는 감소하는 것으로 분석되었다.

이와 함께 전통 된장은 우리의 맛을 상징하는 저장성 조미 식품으로, 음식의 간을 맞추고 맛을 내는데 기본으로 사용하는 영양학적으로도 우수한 발효 과학 식품이다.

● 메주를 반으로 가른 모습

된장을 영양학적으로 분석하면 사용되는 쌀이나 보리, 밀가루 등에 의하여 차이가 나지만, 단백질 12%, 수분 50%, 지질 4%, 당질 10% 정도로 나타난다. 이렇듯 된장의 주요 성분에서 보듯이 전통 된장은 우리의 주식인 쌀과 보리 등에서 부족한 단백질을 보충하였다. 특히 된장 속에는 필수 아미노산인 리신이 풍부하게 들어있는데, 리신 또한 쌀을 비롯한 다른 곡류에는 거의 없기 때문에 우리의 균형 있는 식생활을 위해 전통 된장은 아주 중요한 식품인 것이다.

된장은 고추장 등 다른 장류에 비해 산업체 된장의 가정 내 사용 비율이 2004년 기준으로 28%에 불과해 고추장의 53%, 간장의 80%에 비해 크게 떨어지며, 쌈장의 36%에도 미치지 못하고 있다. 이것은 산업체 된장의 품질이 소비자들의 요구에 부합하지 못하고, 제품에 대한 신뢰도가 낮은 것이 원인이다. 따라서 전통 된장에 대한 적극적인 기술 개발과 이를 통한 산업화 및 홍보가 뒷받침된다면 시장 잠재력은 다른 장류보다 오히려 크다고 할 수 있다. 물론 일본 된장에 대한 수입 대체 효과도 기대할 수 있다.

이와 같이 장기 숙성 전통 된장의 우수한 기능성의 규명과 함께 안전성이 보장됨으로 인해, 식생활의 웰빙(well-being) 및 로하스(LOHAS : 건강과 환경이 결합된 생활 패턴) 추세에 따라 관심이 증가되고 있는 자연 친화적 식품인 우리나라 전통 장류의 소비량 증대는 물론 세계인의 식품으로도 재탄생될 수 있을 것으로 기대된다.

● 다양한 옹기들

바이오 과학인 '옹기'와 김치 냉장고

옹기는 선사 시대의 질그릇이 발전·변화된 용기로, 잿물을 입히지 않고 700℃ 안팎으로 구운 질그릇과 잿물을 입혀서 1200℃ 안팎의 고온에서 구운 오지그릇을 일컫는다.

우리의 옹기는 사계절이라는 독특한 자연 환경과 각 지역의 풍토에 맞도록 배가 부른 모양으로 만들었다. 이 형태는 바로 태양열과 복사열은 물론이고, 장독대에 놓인 옹기들 사이에 자연스럽게 통풍이 이루어져 고른 온도를 유지하게 하여 옹기 속에 들어 있는 음식의 변질을 최대한 막도록 고안된 장치인 것이다.

21세기의 건강 식품으로 대두되어 세계인의 사랑을 받는 김치는 식물성도 동물성도 아닌 묘한 복합 음식으로 칼슘과 인, 비타민 등이 풍부하며, 채소 본래의 영양가를 보존하면서 새로운 맛과 향을 지닌 한국 고유의 발효 과학 식품이다. 이러한 김치를 오랫동안 맛있게 먹을 수 있도록 고안하여 만든 것이 바로 김치 냉장고이다.

그렇다면 김치와 더불어 전 세계로 수출되고 있는 한국형 전자 제품인 김치 냉장고는 어디에서 왔을까? 그것은 바로 우리 조상들이 사용하던 숨 쉬는 옹기인 김장독에서 나왔다.

옹기가 구워지는 단계를 보면, 150~300℃에 수분이 제거되고, 300~400℃에 유기물질이 타며, 500~800℃에 결정수가 빠져나간다. 또 1050℃에 환원 분위기로 바뀌고, 1200℃에 마감 단계가 된다. 옹기의 내부에 있던 결정수가 높은 온도로 가열됨에 따라 증발되어 생긴 증발 통로와 빠져나간 자리가 옹기의 기벽에 존재함으로써 옹기 안팎의 공기가 순환할 수 있게 되는 것이다.

또한 굽는 시간이 길고 온도가 높아지면 석영이 커지고 류사이트(leucite)가 형성된다. 이때 옹기의 기벽에 통로(기공)가 형성되는데, 이 기공의 크기는 1~20마이크로이다. 신선한 공기인 산소는 0.00022마이크로로 이 기공으로 쉽게 드나들 수 있지만, 빗방울은 기공의 2000배 이상의 크기

로 옹기의 내부에 침투하지 못하는 것이다. 옹기에는 이러한 기공을 통하여 산소가 공급된다. 이 옹기가 요즈음 숨을 쉰다는, 소위 바이오로 상징되는 그릇 그 자체인 것이다.

이러한 옹기의 원리와 김치 냉장고는 어떠한 연관성이 있을까?

김치에는 류코노스톡(Leuconostoc) 유산균이 있어 특유의 상큼하고 개운한 맛을 낸다. 김치유산균 DNA 분석 결과 3속 15종의 다양한 유산균이 김치 맛 생성에 작용하며, 김치 유산균 중에서 류코노스톡 균이 결정적 역할을 하는 것으로 조사되었다. 류코노스톡 균은 갓 담근 김치에서 보통 1㎖당 1만 개체(cfu/㎖)에 불과하지만, 숙성시킬 경우 6천만 개체(cfu/㎖) 안팎으로 늘어난다. 특히 류코노스톡 균 숫자의 변화는 김치의 보관, 숙성 온도에 따라 편차를 보이는데, 영하 1℃ 상태에서 4개월 이상 1천만 개체 안팎의 수치를 고르게 유지하기 때문에 김치가 시지 않고 상큼한 맛을 유지하게 되는 것이다.

우리나라는 12월~2월까지 땅 속 30㎝ 지점의 평균 기온이 영하 1℃ 정도인데, 숨 쉬는 옹기에 김치를 담아 땅 속에 묻는 것은 류코노스톡 균이 살기에 가장 좋은 조건이 되었던 것이다. 옹기가 바로 김치 냉장고인 것이다.

김치 냉장고의 중요한 원리 가운데 하나가 열고 닫을 때 온도 변화를 최대한 억제하는 것이다. 김치 냉장고는 김장독처럼 위에서 열고 닫는 것이 주류를 이룬다. 이것은 옆으로 열었을 때 대류 현상에 의한 온도 변화를 최대한 억제하기 위함이다. 김장독의 경우 땅 속에 묻고, 뚜껑이 위에 있기 때문에 열었을 때 공기의 유입이 최대한 억제되어 온도 변화가 거의 없다. 이러한 원리를 김치 냉장고가 응용한 것이다.

김장독은 적정 온도의 지속적인 유지와 산소를 계속적으로 공급받는 것이 필요한 식품의 발효와 저장에서 없어서는 안 될 중요한 생활 필수품이었다. 이러한 우리 조상들의 과학 슬기를 현대 과학과 잘 접목시켜 오늘날 여러 사람들이 편리하게 사용할 수 있도록 산업화에 성공시킨 것이 바로 바이오 세라믹과 김치 냉장고인 것이다.

현대 과학 기술과의 접목에 성공한 옹기는 중금속을 흡착하는 성질이 있으며, 천연 잿물 옹기일수록 흡착하는 정도가 큰 것으로 나타났다. 이것은 옹기가 음식물에 포함될 수 있는 중금속의 제거에 우수한 기능을 가지고 있음을 말해 주는 것이다.

또한 근래에 질그릇이 산성인 물을 우리 건강에 좋은 pH(용액의 수소 이온 지수) 7.5 정도의 약알카리성으로 변화시키는 효과가 바이오플라스틱 용기보다 탁월한 것으로 드러났다. 특히 질그릇의 재질 가운데 백운석, 지오라이트, 맥반석, 규석, 점토, 장석 순으로 pH를 알카리성으로 변화시키는 효과가 우수한 것이 연구 결과 발표된 바 있다.

이러한 점에서 옹기의 질그릇 재료를 현대 과학과 접목시켜 지오라이트나 맥반석 등의 재료를 강화시키고, 현대 디자인에 맞게 용기의 규격화 및 디자인 개발에 힘쓴다면 상품 가치를 더욱 높일 수 있을 것이다. 또한 물의 약 알카리화 작용과 음식물의 신선도 유지 능력, 냄새 정제 능력 등으로 인해 생활 속에서 옹기의 활성화가 이루어질 것으로 기대된다.

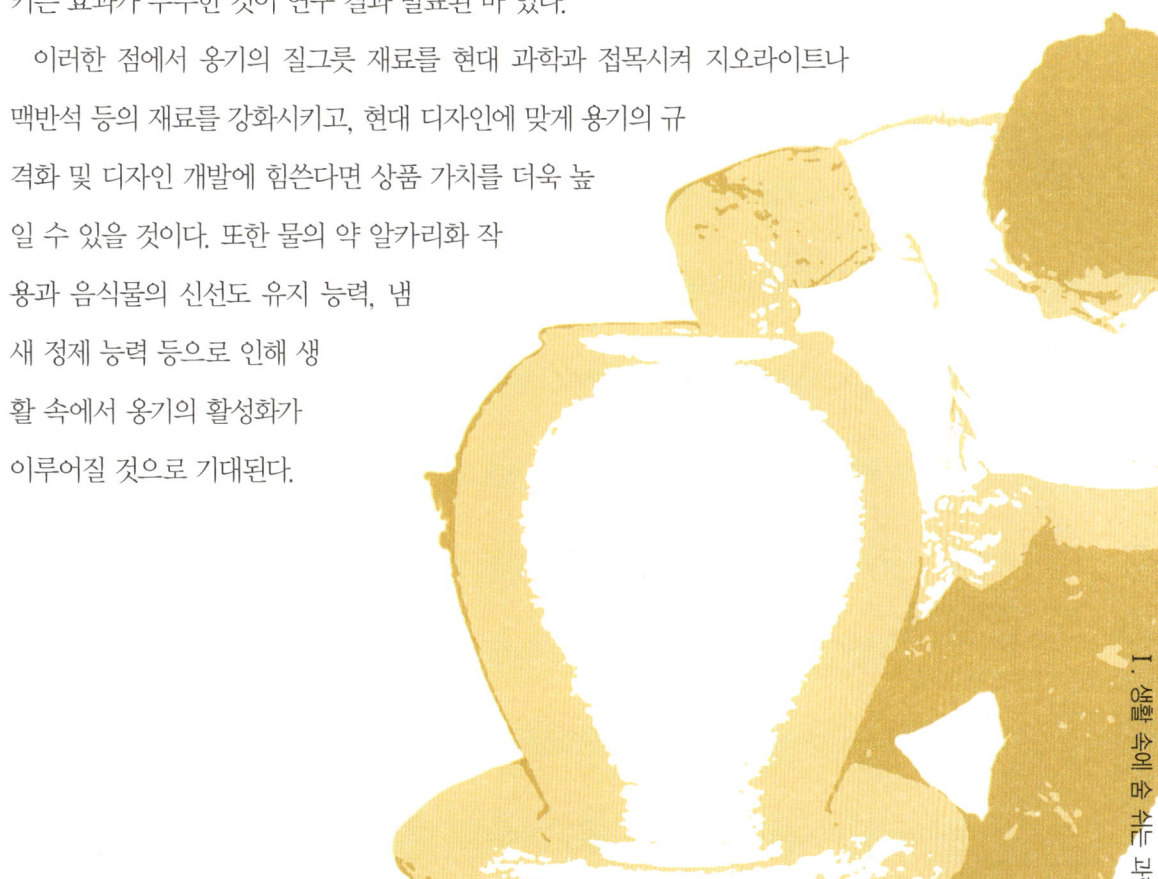

멜빵 문화의 완성작
'지게'

● 김홍도의 '고누놀이'

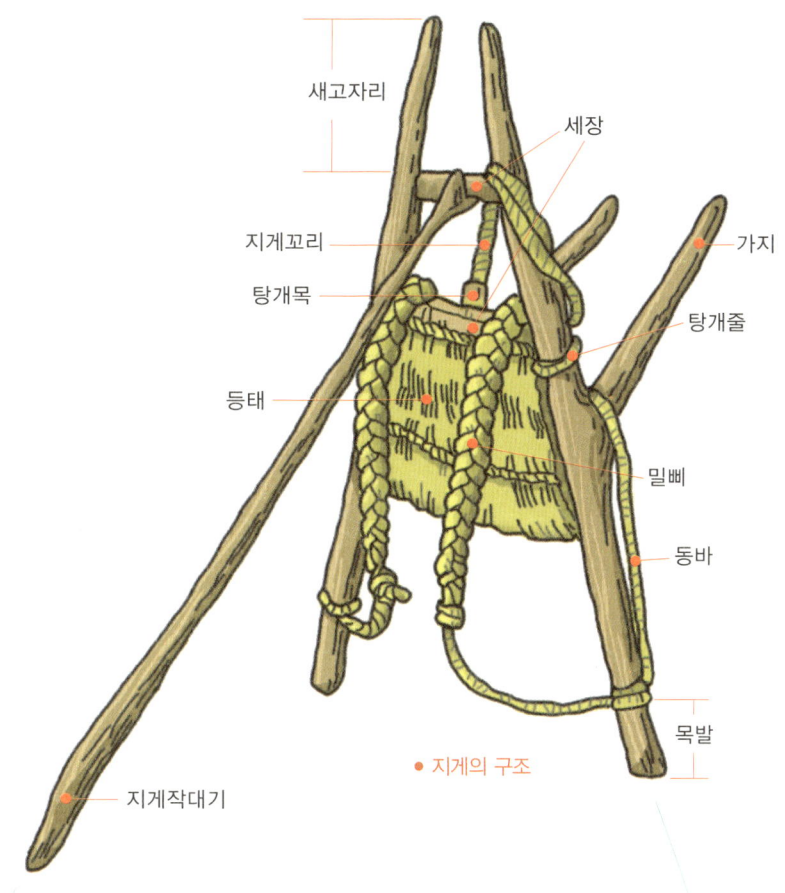

• 지게의 구조

인류가 만든 운반 도구는 '끌다'와 '지다'라고 하는 두 개의 동사로 요약될 수 있는데, '끌다'에서 비롯된 것이 바퀴이며, '지다'에서는 멜빵이 생겨난 것이다.

그 중 멜빵 문화를 완성시킨 것이 지게인데, 농사에 필요한 나무·곡물·거름(비료, 퇴비)·풀 등 사람의 힘으로 나를 수 있는 대부분의 물건을 운반할 때 쓰이는 도구이다.

요즘에 보면 주로 손에 들고 다니던 가방은 시간이 지남에 따라 어깨나 등에 메고 다니는 것으로 바뀌게 되었다. 이것은 그만큼 손에 드는 것보다 어깨나 등에 메는 것이 훨씬 힘이 덜 들고 행동하기에 편하기 때문이다.

이와 마찬가지로 나무에 밀삐를 걸어 어깨에 메고 여러 가지 물건을 운반했던 지게에도 우리 선조들이 생활 속에서 고안해 낸 과학 슬기가 녹아들어 있다. 또한 이와 함께 자연 환경과 어우러지는 삶을 추구했던 선조들의 모습을 엿볼 수 있다.

먼저, 그 제작 방법과 구조를 살펴보면, y자 모양으로 생긴 자연 그대로의 나무 두 짝을 다듬어서 4~5개의

가로대를 꿰고 빠지지 않도록 새끼줄(탕개)을 걸어 가운데에서 탕개목으로 조여 만든다. 여기에 등에 댈 수 있는 등태를 엮어 달면 지게가 완성된다.

부속물로는 많은 물건이나 잘 흘러내리는 흙, 재, 자갈 같은 것들을 나르기 위하여 싸리로 엮어 만든 바소쿠리가 있다. 그리고 작업할 때 또는 작업 도중 지게를 세우기 위해 쓰는 작대기(알구지)가 있다.

이러한 지게는 전국 어느 곳에서나 두루 쓰이고, 또 누구나 쉽게 만들어 사용할 수 있다. 그렇기 때문에 크기나 형태, 등태 짜는 법 등이 각 지방에 따라서 조금씩 다르다.

몸체는 소나무를 주로 사용하며 처음부터 지게를 쓸 사람의 체격에 맞도록 만든다. 또한 몸체를 이어 주는 세장은 박달나무·밤나무 등 비교적 단단한 나무를 사용하는 등 재료의 특성을 알고 그 쓰임새에 맞춰 적재적소에 필요한 부속물을 만들어 사용하였다.

물리적인 눈으로 보아도 지게는 균형이 잘 잡혀 있음을 알 수 있다. 지게의 두 다리와 작대기에서는 지금도 가장 안정된 것으로 말해지는 삼각 구조를 찾아볼 수 있다. 또 지게 작대기를 사용함으로써 y자로 된 틀에서 안정감 있게 떠받치는 무게 중심 역할과 짐을 지고 일어설 때 다리에 미치는 힘의 크기를 줄어들게 하여 짐의 무게를 분산시키는 효과를 얻을 수 있다.

탕개와 탕개목은 요즈음의 볼트와 너트에 긴밀성을 유지하기 위하여 쓰는 와셔(washer)의 역할을 하고 있다. 또한 밀삐는 지게다리에 여유 있게 감아 쓰는데, 이것은 지게를 쓰는 사람의 키에 따라 조절할 수 있도록 한 조절 장치이다.

여기에 하나를 덧붙이면, 지게 위에 얹는 짐들은 균형을 잘 맞춰 놓아야 하며, 짐을 지고 걸을 때는 율동적으로 장단을 맞춰서 걸어야 한다. 만약 그렇게 하지 않고 율동과 균형의 조화가 깨지게 되면 지게에 짐을 지고 가지 못하게 될 것이다.

이와 같은 과학 슬기가 숨어 있는 지게를 에너지 효율 측면에서 살펴보면, 지게를 이용해 등짐을 지는 것은 머리에 이는 것보다 힘 에너지가 3% 절약되고, 양손에 들고 다니는 것보다 약 44%의 힘이 절약되며, 베트남이나 중국에서 장대 끝에 달아매는 목도보다 약 26%의 힘이 절약된다는 연구 결과가 나왔다. 이를 통해 우리 겨레의 지고 이는 방법이 가장 과학적이라는 사실을 알 수 있는 것이다.

● 바소쿠리를 얹은 지게

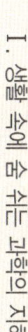

I. 생활 속에 숨 쉬는 과학의 지혜

Ⅱ 장애인 부모 및 가족 생활 실태

• 닥나무

세계의 으뜸 '전통 한지'의 우수성

종이는 언어와 기억을 저장할 수 있는 매개체로 인간이 만들어 낸 문화와 역사를 연결해 주는 최고의 수단이다.

문자의 발명과 종이의 탄생은 학문 발전과 지식 전달 수단으로 인류에게 문명의 진보를 이루게 해 준 결정적인 계기를 마련해 줌으로써 인류의 문화 발달과 문화 형성에 많은 공헌을 하였다. 그 중에서 오랫동안 변하지 않고 보존이 쉬운 질 좋은 종이를 만들기 위한 노력은 문자의 발명 이후 전 세계적으로 계속되어 온 국가적 사업이었다. 세계적으로 우수한 우리 고유의 한지 또한 이러한 과정을 통해 끊임없는 노력과 시행착오를 거쳐 완성되었던 것이다.

우리 선조들은 중국으로부터 종이 제작 기술을 받아들였지만, 중국이 종이 재료(紙料)로 마(麻), 죽순(竹筍) 등을 사용한 것과는 달리 우리 선조들은 리

• 닥나무 껍질

그닌(Lignin)과 홀로 셀룰로오스(holo-cellulose) 성분이 이상적으로 함유되어 있는 닥나무(Broussonetia kazinoki)를 사용하였다. 여기에 천연 재료인 잿물과 닥풀(황촉규) 등을 사용하여 세계에서 가장

· 고유 한지 섬유 조직 모습
· 일본 화지 섬유 조직 모습
· 중국 선지 섬유 조직 모습
· 이집트 파피루스 섬유 조직 모습

우수하고 천년 이상 오래가는 중성지인 한지를 만들었다.

또한 한지를 만드는데 필수적인 도구를 개발하였는데 바로 '한지발'이다. 한지발은 한지 제작 과정에 있어서 종이의 분산을 막아 주고, 섬유 조직의 좌우 교차 배열에 따른 질 좋은 한지를 만들어 주는 상당히 중요한 역할을 담당했던 도구이다. 이와 같은 도구의 개발은 우리 겨레의 창의적인 과학 슬기와 세밀한 과학 기술을 다시 한 번 확인할 수 있는 대목이라 할 수 있겠다.

이러한 고유 한지의 우수성은 경주 불국사 석가탑에서 두루마리로 발견된 세계 최고의 목판인쇄물 '무구정광대다라니경(無垢淨光大陀羅尼經)'에서 그 예를 찾아볼 수 있다. 이 인쇄물의 지질은 닥종이로 자그마치 1,300년 남짓 그 형체를 오롯이 유지하고 있다.

우리의 전통 한지는 질이 좋아 예로부터 국내외에 이름이 높았다. 중국 기록인 『계림지(鷄林志)』, 『고려도경(高麗圖經)』, 『고반여사(考槃餘事)』 등에 고려지(高麗紙)의 우수성을 예찬하는 기록이 많이 있다. 이 중 『고반여사』의 기록을 보면 '고려지는 누에고치로 만들어서 비단같이 희고 질기며, 글을 쓰면 먹이 잘 먹어 좋은데, 이것은 중국에 없는 것으로 진품이다.' 라고 기술한 대목에서, 종이는 중국 한나라의 채륜이 발명했으나 새로운 기술의 적용으로 명품 종이를 개발한 것은 우리 민족임을 알 수 있다.

특히 우리의 한지를 세계적인 명품으로 만든 것은 바로 닥나무라는 재료의 사용이었다. 조선 시대 이규경(李圭景)이 지은 『오주연문장전산고(五洲衍文長箋散稿)』에는 '고려의 종이는 천하에 이름을 떨쳤는데, 그것은 다른 원료를 쓰지 않고 닥나무만을 썼기 때문이다. 그 종이가 매우 부드럽고 질기며 두꺼워서 중국 사람들은 고치종이라고도 했다.'라는 기록이 있어 질이 좋은 닥나무의 사용으로 인한 한지의 우수성을 뒷받침해 주고 있다.

이처럼 아름답고 우수한 고유 한지에 담긴 선조들의 과학 슬기와 지혜는 우리의 상상력을 뛰어넘는 것으로, 한지 뜨기 과정과 천연 재료의 특성 활용, 그리고 마무리 기술 등 과학적인 제조 과정에서 찾아볼 수 있다.

먼저 한지 뜨기 과정 속의 과학 슬기를 보자.

한지발 틀에 발[簾]을 얹어 종이를 뜨는데, 앞 물을 떠서 뒤로 버리는 앞물질과 좌우에서 물을 떠서 옆으로 버리는 옆물질을 하여 섬유질이 고른 종이가 되도록 한다. 이렇게 앞물질과 옆물질을 한 까닭에 섬유 조직의 배열이 위아래, 옆으로 얼기설기 90°로 교차되어, 종이를 옆으로 찢었을 때 견디는 힘인 인열 강도와 종이를 위아래로 잡아당겼을 때 버티는 힘인 인장 강도를 높이게 된다. 양지는 물론 중국, 일본 등 다른 나라의 종이에 비해 우리 한지가 질긴 이유가 여기에 있다.

이러한 섬유 조직을 현대 과학 기기를 이용하여 살펴보면 뚜렷이 알 수 있다. 실체 현미경을 통해 한지와 중국(선지) 및 일본(화지) 종이, 이집트 파피루스 등 각국의 고유 종이를 비교·분석해 보면 그 차이는 확연히 드러난다. 현미경을 통해 분석한 조직을 마이크로 카메라를 통하여 확대하여 그 차이를 소형 모니터로 관찰하면 다음과 같이 비교된다. 우리의 한지는 섬유 조직이 한자의 정(井)자와 같은 배열 모습을 볼 수 있는 반면, 중국 선지와 일본 화지의 섬유 배열은 거의 한 방향으로 놓여 있음을 알 수 있다. 또한 이집트 파피루스가 종이가 아닌 식물 섬유를 다듬어 사용했음도 알 수 있다.(48쪽 사진 참조)

또한 실체 현미경 분석, 섬유 조직의 색반응과 주사 전자 현미경(SEM) 분석을 통해서도 한지의 섬유 조직이 서로 교차하는 한자의 우물 정(井)자와 같은 배열 모습을 하고 있음을 관찰할 수 있다.(아래 사진 참조) 이러한 실체 현미경과 색반응으로 순수한 닥나무인지 아니면 비목질계 다른 섬유가 섞였는지 등 섬유 조직의 구성을 알 수 있으며, 섬유의 길이 측정과 두께 등을 계측할 수 있다.

둘째, 재료의 특성을 최대한 활용하였다. 선조들은 한지 재료의 성질을 잘 파악하여 닥나무에 리그닌, 펜토신과 홀로 셀룰로오스 성분이 이상적으로 함유되어 있는 시기인 가을에 채취하였다. 이 닥나무를 알칼리성의 전통 잿물로 삶아 일광 표백하고, 천연 닥풀을 접착제로 사용하여 한지를 만들어서 천년이 지나도 열화되지 않는 중성지가 탄생한 것이다.

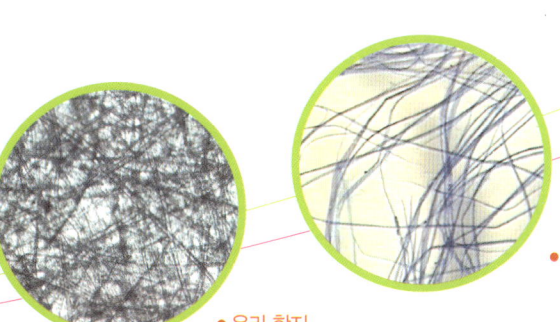

• 우리 한지 (실체 현미경×140)

• 우리 한지 (색 반응×500)

• 19세기 한지 표면의 실체 현미경(90×) 사진

• 16c 한지 표면의 SEM 100X

잿물로 닥나무 껍질인 백피를 삶으면 불순물이 제거되어 순수한 식물 섬유를 얻을 수 있다. 잿물의 주성분은 산화칼륨(K_2O)으로 이 성분의 양에 따라 잿물의 염기도가 증가한다. 이 밖에도 인(P_2O_5), 산화나트륨(Na_2O) 및 산화칼슘(CaO)의 양이 많으면 약알칼리로 된다는 것이 분석 결과 나타났다.

잿물로 삶은 다음 씻기와 볕쬐기(일광 표백) 과정을 거치는데, 흐르는 물 속에서 햇빛의 작용으로 과산화수소와 오존이 발생되어 산화 표백되는 것이다. 날씨의 영향과 시간이 걸리는 단점이 있지만, 섬유가 손상되지 않는 장점이 있다. 닥풀은 pH(용액의 수소 이온 농도를 나타내는 지수)가 7.0대로 중성을 띠며, 주성분이 당류이기 때문에 종이를 뜰 때 섬유 점착을 좋게 해 주어 종이의 강도를 증가시킨다. 또한 얇은 종이를 만드는데 유리하고, 겹쳐진 젖은 종이를 쉽게 떨어지도록 한다.

셋째, 마무리인 다듬이질(도침질)로 종이의 치밀성과 평활도(平滑度)를 높였다. 건조된 종이를 전통 방식으로 다듬이질을 하면, 종이 조직이 치밀해지고 평활도가 향상되어 윤이 나며, 촉감이 부드러워지는 효과를 얻을 수 있다. 이러한 마무리 기술을 통해 질 좋은 한지로 거듭나게 되는 것이다.

이러한 도침 기술로 한지의 강도에 큰 변화를 주는데, 특히 종이의 강도는 종이의 가공 공정에 따라 가해지는 힘에 얼마나 견딜 수 있는지를 나타내기 때문에 매우 중요한 성질 가운데 하나이다. 도

전통 한지의 제조 과정
① 닥 채취하기 → ② 닥 찌기 → ③ 껍질 벗기기 → ④ 물에 담그기 → ⑤ 잿물에 삶기 → ⑥ 씻기와 표백 → ⑦ 두드리기(고해) → ⑧ 해리 → ⑨ 종이뜨기 → ⑩ 물빼기 → ⑪ 말리기 → ⑫ 다듬기(도침) → ⑬ 다리기

• ⑧ 해리(解離) : '두드리기'가 끝나면 물에 섬유를 풀어 종이를 뜰 수 있는 상태로 만드는 것으로, 반죽이 된 섬유를 물통에 넣어 섬유가 다 풀어지도록 하는 과정을 말한다.

침을 하지 않은 종이보다 도침을 한 종이의 밀도(g/㎤), 즉 도침 전의 종이와 도침 후의 종이 밀도를 알기 위해 보통 실시하는 두께 파열 강도 측정에서도 변화가 나타나는데, 도침 전 종이보다 도침 후 종이의 파열 지수가 20% 높아지는 것으로 계측된다. 이것은 도침에 의한 섬유 간 결합력 증가에 의한 것으로 여겨진다.

  인열 강도 역시 도침에 의해 30% 증가하는 것으로 나타나는데, 이는 섬유 간 결합력 증가와 도침으로 인한 섬유 손상의 최소화에 기인한 것으로 생각된다.

  이와는 달리 우리가 일반적으로 쓰고 있는 종이는 로진사이즈 처리와 황산알루미늄의 사용으로 강한 산성(pH 4~5.5)을 띠게 된다. 그렇기 때문에 세월이 지남에 따라 서서히 산가수분해로 종이가 열화되어 100여 년 정도 지나면 사용하기 어려울 정도로 분해되고 만다. 또한 펄프를 섞은 한지는 표백용으로 첨가되는 수산화나트륨과 차아염소산으로 인하여 산성을 띠게 되고, 표백 과정 중에 종이의 섬유 조직이 상하게 되어 보존성이 떨어지게 된다. 이러한 제조 과정의 차이로 우리 고유 한지는 천년이 지나도 종이가 보존되는 반면 펄프 종이는 오랜 보존이 불가능한 것이다.

  이렇게 과학 슬기가 듬뿍 담긴 한지의 장점을 최대한 활용하여 현대 첨단 과학과 접목한다면, 항균 기능이 뛰어나고 아토피 질환을 억제하는 한지사(韓紙絲)의 개발, 웰빙 섬유 한지로 만든 로하스의 의류 개발, 질과 기능성을 높인 웰빙 도배지 개발, 로봇과 반도체 등 첨단 소재를 개발할 수 있을 것이다. 게다가 기계적으로도 흡음성과 밀도가 뛰어난 한지의 특성을 활용하면 스피커의 음향 판이나 밀폐용 개스킷 등 첨단 소재 개발도 가능할 것이다.

  또한 한지의 질과 더불어 웰빙과 직결된 기능성을 부각시켜 고부가 가치 명품을 위한 원천 기술을 개발함과 동시에 대량 생산을 위한 기술 개발과 수출 전략에 힘쓴다면, 한국을 대표하는 한(韓)브랜드로서 세계의 명품으로 자리 잡을 수 있을 것이다. 더불어 세계 문화와 소통하는 한국 문화의 새로운 문예 부흥 시대를 실현할 수 있을 것이다.

'한지발'의 과학 슬기

● 한지발의 제작 과정

대 피죽뜨기

대 쪼개기

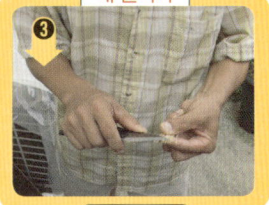
대 끝깎기

물에 담그기

종이는 인류의 문화나 문명 진보와 관련된 내용들을 쉽게 이해할 수 있도록 그 내용을 보관·전승하는 기록 재료로 문명 발달과 문화 형성에 있어 중요한 역할을 하였다.

세계에서 가장 우수한 종이인 한지를 만들어 사용한 우리 선조들은 한지를 만들 때 사용하는 필수적인 도구를 개발하였는데 바로 '한지발'이다. 한지발은 한지 제작 과정에서 질 좋은 한지를 만들기 위해 상당히 중요한 역할을 했던 도구였음에도 불구하고, 그 중요성뿐만 아니라 제작 과정 또한 잘 알려져 있지 않다.

한지발은 대나무를 가늘게 쪼개서 실처럼 둥글게 뽑은 대촉을 말총으로 엮어서 만든 것으로, 못을 쓰지 않고 만든 발틀 위에 올려놓고 지통(紙筒)에서 물질을 하여 종이를 뜰 때 사용하는 도구이다.

이러한 한지발을 만드는 과정은 크게 대나무를 둥근 대촉으로 뽑아내는 공정과 말총을 추방울에 고정시킨 후 발 짜는 틀에 걸어 준비하는 공정, 그리고 대촉을 말총으로 엮어 발을 완성시키는 공정으로 나누어 볼 수 있다. 한지발 제작 공정은 재료의 특성을 알고 그에 맞는 도구를 고안해 내는 장인의 과학 슬기와 노력, 그리고 끈기가 있어야만 가능한 매우 고단하고 힘든 과정이다.

대촉 빼기

먼저, 주 재료인 대나무의 특성을 알고 한지발 제작에 적당한 대나무를 구해야만 하는데, 12월에서 2월 사이의 수분이 없는 것을 써야 상하거나 썩지 않으며, 마디가 길고 굵어야 작업이 쉽고 원활히 진행될 수 있다. 그리고 그 중에서 어느 정도의 흡수력을 위해 표피와 속대를 제거한 피죽을 떼어 사용하게 된다.

한지발의 재료인 대나무는 소금물에 삶아 당분을 제거하여 오랫동안 보관할 수 있는 특성을 갖게 되며, 결대로 쪼개지는 성질을 이용한 장인의 능숙한 손놀림과 직접 고안한 도구를 사용하여 일정한 크기의 대촉을 만들게 된다.

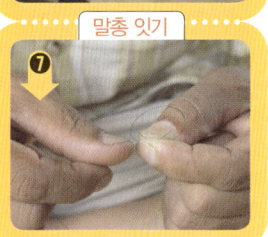
말총 잇기

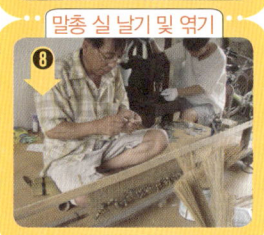
말총 잇기

완성된 대촉을 엮어 주기 위한 말총은 말의 꼬리에서 얻어낸 재료로 머리카락보다 튼튼하여 잘 끊어지지 않으면서 부드럽고 형태 고정을 쉽게 할 수 있는 특징이 있다. 그리고 말총을 서로 연결할 때는 머리와 꽁지로 구분하여 서로 이어야 잘 풀리지 않는데, 그 매듭법은 추방울에 말총을 묶는 방법과 같이 오랜 경험을 통해 장인이 터득한 기술이라 하겠다.

말총 실 날기 및 엮기

이렇게 준비한 대촉과 말총을 이용해 발을 엮어 나갈 때에도 장인의 경험을 통한 과학 슬기가 배어 있다. 바로 좌우새로 엮는 방법과 가운데를 중심으로 날줄이 서로 교차되게 엮는 방법이다.

한지발 엮기

좌우새로 엮는 것은 날줄로 발촉을 엮을 때 추방울을 좌우측으로 각각 한 번씩 번갈아 넘겨가며 엮는 것으로, 완성된 발의 전체적인 견고성을 유지하기 위한 방법인 것이다. 그리고 발을 엮는 작업의 절반이 끝나면 가운데에서부터 다시 엮어나가게 되는데, 이때 날줄은 기존에 엮었던 날줄의 중간 부분에 위치하게 된다. 이것은 한지 뜨는 방법과 관련이 있는 것으로, 우리 고유 한지인 음양지의 경우 한지발로 두 번 떠서 서로 돌려 붙여 한 장의 종이로 만들게 된다. 이때 41개 날줄이 가운데를 중심으로 서로 교차되어 있으면, 결국 완성된 한지 위에

한지발 마무리

한지발

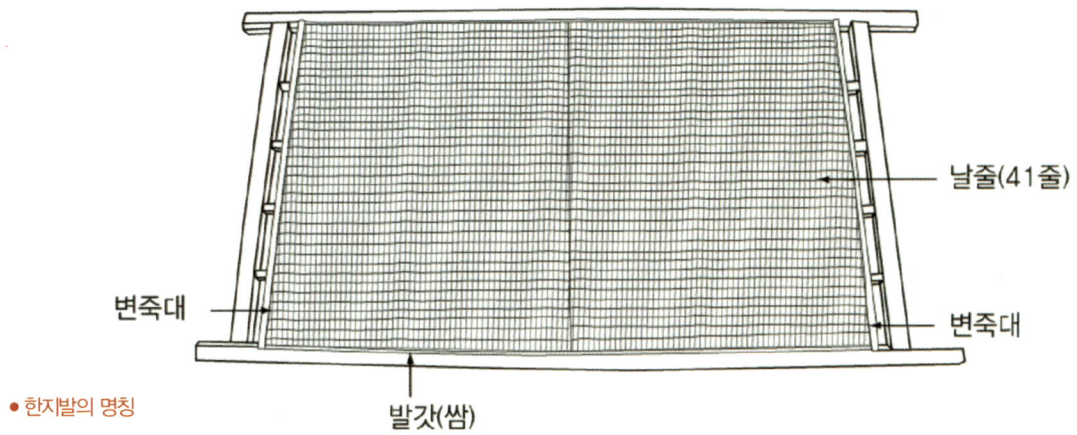

● 한지발의 명칭

는 전체적으로 82줄의 날줄이 눌려지게 되는 것이다. 이것은 종이의 분산을 막아 그 질을 높이기 위한 방법으로, 좋은 종이를 만들기 위한 우리 겨레의 세밀한 과학 기술을 다시 한 번 확인할 수 있는 대목이라 할 수 있겠다.

한지를 뜰 때 어떠한 한지발을 사용하느냐에 따라 질 좋은 한지와 그렇지 않은 한지가 만들어지게 된다. 즉, 두께가 일정한 좋은 종이를 만들기 위해서는 한지발을 만들 때 비틀어지거나 모가 난 촉을 쓰지 않아야 하며, 사방 어디에서도 일정하도록 촘촘하게 엮어서 만들어야 하는 것이다. 이렇게 장인이 손으로 직접 제작한 한지발을 사용하여 한지를 만들게 되면, 섬유 조직의 배열이 위아래, 좌우로 서로 교차되어 질기고 좋은 고유 한지를 얻을 수 있게 되는 것이다.

우리 고유 한지에 대한 현대 제지 기술과의 접목을 통한 기술 개발과 함께 한지발 제작 기술과 우수성을 현대에 맞게 개발하기 위한 노력이 있어야 할 것이다.

• 발 제작 공구(그무개)
• 발 제작 공구(깍낫)
• 발 제작 공구(대칼)
• 대 삶기 솥

55

'먹'의 과학

먹은 글씨를 쓸 때 사용하는 서사용구(書寫用具)이자 문방사우(文房四友)의 하나이다. 재질이 단단하고 굳으며, 색은 검은색을 띤다. 벼루에 갈아서 액체 상태로 만든 다음 글씨를 쓰거나 그림을 그리는데 사용한다.

먹을 뜻하는 한자인 '묵(墨)'자는 '검을 흑(黑)'과 '흙 토(土)'를 합한 글자로, 고대 중국에서는 천연으로 산출되는 석묵(石墨)의 분말에다 옻을 섞어서 사용하였다고 한다.

우리나라 먹 가운데 가장 오래된 유물은 일본의 쇼쇼인(正倉院)에 소장되어 있는 신라의 먹 2점이다. 모양은 모두 배 모양이며, 각각 먹 위에 '신라양가상묵(新羅楊家上墨)', '신라무가상묵(新羅武家上墨)'이란 글씨가 압인(押印)되어 있어 신라 시대에 양가와 무가에서 좋은 먹을 생산하였음을 미루어 짐작할 수 있다. 이보다 더 오래된 먹 관련 유물로는 경남 창령군 의창 다호리 목관묘에서 출토된 붓을 들 수 있다. 붓이 출토된 고분의 연대가 기원전 1세기를 전후한 시기임에 비추어 일찍부터 우리나라에 먹이 사용되었을 것으로 미루어 짐작할 수 있다.

또한 중국 문헌인 명나라 도종의(陶宗儀)의 『철경록(輟耕錄)』에 고구려에서 송연묵을 당나라에 보냈다는 기록과 고구려 고분 벽화인 안악 3호분과 모두루묘지(牟頭婁墓誌)에 보이는 묵서명(墨書銘), 그리고 담징이 제묵법을 일본에 전했다는 『일본서기(日本書紀)』의 기록으로 보아 삼국 시대에 이미 좋은 먹이 생산되고 먹의 사용이 성행하였음을 알려 주고 있다.

고려 시대의 먹으로는 청주 명암동 고려묘에서 발굴된 단산오옥(丹山烏玉)이 있다. 먹과 관련한 기록으로는 육우의 『묵사(墨史)』「고려조(高麗條)」에 나오는 먹 관련 기사를 들 수 있는데, 고

● 단산오옥

려의 맹주(猛州), 평로성(平虜城), 순주(順州) 지역에서 생산된 먹이 중국에 수출되어 그 명성을 얻었음을 알 수 있다. 또한 송나라 문헌인 서긍이 지은 『고려도경』에 고려의 송연먹이 뛰어났다는 기록이 있어 그러한 사실을 뒷받침하고 있다. 고려 시대 송연먹은 묵광(墨光)이 번쩍이고 묵향(墨香)이 코를 쏘았다고 한다.

고려 시대를 거쳐 조선 시대에는 이른바 조선 먹의 황금 시대를 이루었다. 특히 황해도의 해주(海州)에서 만든 먹은 중국, 일본의 먹에 비해 그 질이 월등히 우수하여 나라에 진상하고, 그 두 나라에 수출하였으며, 평안도의 양덕(楊德)에서 만든 송연먹은 향기가 좋기로 이름이 높았다고 한다. 이러한 우수한 먹으로 조선 시대 우리 선조들은 찬란한 수묵화 및 서예 예술을 꽃피웠을 것이다. 뿐만 아니라 세계 인쇄 문화사상 그 유례를 찾아볼 수 없을 만큼 금속 활자와 목판 인쇄술의 획기적인 발전을 이룩할 수 있었다.

먹은 송진을 태워서 만드는 송연묵(松煙墨)과 기름을 태운 그을음으로 만드는 유연묵(油煙墨)으로 나뉘는데, 전자는 주로 목판이나 목활자 인쇄에 사용하고, 후자는 금속 활자 인쇄에 사용한다.

조선 시대인 1554년(명종 9년)에 어숙권(魚叔權)이 편찬한 『고사찰요(攷事撮要)』에는 먹의 제조법이 소개되어 있는데 아래와 같다.

"물 9근에 아교 4근을 넣고 불에 녹인 다음 순수한 그을음 10근을 넣어 잘 반죽한다. 반죽된 것을 다른 그릇에 옮기고, 남은 물 1근을 적당히 뿌려 가면서 잘 찧는다. 이어서 깊숙한 방에 평판을 깔고 습한 재를 한 치 정도 깔고 종이를 덮는다. 그 종이 위에 먹을 옮겨 놓고, 다시 종이로 덮고 위에 다시 습한 재를 한 치쯤 덮는다. 그대로 3일을 두었다가 각 장을 바르게 네모로 자른다. 자른 먹 위에 마른 재를 한 치쯤 덮고, 2~3일 지난 후 꺼내어 깊숙한 방 평판 위에 놓고 여러 차례 뒤집어 가며 말린다."

아울러 물푸레나무[침(梣)나무] 껍질의 즙을 짜서 아교를 만들고, 계란 노른자와 진주홍(眞珠紅)과 사향을 넣어 먹을 만들면 먹의 색이 좋고 향기롭다고 적고 있다. 날씨가 더우면 썩어서 냄새가 날 수 있고, 추우면 잘 마르지 않으니, 여름과 겨울철은 먹을 만드는 시기로 적당하지 않다고 기록하고 있다.

● 송연 채취 가마

어숙권의 『고사촬요』에서와 같이 먹은 그을음과 아교로써 만들어진다. 그을음의 주성분은 탄소로써 그을음 속에 함유된 미량의 성분들이 주변 여건 등에 의해 변화되지만, 탄소는 완전한 물질로써 변화되지 않는 특징을 갖고 있다. 아교는 동물성 단백질로 콜라겐이란 단백질을 분해·정제하여 얻어진다. 그 분자량은 수만 개에서 수십만 개에 이르는 천연 고분자 물질이기 때문에 온도, 습도 등 주변 여건 등에 영향을 받아 저분자가 되면서 오랜 기간 동안 변화되는 성질이 있다. 따라서 먹을 만들 때에 아교가 많은 영향을 주게 되는 것이다.

먹이 만들어질 때는 36~40% 또는 50% 정도의 수분을 보유하고 있다. 이 수분이 건조되면서 서서히 배출되어 완제품이 되었을 때에는 16~18%의 수분이 남게 되는 것이다. 건조된 먹은 수분의 증발로 먹의 내부에 미세한 공기구멍이 형성된다. 이것이 습기가 적은 날에는 수분을 방출하고, 습기가 많은 날에는 수분을 받아들이는 역할을 함과 동시에 먹 속의 아교 물질에도 변화를 주게 되는 것이다. 처음 만든 먹과 1~2년 후의 먹색이 다른 이유가 여기에 있는 것이다.

좋은 먹은 손으로 들었을 때 느끼는 촉감과 무게, 눈에 보이는 형태, 냄새에 의한 향료, 두드렸을 때의 소리로 판별을 한다. 그러나 무엇보다 중요한 것은 벼루에 갈 때 부드러우면서도 미끄러지듯이 쉽게 잘 갈려서 사용에 편리하고 마음 가는대로 붓을 움직일 수 있는 조건을 갖추어야 한다. 이러한 바탕 위에 농담(濃淡)이 좋으면 으뜸이라 할 수 있을 것이다.

우리나라 전통 먹의 물리적 특성을 들면, 먼저 색깔이 검고, 오래될수록 빛깔이 퇴색하지 않고 더욱더 깊은 맛이 난다는 점, 그리고 부식 작용을 일으키지 않는다는 점이다. 우리나라에 남아 있는 고서화가 잘 부패하지 않는 이유가 여기에 있는 것이다. 또한 아교 성분으로 붓의 움직임을 민첩하고 원활하게 해 주고, 수분의 조절에 의해 농담과 번짐의 조형성을 만들 수 있다는 점을 들 수 있다. 아울러 부착력이 강하기 때문에 종이 깊숙이 침투하는 점에서 동양화에 사용되는 흡수력이 좋은 한지에 적합한 특징과 장점을 갖고 있는 것이다.

고유 먹의 제조는 오랜 시간이 걸리는 까다로운 작업으로 장인의 기술이 절대적으로 필요하다. 뿐만 아니라 재료도 천연의 것으로 이들의 구입에도 어려움이 있다. 그래서 최근에는 광물성 그을음 또는 카본 블랙 같은 재료를 이용하여 기계로 제작하는 공업먹이 주로 이용되고 있는 실정이다. 이와 함께 장인들도 그 맥이 끊어지고 있으며, 고유 방식에 의한 조묵법(造墨法)은 사라질 위기에 처해 있다.

따라서 체계적이고 과학적인 연구로 우리 먹의 재현을 위한 고유 먹의 서지학적 분석, 성분 분석, 조묵법 분석, 재료의 특성 분석 등이 반드시 이루어져야 한다. 이것은 곧 고유 먹에 대한 복원은 물론이고, 나아가 현대 첨단 과학 기술과 접목함으로써 신소재 개발로도 이어질 수 있을 것이다.

우리 고유 먹에 대한 분석이 이루어진다면 송연먹의 탄소 성분과 음이온 및 향료를 활용한 소화·해독·지혈·테라피 효과를 갖는 약재 개발, 도자기와의 접목에 의한 고 신선도 기능 함유 기능성 신소재 개발로 연결되어 고유 먹의 우수성을 세계에 알리는 계기가 될 것으로 기대된다.

고 기능성인 '숯'

숯(Charcoal)은 나무를 숯가마〔炭窯(탄요)〕에서 구워 만든 검은 덩어리로, 목탄(木炭)이라고도 한다.

숯은 나무의 종류와 굽는 조건에 따라 그 종류가 다양하다. 숯을 만들기 위해 사용되는 나무로는 참나무, 소나무, 물푸레나무, 동백나무, 오동나무 등을 쓰는데, 나무의 종류에 따라 그 쓰임새가 각기 다르다.

숯은 굽는 조건과 불을 끄는 방법에 따라 검탄(흑탄)과 백탄으로 구분한다.

먼저 검탄은 숯가마의 불을 끈 채로 7~8일간 지난 다음에 꺼낸다. 양질의 검탄을 만들기 위해서는 불을 끌 때 가마 입구의 남겨진 부분을 막은 다음 2~3시간 뒤에 굴뚝을 막아 준다. 이러한 과정으로 진행시켜야 숯이 무르지 않고 단단하게 된다. 검탄은 검정과 같이 검은 빛이다.

백탄을 만들기 위해서는 불을 끈 상태에서 바로 입구에 계란 크기의 공기구멍을 뚫어 가마 안의 가스가 빠지게 하고 입구를 헐어 낸다. 입구를 헐어 내면 가마 안의 나무들이 불기둥을 이루고 있는 모습을 볼 수 있는데, 이 불기둥을 불장대(거랑대라고도 함)로 끌어내어 준비한 흙을 덮어 하루 정도 묻어 둔다(이 곳을 모답터라고 한다). 흙은 돌멩이를 걸러 낸 고운 것을 쓴다. 백탄을 덮는데 사용된 흙은 계속된 사용으로 흙이 타고 재가 섞인 상태로 되는데 그대로 계속 사용한다. 최근에는 흙 대신 모래를 사용하기도 한다. 백탄은 겉이 재가 앉아 흰빛을 띤다.

숯의 표면적은 백탄은 1g당 200~300㎡, 흑탄은 1g당 300~400㎡로 흑탄이 백탄보다 흡착 면적이 큰 것으로 밝혀졌다. 이러한 점에서 정수 효과나 냄새 제거, 그리고 습도 조절 등의 기능에는 검은 흑탄이 더 유용할 것으로 생각된다.

지금까지 숯이라고 하면 재료(수종)로는 참나무(졸참나무, 상수리나무 등)를 이용한 참나무 숯(참숯)을 가리켰다. 이 숯은 불꽃이 튀지 않고, 오래 지속되고, 향이 좋아 연료용으로 주로 이용되었다. 그러나 나무의 종류에 따라 그 쓰임새가 각기 다르다는 것이 알려지면서 연료 이외에 여러 방면으로 이용되고 있다.

숯은 탄화 방법, 제조 기술에 따라 품질과 기능이 다름에도 불구하고, 현재 국내에서 생산되는 참숯은 물성 및 기능성 조사 없이 무분별하게 이용되고 있는 실정이다. 또한 숯은 수종에 따라 물성 및 효능이 다른데도 일반적인 인식은 참숯을 제일 우수한 것으로 여기고, 모든 이용 분야에서 참숯만을 고집하는 경향을 보이고 있다. 모처럼 일고 있는 목탄 산업을 발전시키기 위해서는 참숯과 함께 자원 면을 고려하여 여러 수종에 대해 숯을 개발하고, 이들의 기능을 구명(究明)하여 적재적소에 이용되어야 할 것이다. 다시 말해 참나무 숯을 대체(代替)할 다른 수종의 개발과 각각의 수종이 갖고 있는 특징인 물성 및 효능에 맞는 숯의 개발이 있어야 하는 것이다.

숯은 취사와 난방용 등의 연료뿐만 아니라 냄새와 독을 제거할 때, 특히 청동기 시대 이후로 청동이나 철의 야금 기술에 큰 역할을 하였으며, 근대에 전기다리미가 사용되기 전까지는 다리미질용으로 많이 사용하였다. 그리고 현재에도 흡수제나 필터 재료로 널리 쓰이고 있다.

또한 숯이 더러움을 멀리하고 깨끗하게 하는 기능을 가졌다하여 예로부터 간장을 담글 때와 아기가 태어난 집에서 금줄을 문간에 내걸 때에도 숯을 매달아 놓는 등 벽사적인 기능을 하기도 하였다.

특히 숯은 다른 연료와 달리 온도를 1,200℃ 이상으로 올릴 수 있기 때문에 고대 철 제련에 있어서 매우 중요한 연료였다. 화석 연료의 경우 연소되는 과정에 유화물을 형성하여 제련할 때 철 속에 황이 유입되는 단점이 있다. 그러나 숯은 전체가 탄소로 이루어

져 있어 연소할 때 산화 반응이 빨리 일어나기 때문에 철은 환원이 된다. 이 화학 반응의 차이로 인하여 숯으로 제련한 철은 황의 함량이 적어 기본적인 탈황 공정만 하여도 질 좋은 철이 생성되는 반면, 화석 연료로 제련한 철의 경우 반드시 기본적인 탈황 과정 외에 추가 탈황 공정을 거쳐야 한다.

결국 오늘날 제련에 사용되는 화석 연료보다는 숯이 훨씬 경제성과 생산성이 뛰어나다. 그러나 숯은 숯 내부의 기공이 커서 비중이 다른 화석 연료에 비하여 작다. 그렇기 때문에 농축시킬 수 있는 방법과 대량생산할 수 있는 기술이 개발된다면 앞으로 제련의 대체 연료로 사용될 가능성은 무한하다고 할 수 있다.

이처럼 숯은 주로 연료로 사용되어 오다가 요즘에는 석탄, 석유, 천연가스, 프로판가스, 도시가스 등에 밀려 생산이 감소했다. 그러나 최근에 숯은 요리용으로의 우수성과 고흡착, 고알카리, 미네랄 함유, 살균, 방부, 전자파 차단 등의 기능성이 새롭게 알려지면서 생산 및 이용이 증가되고 있다. 이로 인해 목탄 생산량이 매년 증가하고 있어, 전국 100여 곳에 전통 숯가마의 부활과 여러 곳의 공업적 탄화로가 증설되고 있다.

최근에 전통 참숯의 과학적 성질 규명과 기능 제고 방안 분석, 우리나라 주요 수종 및 목질 재료 숯 개발을 위한 탄화 조건 규명과 주요 기능성 분석 결과가 발표되었는데 다음과 같다.

먼저 공업 분석으로 고정 탄소량이 전통 숯인 흑탄은 51.8~81.8%, 백탄이 72.9~84.6%이고, 기계 숯이 48.5~80.3%로 백탄이 가장 높은 것으로 밝혀졌다. 수종간은 침엽수재의 고정 탄소량이 활엽수재의 고정 탄소량보다 높은 경향을 나타내고 있다.

비표면적은 전통 숯인 흑탄의 경우 0.1~13.7m^2/g, 백탄의 경우 53.2~372.4m^2/g, 기계 숯은 224.3~464.6m^2/g로 흑탄이 아주 적은 것으로 나타났다.

무기 성분은 전통 숯 및 기계 숯의 경우 Ca, K, Fe, P, Na와 같은 미네랄 성분의 함유율에 큰 차이는 보이지 않았다.

발열량은 전통 숯의 흑탄이 6073~7266kcal/kg, 백탄이 6678~7336kcal/kg, 기계 숯이 5920~6418kcal/kg로 백탄, 흑탄, 기계 숯 순으로 나타났다.

포름알데히드 제거율은 전통 숯 흑탄 11.4~26.7%, 백탄

17.9~34.9%, 기계탄 5.5~25.8% 범위로, 전통 숯의 백탄이 흑탄이나 기계 숯에 비해 높은 제거율을 나타냈다.

원소 조성 중 탄소(C) 함유량은 전통 숯 흑탄 66~83%, 백탄 64~98%, 기계 숯 61~92%로 백탄이 높은 탄소 함유량을 나타내었다.

• 숯가마

이러한 연구 결과와 아울러 숯의 기능성을 이용하기 위한 기능성 제품으로 기능성 목탄지가 개발된 바 있다. 개발된 신선탄 박스는 오염도가 적고, 강도에 영향을 받지 않는 숯합지를 이용하여 제작하였기 때문에 신선도 실험에서 다른 박스보다 높은 신선도를 나타내었다.

이처럼 지금껏 우리가 단순하게 생각했던 숯의 본질과 그 응용 범위는 상당히 넓다. 우리가 앞으로 이 분야에 관심을 기울인다면 숯의 기술 보존과 발전 가능성은 무한하다고 할 수 있다.

• 흑탄 작업

• 백탄 모답터

• 백탄

천연 도료 '옻칠'

옻칠은 '옻자' 와 '칠자' 가 결합되어 이루어진 낱말로서, 옻은 옻나무 줄기나 가지에서 뽑은 수액이나 독기를 뜻하는 순수 한국어이다. 칠(漆)은 『설문해자주(說文解字注)』 칠자조(漆字條)에 의하면, 칠(漆)자는 칠(桼)자의 의미로 옻칠나무 자체를 뜻하여 그 형상이 칠(옻)나무가 물방울을 흘리는 모습이고, 칠(漆)자는 칠(옻)액의 명칭으로 칠나무에서 흘러내린 칠(옻)즙을 일컫는다고 하였다. 그러므로 엄격한 의미에서 칠(漆)자와 칠(桼)은 서로 다르지만, 예나 지금이나 칠(桼)자와 칠(漆)자는 같은 의미로 사용하였다. 그런 까닭에 칠(漆)자는 옻칠의 수액 뿐 아니라 옻나무 자체까지도 의미한다.

옻나무(Rhus verniciflua stok)는 함경북도 일부 지방을 제외한 전국 어디에서나 잘 자라기 때문에 우리 겨레는 오래 전부터 옻나무에서 채취한 천연 도료인 옻칠을 사용하여 왔다.

우리나라에서 옻칠이 언제 유입되어 이용되었는지 정확하게는 알 수 없으나, 한반도에서 발견되는 칠의 흔적으로 보아 청동기 시대 말기인 B.C 3세기경으로 추정되고 있다. 이는 충남 아산 남성리 석관묘에서 청동기와 함께 발견된 칠박편에 근거를 두고 있는데, 이 유적이 청동기 말기에 속하는 만큼 옻칠의 유입은 그보다 수세기 앞서는 시대로 추정할 수도 있다.

그 밖에도 황해도 서흥 천곡리 석관묘에서 발견된 칠편, 평양 정백리 고분에서 발견된 흑칠한 칼

● 옻 채취 방법
① 긁기낫으로 옻나무 껍질에 수평으로 홈을 낸다.
② 홈 낸 부분의 옻액구를 긁기낫 뒷부분으로 자른다.
③ 주걱칼로 흘러나온 옻액을 받아낸다.
④ 주걱칼로 받아낸 옻액을 옻통에 담는다.
⑤ 옻나무 껍질을 정리한다.
⑥ 옻 채취 후 벌채한 옻나무.

집, 평양 석암리 왕근묘에서 발견된 흑칠 칼자루 등에서 옻칠의 흔적을 찾아볼 수 있다. 1988년 경남 의창군 다호리 유적에서 발견된 흑칠로만 된 원형칠두와 방형칠두를 비롯한 20여 점의 칠기가 이를 뒷받침해 주고 있다.

이렇게 오랜 전통을 가지고 있는 옻칠의 제작 과정을 살펴보자.

● 옻칠 부채

먼저 목기나 나전 칠기 등의 용기에 생칠을 묽고 얇게 발라준 후 칠장에서 건조시킨다. 이어 표면을 갈아 낸 후 초칠과 중칠을 하게 된다. 초칠과 중칠은 자개가 붙은 면이 바탕 면보다 올라오게 할 것인지(凸형), 편평하게 할 것인지, 바탕 면보다 들어가게 할 것인지(凹형)에 따라 방법을 달리한다.

凸형은 선정한 옻칠을 희석제와 적당한 농도로 배합하여 초칠하고, 칠장에 건조 후 숯이나 사포로 면을 갈아준다.

● 원형·방형 칠두

평면형은 선정된 옻칠과 희석제에 적당한 농도로 배합하여 자개면과 평면이 될 때까지 10회 이상 발라 준다. 이때 매회 칠장에서 건조 후 갈아준다.

마지막으로 凹형은 자개면과 평면이 될 때까지 10회 이상 바르고, 평면이 된 뒤에 중칠하여 칠장에서 건조시키고 숯이나 사포로 면을 갈아준다.

이후 완성시키고자 하는 선정된 양질의 옻칠을 희석제와 적당한 농도로 배합하여 칠지로 티 하나 없이 걸러 내서 얇고 고르게 칠하여 칠장에 건조한다. 이렇게 상칠이 다 마르게 되면 상칠면을 박달나무나 소나무 등으로 만든 숯으로 물을 부어가며 곱게 갈아준다. 그 후 옻칠면에 드러나지 않은 자개면을 칠칼을 이용하여 긁어낸다.

이러한 작업이 끝나면 이제 마무리 과정에 들어가게 된다. 토분과 콩기름을 배합하여 머리카락 뭉치와 솜에 묻혀 오랫동안 문질러 광을 내준다. 이 과정은 표면 광내기뿐만 아니

라 미세한 흠을 제거해 주는 역할도 한다. 이러한 방법으로 두 번 광내기를 하고, 생칠을 묽게 하여 솜에 묻혀 전면에 문지른 후 고운 마른 헝겊으로 깨끗하게 문질러 준다. 그런 다음 기름칠을 없애기 위해 밀가루나 녹각분을 이용하여 문질러 준다. 밀가루를 헝겊을 이용하여 닦아 내면 드디어 완성이 되는 것이다.

옻칠은 안정된 특성을 가진 화합물로 존재할 뿐 아니라 외부 습기를 흡수하거나 방출하여 항상 일정한 수분을 머금어 유지한다. 그렇기 때문에 나무로 만든 생활 용구나 금속기류 등에 옻칠을 하면 표면에 견고한 막을 형성할 뿐 아니라 광택이 나고 오랫동안 사용하여도 변하지 않는다. 이런 이유로 옻칠은 내구성이 뛰어난 천연 도료로 인정받게 되었다.

옻칠의 주성분은 우루시올〔칠산(漆酸), 옻산〕과 수분이고, 그밖에 고무질과 함질소물질 등을 함유하고 있다.

우루시올은 옻칠의 주성분이기 때문에 옻칠 도막을 형성하는 주성분이 된다. 즉, 우루시올의 화학적 구조에 따라 옻칠의 품질이 결정되는 것이다. 양질의 우루시올은 좀 더 견고한 결합과 강한 접착력, 그리고 건조 시간의 단축을 이루면서 광택을 증가시킨다. 특히 광택의 증가는 결합된 조직이 치밀하며, 중국산은 이에 비해 질이 떨어진다. 우루시올은 트리엔(triene) 성분과 모노엔(monoene) 성분이 약 80%를 차지하고, 카테콜(catechol) 성분은 약 70%를 차지하는 것으로 밝혀졌다.

고무질은 아세톤에 녹지 않고 남아 있는 부분을 물에 녹여 수분을 증발시키면서 엽록색이나 담황색으로 남게 된다. 고무질은 옻칠을 할 때 탄력을 유지하는 주요 기능을 갖고 있으며, 칠이 고르게 퍼져 도막면을 평평하게 종성시키는 성분이다.

옻칠의 성분 중 아세톤과 물에도 녹지 않는 갈색 분말이 소량 존재한다. 이 분말은 질소를 함유하는 여러 종류의 화합물로 구성되어 있는데, 이를 통틀어 함질소물질이라 한다. 함질소물질은 옻칠 속에 미세하게 구성되어 있으며, 칠산, 고무질, 수분 등이 분리되지 않고 골고루 분산되도록 한다. 이 물질은 칠의 퍼짐을 고르게 하는 기능을 갖고 있어 매우 중요한 성분이다.

이런 옻칠은 도료 및 약용으로 이전부터 한국, 중국, 일본 등지에서 이용되어 왔다. 옻칠은 다른 도료와는 달리 특이한 효소 반응에 3차원 구조의 고분자를 형성하고 있다. 또한 자연 상태에서 존재하는 여러 도료 중에서 가장 안정된 특성을 가진 화합물이다.

옻칠은 각종 산과 알칼리에도 부식되지 않으며, 내염성, 내열성 및 방수, 방충, 방부, 절연의 효과가 뛰어난 내구성 물질이다. 따라서 예로부터 가구, 칠기, 공예품 등에 널리 사용되어 왔으며, 그 도막의 우수성이 높이 평가되어 앞으로 해저 케이블선, 선박, 비행기, 각종 기기 등 산업용 도료로 이용 범위를 넓힐 수 있다. 또한 연필꽂이, 필통, 명함 상자와 같은 사무 용품에도 옻칠을 충분히 활용할 수 있다. 이와 같이 옻칠이라고 하면 막연히 가구나 그릇에만 쓸 수 있다고 생각하기 쉽지만, 그 생각과 달리 우리의 일상생활 어디에서나 충분히 옻칠을 활용할 수 있는 것이다.

현대 산업에 있어서 도료는 공해와 같은 여러 가지 가혹한 환경에서 내부 재질의 보호를 위하여 꼭 필요한 요소이다. 요즈음 페인트, 에나멜, 니스 등의 화학 도료가 많이 사용되는 것은 다양한 색상을 만들기 쉽고 대량 생산이 가능하다는 점이다. 그러나 화학 도료를 생산해 내는 데는 석유 등 많은 에너지 자원이 소모되며, 그 과정에서 많은 공해 물질이 발생된다. 또한 화학 도료들은 금속과의 친화력이 거의 없어 금속과 도료의 계면(서로 맞닿아 있는 두 물질의 경계면)에 산화가 일어나는 경우 박락 현상(돌이나 쇠붙이에 새긴 그림이나 글씨가 오래 묵어 긁히고 깎이어서 떨어지는 현상)이 잘 생긴다. 따라서 어떠한 가혹한 조건에서도 견딜 수 있는 새로운 도료의 개발이 절실히 요구되고 있는 실정이다.

우리 겨레가 오래 전부터 도료로 사용한 옻칠은 전혀 공해 물질을 만들지 않는다. 옻칠을 칠하는데 용제로 사용되는 것은 페인트에 사용되는 신나와는 전혀 다른 천연 식물성 기름을 사용하기 때문에 칠 조건도 훨씬 양호하다. 옻칠은 에너지적으로 매우 안정한 상태로 존재하고 외부 습도의 변화에 따라 흡수 또는 방출을 하는 특성을 갖고 있다. 또한 옻 도막과 금속과의 부착력이 우수하여 환경 조건의 변화에 크게 영향을 받지 않는다는 사실이 분석 결과 밝혀졌다. 따라서 이 사실을 근거로 적합한 도포 조건을 찾는다면 새로운 무공해 천연 도료로서 개발 가능성이 매우 높다 할 것이다.

● 참옻순 ● 개옻순

• 어레미
• 고운체

나노 기술을 찾다 '체'

체(篩)는 우리 기층 문화의 생활 용구로서 선사 시대부터 존재하여 왔다. 조선 시대에는 여러 종류의 체가 만들어져 우리 생활, 즉 음식 문화에 없어서는 안 될 귀중한 도구로 자리매김되었다.

체는 1950~1960년도까지만 해도 각 가정이나 음식점, 요식업, 각종 공장, 주물간, 염색 공장, 도자기 공장 등 쓰이지 않는 곳이 없다시피 할 정도로 필요한 도구 및 기구였다.

1980년대부터는 산업이 발전함에 따라 의류에서부터 각종 기구와 공장 자동화 등의 변화로 극히 일부분에서만 체를 필요로 하고 있다. 이러한 이유로 현재는 말총과 대나무로 만든 체가 사라지고 오직 철사로 만든 철체가 사용되고 있을 뿐이다.

체는 고르기 연장의 하나로 곡물(穀物)·모래 등의 알갱이를 크기에 따라 고르거나 가공물인 가루를 치고 액체를 받아내는 데 쓰는 용구이다.

체 모양은 원형 또는 사각형이며, 나무를 얇게 켜서 겹으로 끼운 체 바퀴 바닥의 속테와 겉테 사이에 말총(馬尾)·대나무·등나무·철사 등으로 망(網)을 치거나, 명주·삼 등의 포백(布帛)으로 팽팽하게 막아서 만든다.

체는 쳇바퀴·아들바퀴·쳇불 등 3부분으로 이루어진다.

쳇바퀴는 체의 몸이 되는 부분으로 얇게 켠 나무를 둥글게 말고, 한쪽에서 솔뿌리 또는 실로 꿰매어 원통형으로 만든다. 아들바퀴는 쳇바퀴 안쪽으로 들어가는 바퀴로 '겉테'라고 불리며, 쳇불은 쳇바퀴에 매어 액체나 가루를 걸러 내는 그물이다.

체는 쳇불 구멍의 크고 작음에 따라 어레미·도드미·중거리·가루체·고운체 등으로 나뉜다.

쳇바퀴의 재료는 얇은 송판을 지름이 20~50cm 되는 원통으로 말아서 만들지만, 네모난 어레미의 경우에는 쳇바퀴를 얇은 쪽나무로 만들거나 쳇바퀴가 없이 쳇불로 쓴 대오리를 소쿠리의 울처럼 돌려 엮어서 만들었다.

쳇불의 재료는 어레미는 대오리나 철사로 망을 떠서 만들고, 중거리나 가루체는 말총·모시·마(麻)로, 고운 체는 모시·삼베 등의 피륙(아직 끊지 아니한 베, 무명, 비단 따위의 천을 통틀어 이르는 말)을 쓴다.

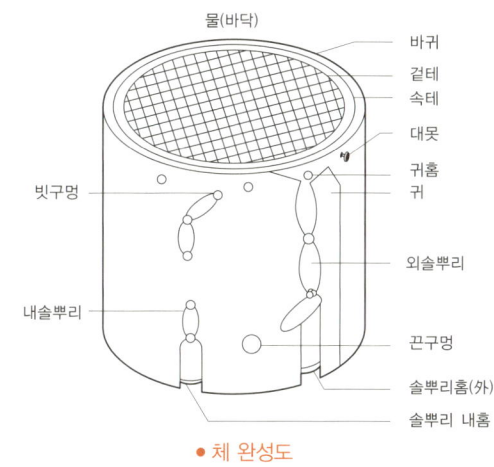
● 체 완성도

이러한 체를 만드는 과정은 쳇바퀴 만들기, 쳇불 작업, 체 메우기 등 크게 3개 분야로 이루어진다.

쳇바퀴에 사용될 재목은 50년 이상 된 육송(일명 떡솔)의 가지 쪽을 베어 사용한다. 작업 시기는 가을과 봄이 좋다. 물오른 여름의 재목은 좀이 잘 슬고 잘 마르지 않을 뿐더러 마르는 동안 곰팡이와 나무에 청이 나기 때문에 여름을 피하며, 겨울에는 재목이 얼기 때문에 가을이나 봄에만 판재 뜨는 작업을 하였다.

마미체[馬尾篩] 도구 가운데 쳇바퀴 만들기에 사용되는 쳇바퀴 휨임틀은 판자로 떼어 낸 바퀴를 손쉽게 원형으로 만들 때에 사용하였다. 재목이 귀해지자 질이 좋지 않은 재목을 사용하기 위하여 불통(철로 된 원통)으로 판자를 구어 휘는 방법을 고안하게 되었다.

불통은 철로 만든 원통에 굴뚝을 달아 누름대를 붙여서 끼움틈새를 만들고, 불통에다 불을 피워 바퀴를 휘는 방법이다. 이는 이전의 방법보다 생산의 효율성이 엿보이며, 원자재에 크게 구애 받지 않는 경제적인 도구이다.

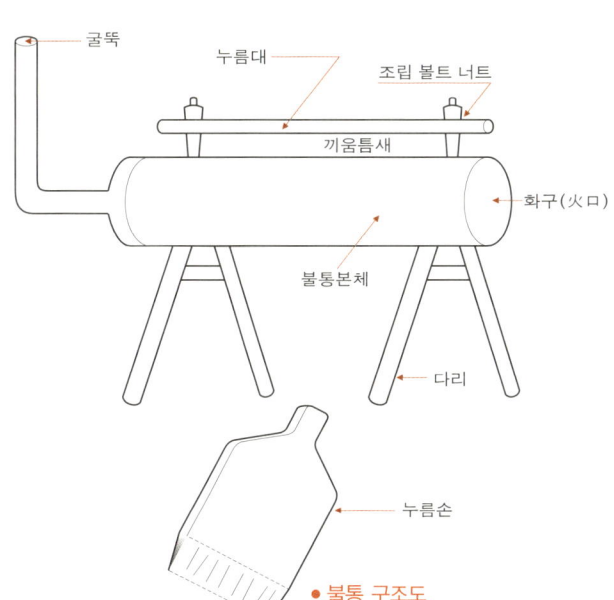
● 불통 구조도

쳇불 만들기에 사용되는 도구 가운데 체틀은 우리 고유의 과학 기술이 잘 응용된 도구이다. 오늘날의 방적·방직 기술 또한 이러한 체틀과 베틀의 원리를 응용한 것이다. 체틀 - 끌신 - 끌신줄 - 용미 - 용두 - 잉애끈 - 잉애대 - 체바디 - 들속입(줄) - 북대질 - 끌신 -놀속입(줄)으로 전달되어 잉애에 걸려 있는 날줄을 위아래로 오르내리게 하고, 총을 넣은 북대에서

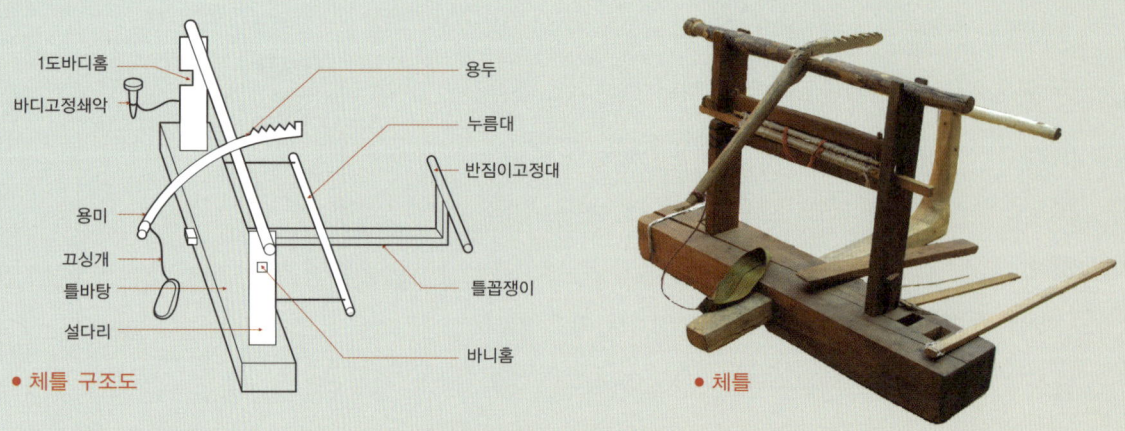

• 체틀 구조도   • 체틀

씨줄을 빼어 좌우로 넣은 다음 바디로 내리쳐 튼튼하게 한다.

이 체틀에 쓰인 북대는 과정별로 여러 가지로 고안해 쓰고 있다. 북대는 베 짤 때에 북 역할을 하는데, 대(竹)에다 씨총을 묶어 날줄 사이에 씨총을 넣어 준다. 북대에는 상씨, 중씨, 하씨, 중씨 가는 북대, 하씨 가는 마무리북대 등이 있다.

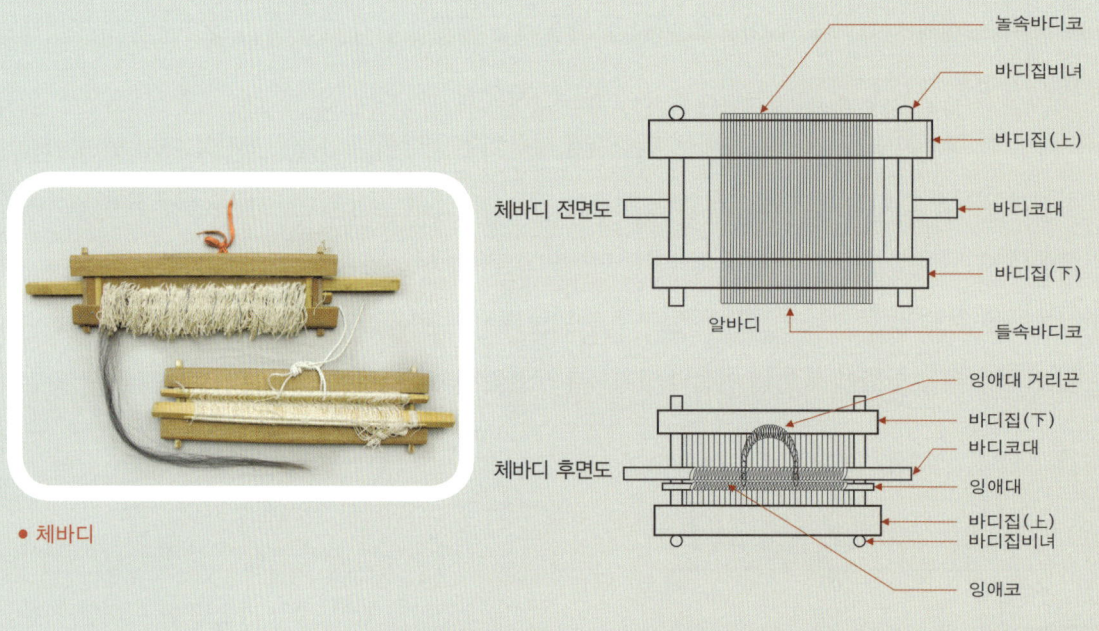

• 체바디

• 체불짜기 초잡기

• 체불짜기

• 체바닥 메우기

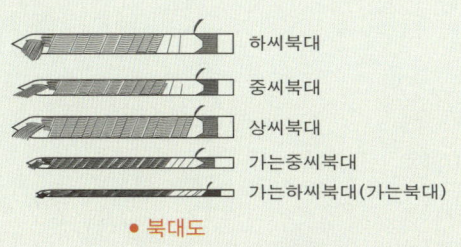
● 북대도

● 북대

하씨 북대는 처음 기초를 잡을 때 쓰고, 중씨 북대는 기초가 완전히 잡혔을 때부터 6cm 정도까지 짤 때 쓰고, 상씨 북대는 중씨가 짜여진 테부터 약12cm를 짤 때 쓴다. 다음은 중씨 가는 북대를 쓴다. 이때는 바디와 쳇불이 짜여진 지점까지는 입(들속, 날속 틈새)이 가는 북대를 쓰고 있다.

이처럼 체가 만들어지기까지는 수십 년간 경험으로 축적된 비법을 가지고 있는 장인이 스스로 개선하거나 고안한 도구들을 가지고, 치밀한 설계와 공정을 거쳐서 만들어 내고 있는 과학 슬기를 엿볼 수 있다.

특히 발에 의한 동작과 바디와 북대를 옮기는 손동작으로 날줄에 씨줄을 넣어 짜는 베틀의 원리는 오늘날의 방적, 방직 기계의 원리와 크게 다를 게 없다. 방적, 방직 기계는 단지 기계화·대량 생산으로 특징지어지는 산업 사회의 산물이라 하겠다. 즉, 과학 기술이 진보함에 따라 체틀과 베틀이 방직 기계로 기계화한 것이다.

이렇듯 기계화·표준화·대량 생산으로 상징되는 첨단 기술도 그 핵심 기술의 원리는 예나 지금이나 다름없다 하겠다.

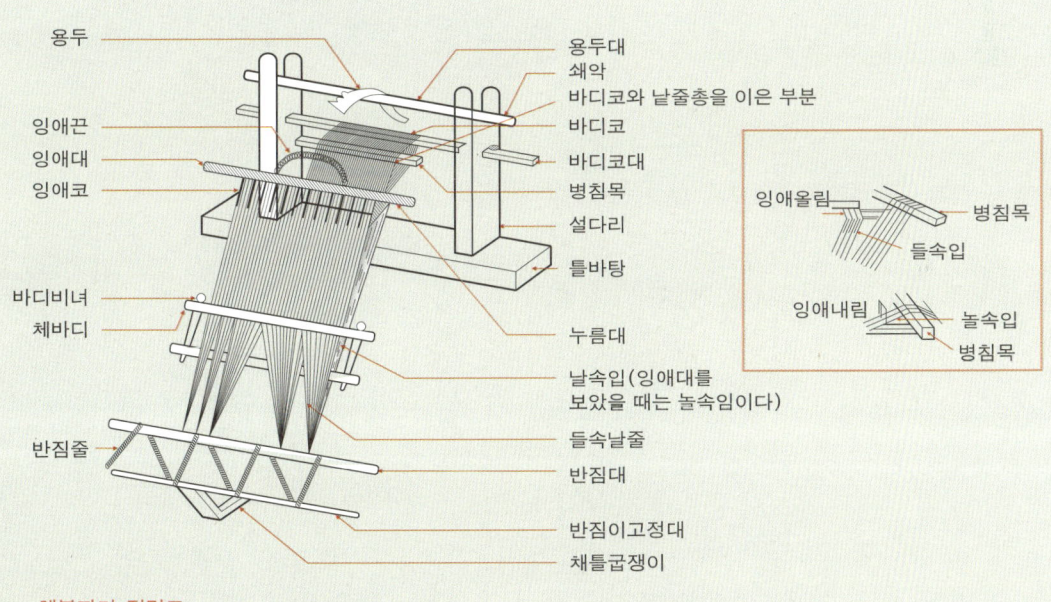
● 체불짜기 전면도

III. 과학과 예술의 조화

● 중원 탑평리 7층탑

• 금제 활두대도

• 입사자물쇠(부귀희)

첨단 선진 기술인
'금속 상감(金屬象嵌)' 기술

• 입사담배합

상감(象嵌)이란 금속, 자기, 나무 등으로 만든 기물(器物)에 홈을 파거나 무늬를 깊이 새겨서 그 속에 금·은·구리 등의 금속이나 자토(赭土 : 산화철을 많이 함유하여 빛이 붉은 흙)·백토(白土) 그리고 색깔이 있는 먹감나무 등을 넣어서 무늬를 나타내는 기법을 말한다. 꽂을땜·봉박이라고도 부르며, 상안(象眼)·전감(塡嵌) 등으로 표기하기도 한다.

상감은 재료에 따라 금속 상감, 자기 상감, 목상감, 자개〔나전(螺鈿)〕 상감 등으로 구분할 수 있다.

먼저 금속 상감이란 철·구리 등으로 만든 기물에 금·은·동 등의 금속을 박아 넣는 기법을 말한

   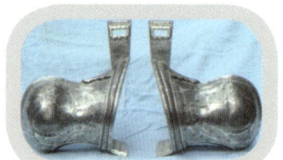

• 호등에 상감(입사) 넣기-통일 신라 '등자'

다. 삼국 시대에는 칼 등의 무기류에, 통일 신라 시대에는 철로 만든 항아리·등자(鐙子 : 말 탈 때 발걸이)에, 고려 시대에는 향로(香爐)·정병(淨甁)·거울걸이 등에, 조선 시대에는 향로·장도·병·촛대·담배합·해시계 등에 많이 쓰였다.

자기 상감은 우리나라 고려 시대의 상감 청자에서 많이 나타나는데, 그 맥은 분청사기와 백자로 이어졌다. 그 기법을 보면 청자와 백자 등의 태토(胎土)로 빚은 그릇이 반 건조되었을 때 무늬를 조각칼로 새긴다. 그곳에 자토(赭土) 또는 백토(白土)로 메운 뒤, 초벌구이를 거쳐 유약을 발라 구워내면 자토는 흑색으로, 백토는 백색으로 나타나는 것을 말한다.

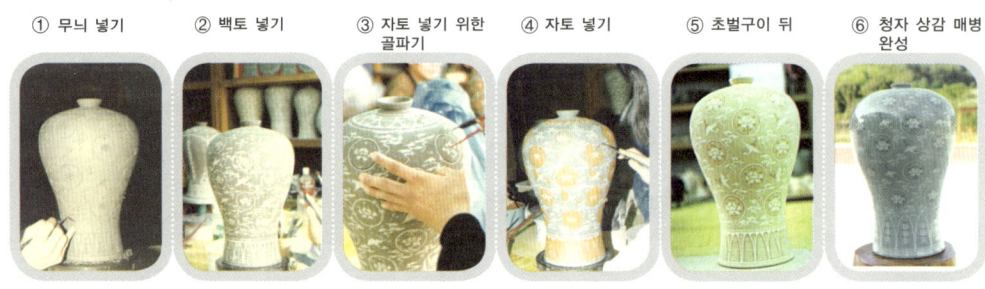

• '청자 상감 운학모란무늬 매병' 무늬 넣기 단계

목상감은 문양이 아름다운 느티나무의 가장자리나 가운데에 흑색의 먹감나무, 흰색의 버드나무나 은행나무를 자르거나 켜서 흑백의 선(線) 문양을 넣는 것을 말한다. 오늘날 우리나라에 목상감이 전해져 내려오는 곳은 경상도의 통영과 전라도의 전주와 동복 지방이다. 현재에는 통영 지역과 동복 지방의 목상감 기법을 이어받은 담양 지역을 들 수 있다. 이 두 지역의 목상감 기법은 서로 다름을 알 수 있는데, 통영의 목상감은 대패로 밀어내어 0.6㎜ 정도의 얇은 대팻밥을 이용하는데 반하여, 담양은 톱으로 자른 2~3㎜ 두께의 판으로 흑백의 선(線) 문양을 만들고 있다.

• 태극상감

• 쌍희자문상감

현재까지 우리나라에서 볼 수 있는 목상감은 문목(紋木)을 쌓는 가장자리에 넣는 호장태상감, 당귀문상감, 아자문상감(亞字紋象嵌) 등과

• 경대(창살문상감)

• 목상감(창살문 만들기 과정)

문목 중앙에 들어가는 태극상감(太極象嵌), 쌍희자문상감(雙喜字紋象嵌), 수복강령문상감(壽福康寧紋象嵌) 등이 있다. 이러한 목상감은 주로 문갑, 사방탁자, 장롱, 경대 등에 많이 쓰인다.

위에서 설명한 바와 같이 금속 상감이란 철, 구리, 은 등으로 만든 기물(器物)의 표면에 선이나 면으로 홈을 파고, 그 속에 다른 금속인 금, 은, 동 등의 금속실과 금속판〔箔(박), 금속의 얇은 조각〕 등을 박아 넣어 무늬를 나타내는 기법을 말한다.

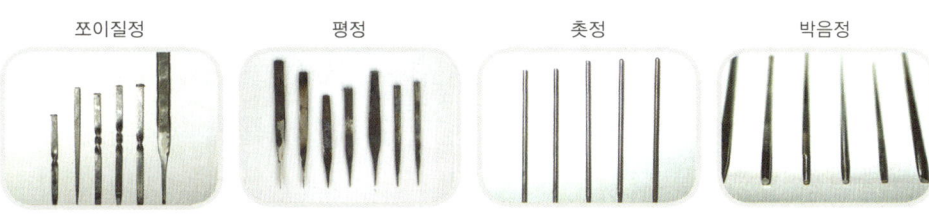

• 금속 상감 연장

• 칠지도

• 금속 상감(골상감)

금속 상감 기법은 크게 나누어 금속 표면을 새김정(날정)으로 파내고 다른 금속을 그 속에 박아 넣는 무늬가 선으로 된 골상감〔線象嵌〕과 굵은 면으로 된 면(面)상감, 금속 면의 일부를 잘라 내고 그곳에 다른 금속을 끼워 넣어 은땜 등으로 접합해 넣는 절상감(切象嵌), 금속 표면을 쪼이질 하여 꺼스러기를 일군 다음에 금·은·구리실과 금속판으로 무늬를 박아 넣는 입사(入絲) 기술 등이 있다.

평양의 낙랑 지역 출토품 외에 현재까지 우리나라에서 제작된 것으로 가장 오래된 금속 상감 유물은 백제에서 만들어 일본에 하사(下賜)한 일본 나라현〔奈良縣〕 텐리시〔天理市〕 이소가미신궁〔石上神宮〕에 보관되어 있는 철제 칠지도(七支刀)이다. 칼날의 양쪽 면에 모두 61자의 금상감 명문이 있는데, 동진(東晋)의 연호(年號)인 태화(泰和) 4년은 369년으로, 우리나라 최고의 유물이자 세계의 보물로서 시사하는 바가 크다.

단조(forging iron, 鍛造) 기술과 담금질 기법으로 만든 칼날 위에 상감 기법으로 글자를 넣은 칠지도는 강철을 100번씩이나 열처리하여 단조한 특수강이며, 상감 기술은 그 당대에 있어서 가장 뛰어난 하이테크(첨단 기술)이자 선진 기술이었다.

칠지도가 일본에 남아 있는 것과는 달리 우리나라에서 출토된 상감 유물은 백제의 유물인 천안 화성리 유적의 은상감당초문고리자루큰칼(銀象嵌唐草文環頭大刀)로 4세기 말에서 5세기 초의 것으로 보고 있다.

　백제에서 이러한 첨단 기술이 개발된 시기는 백제 최대의 전성기인 근초고왕대(346~375년)로 고리자루큰칼, 활과 화살 등의 우수한 무기를 앞세워 사방으로 정복 활동을 전개하던 때였다. 이 시기의 백제는 고구려와 어깨를 나란히 하였고, 요서 지방(遼西地方)으로 진출하여 백제군(百濟郡)을 설치하여 군사·상업의 요충지를 확보하였으며, 일본 열도로도 활발히 진출하였다. 이로써 요서 지역과 한반도, 일본을 잇는 고대 상업망을 형성하였으며, 백제를 그 중심에 둘 수 있었다.

　위의 유물 외에 천안 용원리, 전 청주 신봉동, 남원 월산리, 창령 교동, 가야의 고령 지산동, 창원 도계동, 합천 옥전, 신라의 경주 호우총, 함안 도항리, 의성 대리 등 고분에서 나온 철제 금은상감고리자루칼과 띠고리 등의 유물을 통해 삼국 시대에 금속 상감 기술이 상당히 발달하였음을 알 수 있다.

　삼국 시대 금속 상감에 이용된 무늬는 글자, 선, 봉황, 용, 귀갑, 별무늬 등 여러 가지 모습이다. 상감 기술이 표현되는 기물의 재질은 주로 철이며, 이외에 유리도 보이고 있어 주목된다.

　상감에 사용한 재질은 금, 은, 동과 그 합금을 사용한 것으로 분류할 수 있다. 특히 금과 은을 합금한 현재의 14K(karat)와 같은 함량으로 상감에 사용한 호암 미술관 소장 철제파상문금상감대도

● 다양한 고리자루 큰칼

〈鐵製波狀文金象嵌大刀〉는 오늘날 금속 상감에 종사하는 이들조차 그 기술을 이해하기 어렵다고 한다. 이는 당시 매우 뛰어난 합금 기술이 있었음을 의미하는 것으로 주목된다.

상감의 단면은 V자형으로 관찰되며, 상감의 폭은 약 0.4~1.0㎜이고, 깊이는 약 0.2㎜ 정도이다. 특히 상감의 단면이 V자형인 점은 현재의 금속 상감에 종사하는 기능 보유자들의 상감 제작 기술과 유사성이 발견된다.

● 철제파상문금상감대도(환두대도) 부분

이렇듯 철과 비철금속에 각기 다른 방식의 제작 기술을 활용할 수 있었던 까닭은 예로부터 우리 선조들이 금속의 성질을 정확히 파악하고 또 그것에 알맞게 제작 기법을 발달시켰기 때문이다.

이러한 신기술의 발견과 발전은 보다 나은 기술의 개발을 가져와 세계의 자랑거리인 고려의 상감 청자를 탄생시켰고, 이어 조선 시대의 목상감과 가죽상감으로 응용 발전되었다. 지금도 이해하기 어려운 고대의 금속 상감 기술은 끊기지 않고 오늘의 기능 보유자들에게 이어지고 있다. 이로 미루어 오래된 전통 기술이라 할지라도 계승하여 첨단 기술로 발전시킨다면, 그것은 새 천년의 우리 기술을 확립하고 발전시키는데 많은 기여를 할 것이다.

● 고리자루 큰칼 X-Ray 촬영 모습

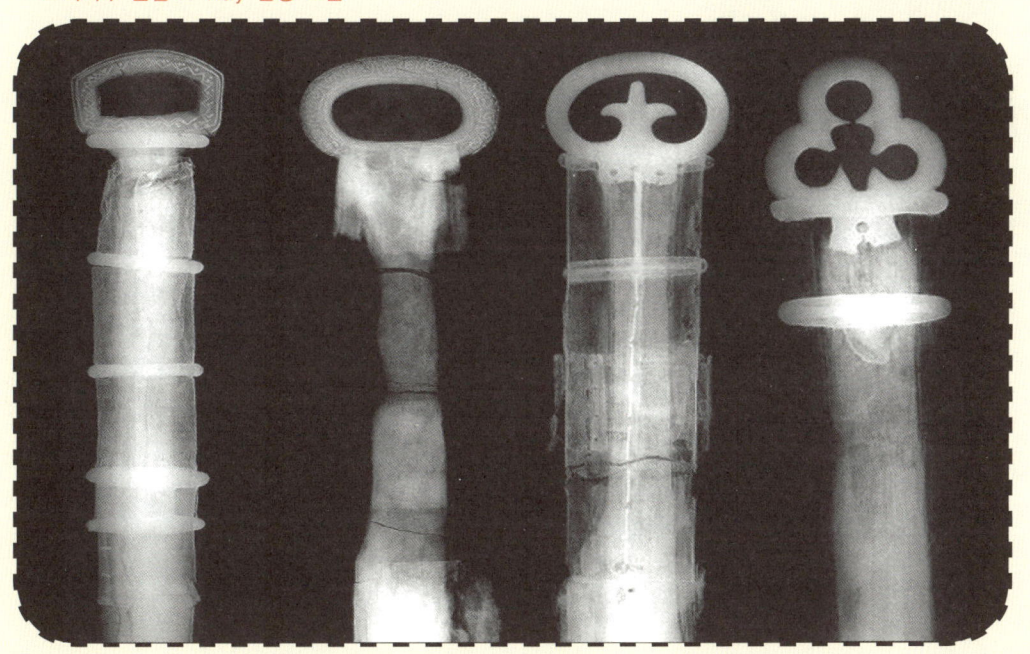

● 함안 마갑총　　● 천안 화성리　　● 동래 복천동 11호　　● 동래 복천동 11호

완숙한 주조 기술과 정치한 도금술의 최고봉
'백제 금동 대향로'

향로(香爐)는 고대 인도, 중국 등지에서 냄새의 제거, 종교 의식 그리고 구도자의 수양정진을 위해 향을 피웠던 그릇을 말한다. 인도에서는 4천 년 전에 향로가 만들어졌으며, 중국에서는 전국 시대 말기에 등장하여 한대까지 크게 유행하였다. 특히 전한 무제부터 왕족의 무덤을 중심으로 출토되는데, 왕족을 제후국의 왕으로 봉하는 조치에 따라 왕실에서 만들어진 박산향로(博山香爐)가 각 지방으로 확산·보급되었다. 박산향로의 박산은 불로장생의 신선들이 살고 있다는 신령스러운 산과 현실 세계에 존재하지 않는 상서로운 동물이 살고 있다는 신비로운 세계를 의미하며, 중국에서는 한대와 삼국 시대에 크게 유행하였다.

우리나라에서 박산향로의 출토는 평양 낙랑 고분인 석암리(9호, 219호분) 고분에서 출토된 청동 박산향로가 있으며, 이후 부여 능산리 절터에서 백제 금동 대향로(百濟金銅大香爐)의 출토는 백제의 수준 높은 금속 공예 기술과 뛰어난 예술적 역량을 국내외에 널리 알리는 계기가 되었다.

백제 금동 대향로(국보 287호, 여기서 금동이란 청동 주물에다 금을 입힌 것을 말한다.)의 제작 시기는 함께 출토된 백제 창왕명 석조사리감(百濟昌王銘石造舍利龕)의 명문에서 보듯이 백제 27대 위덕왕(창왕)대의 것으로 보인다. 이 향로는 높이가 61.8cm, 최대 지름 19cm, 무게 11.85kg이나 되는 유례없는 대작으로 중국의 어떠한 박산향로와도 비교할 수 없는 걸작품으로 용과 봉황의 비중이 상당히 두드러져 있다.

● 부여 능산리 절터 제3건물터의 장방형 목곽 수조 안에서 발견될 당시의 모습

- 봉황
- 뚜껑
- 몸체
- 받침

이 향로는 크게 몸체와 뚜껑으로 구분되며, 위에 부착된 봉황과 받침대를 포함하면 네 부분으로 구성된다. 향로의 꼭대기에는 봉황 한 마리가 여의주(如意珠)를 턱밑에 끼고 날개를 활짝 펴고 서 있는 모습이며, 그 아래로 신선들이 사는 박산(博山)이 있다. 맨 아랫부분에는 한 마리의 용이 살아 꿈틀거리듯 다리 하나를 치켜들고 갓 피어나려는 연꽃봉오리를 입으로 받치고 있는 형상이다. 연기는 봉황의 가슴과 뚜껑에 뚫려 있는 12개의 구멍으로 피어오르도록 고안되어 있다.

백제 금동 대향로는 중국 한나라 박산향로의 형식을 바탕으로 하였으나, 전체적인 모티브는 무령왕릉 출토 동탁은잔과 부여외리 출토 산수봉황무늬 벽돌에서 찾아볼 수 있다.

백제 금동 대향로는 우리 고대 문화의 결정체로 그 정교함과 조형미에 있어서 동아시아 금속 공예의 최고라는 평가를 받고 있다. 특히 용접 부분이 네 부분밖에 안 되는데 그 정교한 모습을 어떻게 통째로 주조했는지 놀라운 기술 수준을 보여 주고 있다.

이 향로의 성분을 보면 주석이 14.3%, 구리가 81.5%, 납이 0.07%로 납 성분이 거의 없는 것으로 나타난다. 이 당시 청동기에는 납이

들어 있는 것이 특징인데 비해, 이 향로에는 납이 거의 들어 있지 않다. 이것은 청동에 금을 도금하자면 되도록 납의 함량을 줄여야 수은아말감 도금법(수은에 금을 녹인 뒤 금속 표면에 도금하는 것, 이 경우 적은 열을 가해도 관련 금속은 점성을 띠게 된다.)으로 금을 쉽게 입힐 수 있기 때문이다.

• 동탁은잔

금은 수은에 잘 녹고, 수은은 100℃ 정도로 가열하면 모두 날아가 버린다. 이런 금과 수은의 성질을 잘 파악한 금동아말법(구리로 된 본체에 수은과 금을 섞은 도금액(아말감)을 바른 뒤 가열하면 수은은 날아가고 금만 남게 되어 도금되는 기술)을 이용한 도금 기술은 백제의 하이테크였던 것이다.

• 산수봉황무늬 벽돌

일반적인 도금 방법으로는 금만을 사용한 금아말감이나 금·은아말감 기법을 사용하는데 반해 백제 금동 대향로는 금·구리아말감 도금법을 사용한 것에서 그 창의성과 독창성이 발견된다. 금·구리아말감 도금법은 익산 미륵사지에서 출토된 금동 대향로에서도 발견되는데, 이로 미루어 이 도금법이 백제만의 획기적이고 독특한 도금법일 가능성을 한층 더하여 주고 있다.

특히 우리나라에서는 삼국 시대에 이러한 아말감 기법을 사용한데 비해 유럽에서는 그 사용 시기가 중세라는 점에서 우리 선조들의 뛰어난 금속 도금 기술을 확인할 수 있다.

삼국 시대의 수은아말감 기법은 고려 시대에 더욱 빛을 발하였는데, 이 시기에 만든 청동거울은 주석아말감 도금법(수은에 주석과 아연을 섞어 금속 표면에 도금하는 것)을 응용하여 사용하였다. 이후 조선 시대에도 금동아말감 기법과 주석아말감 기법이 계승 발전되었다.

오늘날에는 보다 안정적으로 금도금을 할 수 있는 전기 분해를 이용한 금도금법을 사용하고 있다.

이렇듯 신기술이 집약된 백제 금동 대향로는 전체적으로 보아 창의성과 조형성이 뛰어나고, 세부 표현에 생동감이 넘쳐흐른다. 또한 도교 사상과 불교 사상 등 동양 사상의 근본 원리를 백제 사상으로 융합하여 완벽한 조형 예술(造形藝術)로 표현했을 뿐만 아니라, 금속 공예 기술면에서도 완숙한 주조 기술(鑄造機術)과 정치(精治)한 도금술(鍍金術)이 이루어 낸 최대의 걸작품이라고 할 수 있다.

음향과 합금 기술의 백미 '종(鍾)'

　종은 금속으로 주조한 일종의 타악기로 범종(梵鍾), 악종(樂鍾), 경종(警鍾), 시종(時鍾) 등 그 범위가 넓지만 우리나라에서 종이라 일컬을 때는 동제(銅製) 범종을 말한다. 범종은 시각을 알려주는 실용적인 기능도 있지만, 의례용, 특히 불가에서는 중생 제도(衆生濟度)의 종교적 기능도 지니고 있어 사찰용 종을 따로 범종이라 말하며, 독자적인 양식과 의의를 가지고 있다.

　종은 타종 방법에 따라 종신 표면에 당좌(撞座)를 형성한 후 외부에서 당목(撞木)으로 쳐서 소리를 내는 동양 종과, 종신 내부에 방울을 매달아 종 전체를 움직여 소리를 내게 하는 내타식(內打式)으로 일종의 탁(鐸)과 같이 내부에서 치는 서양 종으로 구분할 수 있다.

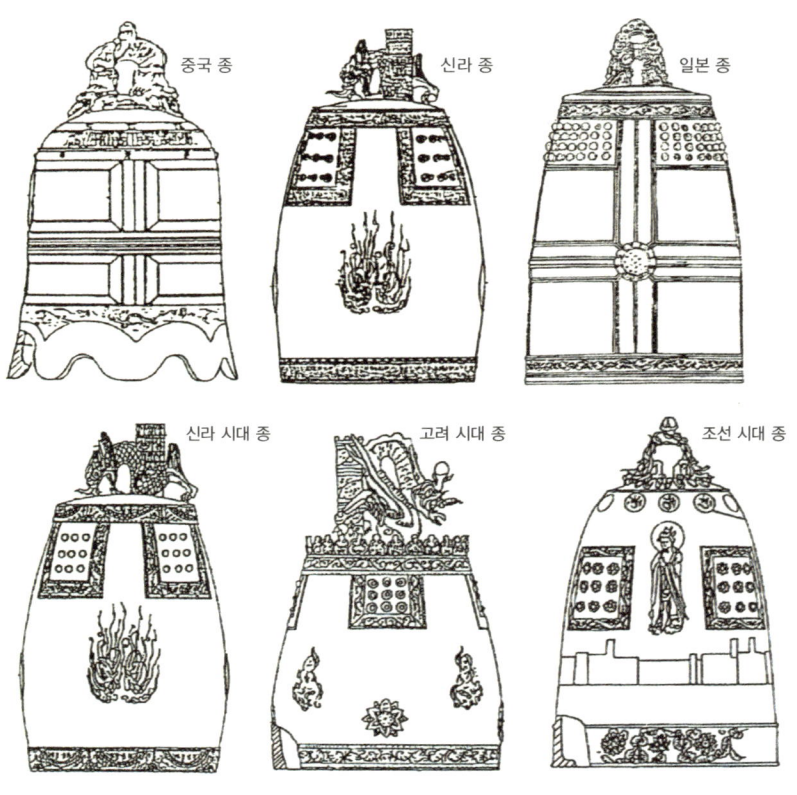

● 종의 나라별, 시대별 비교

    종의 재질은 한국 종은 청동, 중국 종은 철로 만든다. 중국 종 및 일본 종은 종점에 쌍룡으로 된 종뉴를 갖고 있으나, 우리나라의 종은 종뉴가 단룡(單龍)으로 되어 있다. 또한 우리나라의 종은 다른 나라에 없는 아름다운 모양(상대, 하대, 당좌, 비천상, 명문)을 하고 있으며, 소리가 맑고 긴 여운을 가지는 맥놀이를 가지고 있는 특징이 있다. 때문에 한국 종이라는 학명으로까지 불리고 있을 만큼 우수성을 인정받고 있으며, 그 양식의 전형은 신라 종에서 완성되었다.

    우리나라 범종은 시대에 따라 신라식과 고려식, 조선식으로 약간씩의 양식 변천을 이루었다. 신라 종과 고려 종의 양식은 순수한 우리 선조의 창의력에서 이루어진 형식인데 반하여 불교 배척 시대였던 조선의 범종 양식은 중국의 영향을 받아 이른바, 조·중 혼합 양식이 만들어졌다. 그러나 오늘날에는 다시 신라 종의 형식이 한국 종의 절대적인 양식으로 널리 유행하여 조성되고 있다.

    우리나라 범종의 전형적인 양식인 신라 종을 보면, 종의 고리는 생동감 있는 하나의 용머리에 두발이 달린 용뉴(龍紐)가 마련되고, 그 옆에는 종의 내부와 관통하는 음관(音管)이 있다. 종신(鐘身)의 어깨와 종구(鐘口)의 둘레에는 당초문이나 보상화무늬를 새긴 상대(上帶)와 하대(下帶)가 마련되어 있다. 상대의 아래쪽에는 종신의 1/4 크기로 네모난 테두리 안에 유곽대(乳廓帶)가

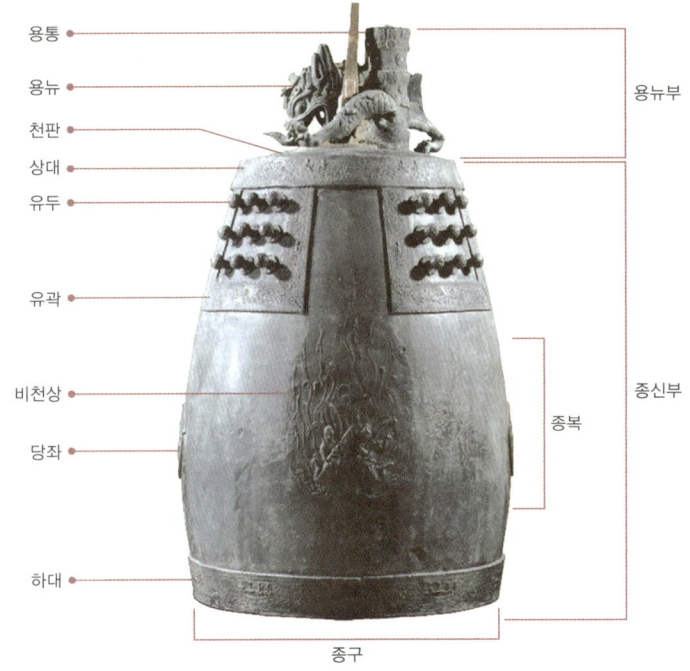

• 종의 부위별 명칭

• 용뉴부

• 상대와 유곽대

있고, 유곽 안에는 꽃잎받침 위에 도드라진 젖꼭지 모양의 종유(鐘乳)가 3열로 3개씩 배치되었다. 또 유곽과 유곽 사이의 종신부(鐘身部)에는 주악비천상(奏樂飛天像)을 새겨 넣고, 그 반대쪽에는 연화문당좌(撞座 : 종을 치는 자리)를 조각하여 화려하게 장식하였다. 그 밖의 종신부에는 종의 제작 경위, 주조 연대, 담당자 등을 기록한 글인 명문을 새겼다.

이러한 조각 문양(彫刻文樣)은 장식적인 효과 외에 서로 다른 두께와 질량으로 인해 각기 다른 주파수를 내는데, 이러한 여러 부분음(部分音)들은 합쳐져 합성음(合成音)을 만들어 낸다. 즉, 한국 종 특히 신라 종은 음향학적 원리(音響學的原理)에 맞게 표면의 문양 크기와 배치에 세심한 주의를 기울인 과학적인 설계를 토대로 만들어졌다는 것을 알 수 있다.

우리나라 종의 다른 특징 가운데 하나는 그 종신의 설계에 있어서 특수한 수학적 비례(數學的比例)를 사용해 설계했다는 것이다. 이장무(李長茂) 교수에 의하면 오대산 상원사 종의 하단부 외경과 하단부에서 천판까지의 높이의 비는 1:1.47인데, 이 비율은 석굴암에도 쓰여진 예술적 조형미의 치수인 황금 분할비(1:1.618)와 비슷한 1:1.414에 가까운 치수라고 한다. 성덕 대왕 신종의 경우도 그 비율이 1:1.36으로 역시 이에 가깝다. 또한 당좌의 높이와 종 크기의 비도 역시 '황금 분할비'에 근접하여 있다. 특히 당좌의 높이와 위치는 이 교수의 공학 계산에 의하면 종의 스위트 스팟(sweet spot)과 일치하며, 타격할 때 종걸이 부분에 최소의 힘이 작용하여 여운이 길어지고 종의 수명이 늘어나는데 적합한 부분에 설계되어 있다고 한다.

근래 경주 박물관에서 저주파 스피커에 통과시킨 성덕 대왕 신종의 소리 세기를 음향 측정 프로그램(Tektronix TDS3012 Digital Phosphor Oscilloscope와 Voyetra)을 이용하여 분석한 결과, 타종 직후 약 5초 후부터 기본 진동수의 음파가 맥놀이 현상(타종 후 소리울림에서 원래 소리와 되돌아오는 소리가 마주치게 되어 서로 더해지거나 덜해지게 되는 현상)을 일으킴을 밝혀내었다.

서양 종, 중국 종, 일본 종 등도 아름다운 종소리를 내지만, 우리나라 범종이 가장 맑고 뚜렷한 종소리를 내며, 적절한 주기의 맥놀이와 긴 여운을 두루 갖추고 있는 것이다.

그렇다면 우리나라 범종 소리의 비밀은 어디에 있을까? 종소리의 근원은 종 몸체의 진동인데 종을 치면 몸체의 진동으로 공기가 진동

● 비천상과 당좌

● 하대

● 명문

하게 되고, 이 진동이 듣는 사람의 청각 세포와 청각 신경을 자극하여 소리로 인식되는 것이다. 이러한 종소리는 근본적으로 종 몸체의 탄성 변형인 반경·길이·원주 방향 등 3가지 진동에서 비롯된다. 이 가운데 가장 큰 진폭, 즉 소리가 가장 크게 되는 진동은 반경 방향에서, 가장 작은 것은 길이 방향에서 발생한다. 또한 종체의 위치에 따른 진폭은 하부, 중부, 상부의 순으로 감소된다. 따라서 종을 치는 위치가 종구(鐘口), 즉 종 아래로 내려올수록 종소리가 커지고 상부로 올라갈수록 작아지는 것이다.

　세계의 모든 종 가운데 오직 우리나라 종에만 있는 독창적인 것이 바로 종 상부에 있는 음관(音管)과 종구(鐘口) 바로 밑에 있는 명동(鳴洞)이다. 음관은 음통(音筒) 또는 용통(甬筒)이라고도

하는데, 종의 음질(音質)과 음색(音色)을 좋게 하는 음향학적(音響學的)인 기능을 한다고 추정된다.
　음관의 내부를 들여다보면 외형에서 보이는 직선이 아니라 입구가 좁고, 출구가 깔대기형 기둥의 모습으로 만들어져 있다. 이러한 구조는 몸통 전체에서 전해 오는 떨림(진동)파와 음관에서 나오는 소리파가 상호 작용하여 소리의 울림을 내는데 중요한 역할을 한다. 또한 엄영하 교수의 설명에 의하면, 음관은 종을 칠 때 잘 전파되는 외부 진동과 달리 서로 충돌하고 반사하여 잡음을 내는 내부 진동의 충격을 제거하고, 일부를 공기 중으로 내보내어 잡음을 뽑아내는 음향 필

터의 역할을 한다고 한다. 다시 말해서 종을 쳤을 때 잡소리 없이 한 가닥 맑은 소리를 나게 하는 역할을 한다고 한다.

명동이란 음통, 즉 울림통을 의미하는데, 이 명동이 공명진동(共鳴振動)을 일으켜 종을 때렸을 때 긴 여운이 남게 만드는 역할을 한다. 명동의 진동수가 맥놀이를 일으키는 주진동수와 같을 경우(성덕 대왕 신종은 64Hz와 168Hz)가 되면 종소리와 울림통이 공명을 일으켜 좋은 울림, 즉 긴 여음을 내는 것이다. 타종 후 1분에서 최장 3분여 간 지속되는 음을 여음이라고 하는데, 정상음 구간에서 센소리가 소멸하고 나면 약 9초 이후부터는 숨소리와 비슷한 64Hz와 어린아이 우는 소리와 비슷한 168Hz의 음파만이 남게 되는 것이다. 이후 최후까지 남는 에밀레종 소리는 64Hz의 음파이다.

결국 우리나라 종은 위에 음관을, 아래에는 명동을 설치하여 종 자신의 몸통에서 나는 소리뿐만 아니라 하늘과 땅 그리고 사람에게 전파되어 나가는 방법까지 염두에 두고 설계하였음을 알 수 있다.

통일 신라 시대에 이미 우리 조상들은 음향학, 진동학 등의 설계와 주조 및 타종 방식을 최적화하여 성덕 대왕 신종과 같은 훌륭한 종을 만들어 내었다. 이러한 범종의 제작은 우리 선조들의 과학적 사고력이 우수하였음을 다시 한 번 새롭게 증명하는 것이라 하겠다.

구조학적 안정성과 조화된 곡선미의 백미
'첨성대'

예로부터 하늘의 변화를 하늘의 뜻이거나 하늘의 명을 반영하는 것으로 받아들였던 옛 사람들은 하늘을 주의 깊게 관찰하였다. 하늘을 받드는 일에 게으르지 않았던 그때 사람들은 제단을 만들어 여러 가지 제천 의식을 행하였다. 그래서 해와 달 그리고 별을 관측하여 시간과 계절의 흐름을 깨닫고 하늘을 연구하기 시작하였다.

우리나라는 농경 국가로서 비와 바람 등 천기의 변화가 지대한 관심사 중의 하나여서 천문 관측은 매우 중요한 일이었다. 또한 하늘의 변화는 왕실과 백성들의 평안과 직결되는 신의 뜻이라고 여겨 항상 주의 깊게 하늘을 관찰하고 기록하였다.

『삼국유사(三國遺事)』에 의하면 국조 단군(檀君)이 세웠다는 참성단(塹星檀)이 강화도 마니산(摩尼山) 산정(山頂)에 남아 있다는 기록이 보이는데 별(星)자가 붙은 가장 오래된 건축물이라고 할 수 있다. 지금도 이 곳에서 개천절(開天節)에 제사를 지내고 있는데, 이러한 사실은 우리 민족이 옛날부터 천문 관측과 농경의 풍요로움에 관심을 가지고 있었던 것을 증명한다.
별자리의 기본인 28수 중 그 하나인 기수(箕宿)와 연관을 가졌다는 기자 조선을 시작으로 한 한국의 고대 천문학은 먼저 고구려의 무덤에 그려진 별자리, 신라의 첨성대 등 여러 가지 유물을 남겼다.

삼국 시대 우리 선조들은 우주에 대한 관측에 기초하여 우주에 관한 넓은 견해와 깊은 지식을 가지고 있었다. 그리하여 오랜 기간 천문 관측을 진행하여 여러 천문 현상들을 관측하고 기록에 남겼다. 이를 위해 천문 기상 관측을 위한 첨성대도 건설하고, 과학적인 석각천문도도 만들었다.

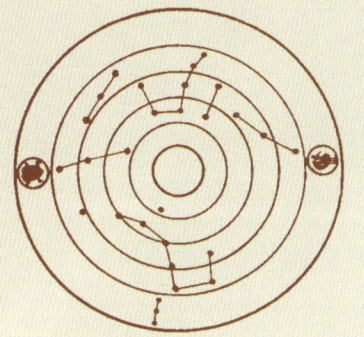
● 고구려 각저총 별자리 그림

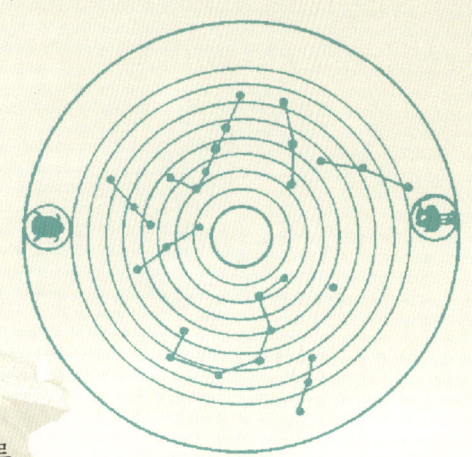
● 고구려 무용총 별자리 그림

문헌 자료에 의하면 고구려에서는 천문 관측을 전문으로 하는 '일자(日者)'라는 직제가 있었다. 백제에서는 '일관(日官)'이 있어 해와 달, 별들에 대한 관측과 계산, 기록을 담당하였고, 신라에서는 누각박사(漏刻博士)와 천문박사(天文博士)들이 천문 관측을 담당 수행하였다.

고려 시대 김부식이 지은 『삼국사기(三國史記)』와 일연(一然)이 쓴 『삼국유사(三國遺事)』에는 고구려, 백제, 신라 등 삼국에서 일어난 혜성 관측과 일식을 관측한 것이 기록되어 있는데, 혜성 출현이 67회, 일식이 67회, 행성의 이상 현상이 40회, 유성과 운석의 낙하가 42회, 그리고 기타(천체 현상의 의미가 불분명한 것) 약 12회 등 모두 226회의 천체 현상이 기록되어 있다.

특히 『삼국사기(三國史記)』에 보이는 혜성(彗星)에 관한 기록은 고구려에서는 10회, 백제에서는 15회, 신라에서는 32회나 관측되었다.

일식은 고구려는 기원전 37년부터 554년(고구려 마지막 일식 기록)까지 591년 동안 11회, 신라는 기원전 54년(신라 최초 일식 기록)부터 911년(신라 마지막 일식 기록)까지 965년 동안 30회, 백제는 기원전 13년(백제 최초 일식 기록)부터 592년까지 606년(백제 마지막 일식 기록) 동안 26회의 관측을 한 기록이 보인다. 특히 신라의 기원전 54년 일식 기록은 실제로 일식 현상이 있었던 것으로 양력 5월 9일(음력 4월 1일)에 일어났다. 더불어 삼국의 일식 기록 67회 가운데 약 80%가 실제 일식이 일어났던 것으로 밝혀지고 있다. 실제 일어난 일식 기록이 80%가 넘는다는 것은 동아시아에서 가장 신뢰도가 높은 것으로, 중국 한나라의 78%, 동·서진의 63%, 당나라의 65%, 일본의 일본서기 45%와 비교하여 보아도 그러한 사실을 알 수 있다. 이러한 사실은 고구려, 백제, 신라가 독자적인 천문 관측 체계를 가지고 있었음을 말해 주는 것이다.

고구려에서는 첨성대를 평양성에 두었다는 문헌 기록들이 남아 있다. 『세종실록(世宗實錄)』 권154 지리지 평양부에는 '성 안에는 9개의 사당과 9개의 못이 있는데, 9개의 사당은 바로 9가지의 별이 날아 들어간 곳이며, 9개의 못 옆에는 첨성대가 있었다.' 는 내용이 보인다. 또한 『동국여지승람(東國輿地勝覽)』 권51 평양부 고적조에는 '첨성대는 부의 남쪽 3리 되는 곳에 있다.' 는 기록에서 고구려 첨성대의 존재를 확인할 수 있다.

경주의 신라 첨성대(瞻星臺, 국보 제31호)는 경주시 인왕동에 자리 잡은 동양 최고의 천문대로 알려진 석조 건물로, 우리나라의 천문학과 기상학의 높은 수준을 잘 보여 주고 있다.

첨성대는 『삼국유사』에 신라 27대 선덕 여왕 때 건립한 것으로 기록되어 있다. 또한 신증동국여지승람에 '선덕 여왕 때에 돌을 다듬어 대(臺)를 쌓았는데, 위는 모나고 아래는 둥글다. 높이는 19척이며 그 속은 비어서, 사람이 속으로부터 오르내리면서 천문(天文)을 관측한다.' 라는 기록에서 첨성대의 규모와 기능을 이해하는데 도움을 준다. 삼국유사와 신증동국여지승람을 토대로 하면 첨성대란 한자 그대로 '첨성(瞻星)하는 대(臺)' 라는 의미이며, '별(星)을 바라보는(瞻) 시설(臺)' 로 해석할 수 있는 것이다. 아직도 첨성대에 대한 기능에 대해 천문 관측대, 제단 등의 논란이 있지만, 삼국유사의 기록에 의하면 첨성대는 별을 보는 곳임에 틀림없는 것이다.

첨성대가 평지에 있고 높이가 별로 높지 않아 천문대로 보기에 어렵다는 주장을 펴는 학자들도 있다. 그렇지만 개성에 있는 고려 첨성대(축대 높이 2.8m)와 서울에 있는 조선 관천대(창경궁 관천대 - 높이 3m, 관상감 관천대 - 4.2m)보다 높다는 점에서 재론할 여지가 없을 것으로 생각된다.

첨성대는 질 좋은 화강암으로 기단에서부터 높이 9.108m, 밑지름 4.93m, 윗지름 2.85m로 쌓아 만들었다. 건축학적으로 정교하며 역학적으로 균형이 잘 잡히고, 약 1천4백 년의 세월이 흐른 오늘에도 당시의 모습을 그대로 유지하고 있다.

이 첨성대는 천문학적으로 볼 때 당시 천문학 부문에서 지배하던 '천원지방(天圓地方)'설에 따라 위는 둥근 몸체에 기초에는 네모난 기단석을 놓았다. 그 기단석 위로 돌을 한단 한단씩 모두 28개단을 쌓아 천체의 별자리 28수를 나타내었다. 몸체는 27단이나 맨 위의 정자석을 합치면 28단이고 기단석을 합치면 29단이며, 기단석과 정자석을 제외한 원주부(圓柱部)에 사용된 석재 수(石材數)는 하층부터 27단까지 3백62매이다.

의미를 부여하자면 27단은 선덕 여왕의 27대, 28단은 기본 별자리 28수, 29단은 한달 29일을 의미하고, 3백62개는 1년의 일수(日數)를 상징한다.

그리고 중간에 있는 네모난 출입구를 중심으로 창문 아래와 창문 위로 각기 12개의 단으로 쌓았다. 이것은 1년 12개월과 24절기를 상징하는 것으로 볼 수 있다.

또한 대석(臺石)으로부터 높이 약 4.16m 되는 곳에 정남(正南)을 향하여 1변의 길이가 약 1m인 네모난 출입구를 배치하고, 이를 통하여 햇빛이 그 안벽에 비추는 그림자의 위치와 그 길이에 따라 시간과 절기를 대략적으로 알 수 있게 하였다.

춘분과 추분에는 태양 광선이 첨성대 밑바닥까지 비추게 돼 있고, 하지와 동지에는 아랫부분에서 광선이 완전히 사라져 춘하추동의 분점(分点)과 지점(至点)을 측정하는 역할을 하는 것으로 주장되고 있다.

위에서 살펴보았듯이 신라에서는 혜성 관측 기록이 32회, 일식은 29회나 관찰되고 있는데, 신라인들은 이 첨성대에서 주기적이고 체계적인 관측을 통해 혜성과 일식 등 하늘의 변화를 예측하고 그것을 기록으로 남겼던 것이다.

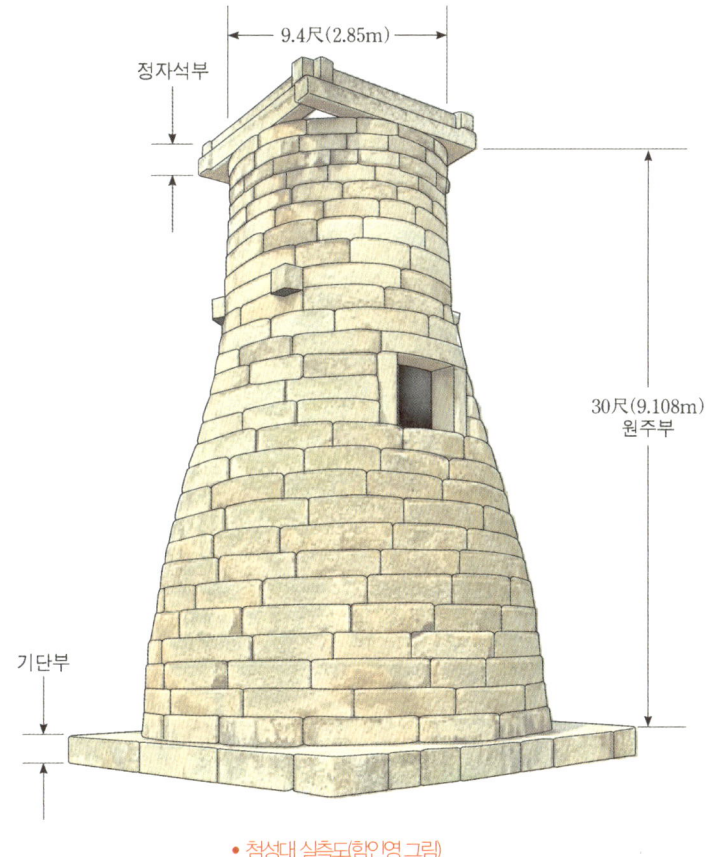

● 첨성대 실측도(함인영 그림)

첨성대의 건축학적 연구는 재미 교포 건축공학자 이동우 박사가 1972년 이래로 여러 면에서 연구를 진행하고 있다. 그에 따르면 첨성대 설계자는 특이한 반곡선 형태(半曲線形態)를 창안하여 축조 시 구조적 안정성과 심미적이고 기능적인 요소를 고려했음이 엿보인다는 것이다.

즉, 건축 시의 안전과 완공 뒤의 안정성을 특별히 고려하여 1단에서 12단까지는 부드럽고 완만한 곡선으로, 13단에서 20단까지는 비스듬한 직선, 21단에서 23단까지는 경사진 직선과 수직 직선을 이어 주는 이변곡선(移變曲線), 24단에서 27단까지는 수직 직선(垂直直線)으로 되어 있다. 이런 점에서 첨성대의 전체적인 외형은 하나의 완전한 곡선이라기보다는 두 곡선과 두 직선으로 된 완만한 복합 곡선(複合曲線)으로 되어 있으며, 이 부드러운 반 곡선으로 인하여 첨성대는 안정되고 조화된 인상을 갖게 되는 것이다.

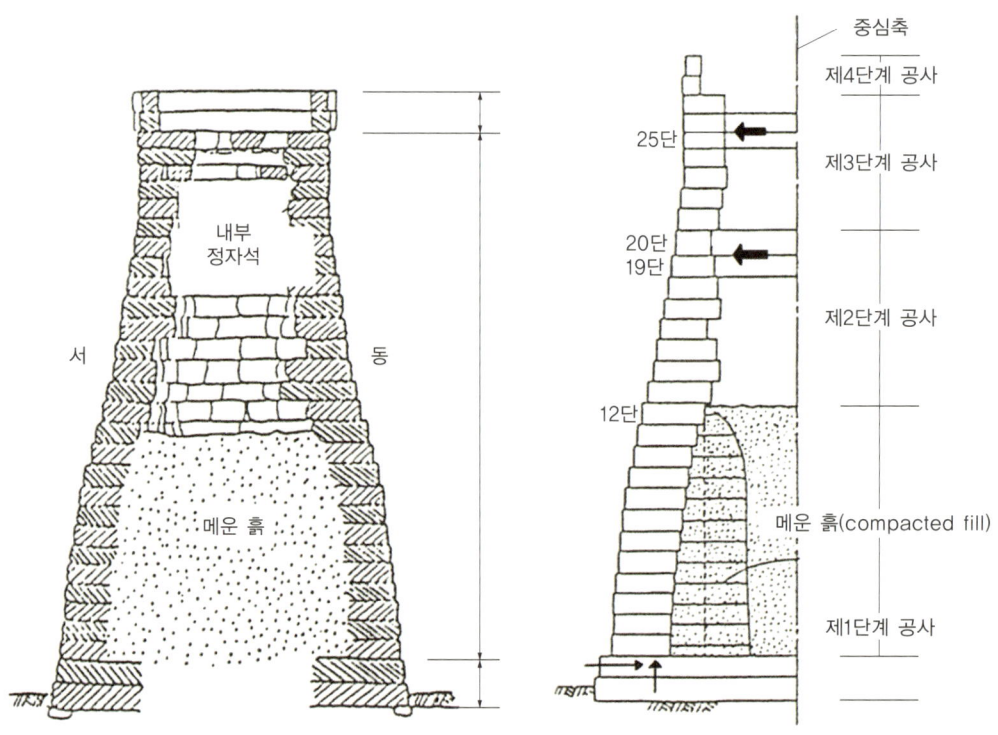

● 첨성대의 구조학적 안정성(함인영 그림)

또한 첨성대 설계자는 19단과 20단에 내부 정자석(井字石)을 배치하고, 원주부의 하부인 12단까지 흙을 채운 점, 그리고 남쪽에 창을 만들고 창을 중심으로 아래는 밖으로 부풀게, 위쪽은 오그라드는 모습으로 설계하였다. 이러한 것에서 당시 설계자가 여러 석축 공법을 종합 응용하여 그 안정성과 기능적 곡선미를 배려한 것으로 여겨진다.

특히 11단 아래에 차 있는 흙은 원형의 변형에 저항하는 내력을 발생시켜 축조 시 무너지는 위험성을 낮추었고, 완공 뒤에는 무게 중심이 아래에 있게 되어 외력과 기초부등침하(基礎不等沈下) 및 지진 등으로 인한 진동에 대비할 수 있어 첨성대의 원형을 보존하는데 가장 중요한 역할을 하였다.

더불어 머리 부분에 네모난 정자석을 올려 원주부의 둥근 구조를 균형 있게 유지해 주는 역할을 하도록 하였다. 이 같은 구조는 세계 건축물에서 사례를 찾아보기 어려운 것으로 첨성대 설계자가 뛰어난 건축 기법과 과학 기술, 그리고 심미안적 사고를 갖고 있었음을 보여 준다.

이처럼 경주 첨성대는 삼국 시대 우리나라 천문학의 높은 발전 면모를 보여 주고 있을 뿐만 아니라 그 전체적 형태와 크기, 석재의 경제적 처리 및 배치, 역학적 안정성, 미학적 곡선미·기능성 등을 두루 갖추고 있다. 또한 첨성대는 가장 치밀한 설계를 바탕으로 건축된 석조 건물로, 뛰어난 예술성과 과학 기술이 최상의 조화를 이룬, 우리 겨레의 독창적인 과학 기술 세계를 보여 주는 세계적 유물이다.

● 첨성대의 천체 관측 추측도(신라 역사 과학관 석우일 관장)

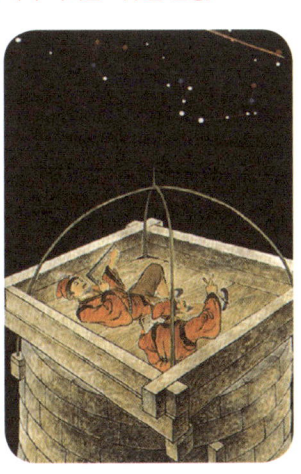

비례와 균형의 극치
'석탑(石塔)'

● 개성 불일사 5층 석탑

탑은 탑파(塔婆)를 줄인 말로 원래는 범어(梵語, Sanskrit)의 스투파(Stupa) 또는 파리어(巴梨語, Pali)의 투파(Thupa)를 한자로 표기한 것이다. 탑파는 인도에서 발생한 것으로 석가모니 열반 후 그의 제자들은 인도의 장례법에 따라 그의 유해를 화장(火葬, japeti 다비)하여 사리(舍利, sarira)를 얻게 되었다. 이 석가모니의 진신사리를 봉안하기 위해 구조물을 쌓은 것이 탑이다.

탑은 그 평면 구성이 네모형, 육각, 팔각 등으로 다양하다. 특히 건축 재료에 따라 목탑(木塔 : 나무로 만든 탑), 석탑(돌로 만든 탑), 전탑(塼塔 : 흙벽돌로 만든 탑), 모전석탑(模塼石塔 : 돌을 다듬어 벽돌 모양으로 만든 뒤 전탑처럼 쌓은 탑), 청동탑(소재를 청동으로 주조하여 만든 탑), 금동탑(동으로 주조하여 탑을 만든 뒤 그 위에 금칠을 한 탑) 등으로 구분된다는 점에서 탑 또한 다른 건축물 못지않게 다양한 형태와 양식 기법으로 건축사상 한 주류를 이룬다 할 수 있다.

흔히들 인도와 중국을 '전탑의 나라', 한국을 '석탑의 나라', 일본을 '목탑의 나라'라고 부른다. 우리나라를 석탑의 나라라고 하는 이유는 다른 어느 나라보다 석탑이 많고, 다른 재료의 탑에 비해 석탑의 비율이 높기 때문이다. 우리나라에는 단단하고 화재에 잘 견디고 내구성이 있는 화강암이 풍부하였기 때문에 전탑이 위주가 되는 중국이나 목탑이 위주가 되는 일본과 달리 석탑이 크게 발달하였다. 현존하는 1,500여 기의 탑 가운데 대부분이 석탑이고, 그 양식도 다양하고 잘 정비되었으며, 대단히 다채로운 수법을 보이고 있다.

석탑은 단지 석판(石板)이나 돌기둥으로 조립한 것이 있는가 하면, 돌을 벽돌처럼 다듬어서 쌓아 올린 것도 있다. 그리고 석판에다 부처나 십이지상(十二支像), 금강역사상(金剛力士), 천인상(天人像) 등을 아름답게 장식하여 조형 예술(造形藝術)의 우수성을 보여 주는 것도 있다.

우리나라에서 석탑의 발생은 삼국 시대 말기인 600년경으로

● 익산 미륵사지 석탑

95

추정된다. 불교가 전래된 4세기 후반부터 6세기 말엽까지 약 200년 사이에는 목탑 건립 시기였고, 오랜 목탑의 건조에서 쌓여진 기술과 경험을 바탕으로 석탑을 만들어 내었다. 7세기 초반 백제에 의하여 건조된 익산 미륵사지 석탑이 대표적이며, 이는 당시에 유행하던 목탑을 본뜬 것이었다.

이러한 석탑에는 우리 조상들의 뛰어난 과학 기술을 엿볼 수 있는데, 삼국 시대의 건축 기술자들은 탑의 구조역학적인 안전성을 갖는 구조 기술과 함께 탑의 조형성을 높이기 위한 정연한 비례 구성 수법을 창조하였다. 특히 삼국의 탑 건축 기술은 오랜 역사를 가지고 일본에까지 전파되어 일본 탑 건축의 일대 개화기를 마련하였다.

현재 우리나라에서 가장 잘 보존되어 있는 이른 시기의 탑은 부여 정림사지 5층 석탑이다. 이 탑은 돌의 특성을 잘 살리면서 좁고 얕은 1단의 기단과 배흘림 기법의 기둥 표현, 얇고 넓은 지붕돌의 형태 등 목조 건물의 형식과 목탑의 모습을 본떠 만든 탑으로서 정돈된 형태와 세련되고 창의적인 조형을 보이고 있다. 또한 전체의 형태가 장중하고 명쾌하며 격조 높은 기풍을 풍기고 있어 백제 뿐 아니라 우리나라 건축 기술의 백미라 할 수 있다.

그런데 흥미 있는 것은 백제 정림사 5층 석탑의 비례 구성과 일본 법륭사 5층 목탑의 구성 원칙이 서로 비슷하게 계측된다는 점이다.

정림사 5층 석탑의 기본 단위는 바닥 기단 너비의 $\frac{1}{2}$을 취하고 있는데 고구려 자(1자 =35.4cm)로 7자에 해당하는 길이다. 1층 탑신 폭은 고구려 자로 7자이며, 2층과 5층의 탑신 폭 길이를 합친 것과 3층과

● 정림사지 5층 석탑

4층의 탑신 폭의 합은 각각 고구려 자로 7자이다. 다시 말해서 1층 탑신의 폭은 그 위의 아래위 대응 층의 탑신 폭과 같다는 것을 의미하는 것이다.

일본의 법륭사 역시 기본 단위를 바닥 기단의 $\frac{1}{2}$로 설정하고 있다는 것이다. 이처럼 두 탑 모두 일정한 크기로 된 기본 단위를 기준으로 하고 있는 것은 두 기탑 구성의 공통점이 된다. 이것은 결국 같은 단위의 척도 기준을 갖고 백제와 같은 수법으로 법륭사 탑을 만들었다는 것을 말해 준다. 이와 같은 기본 단위를 기준으로 등차급수(等差級數 : 탑 층과 층 사이의 일정한 축소비)적인 비례 구성 수법을 적용한 예는 경주 남산 탑골 부처바위 마애조상군에 새겨져 있는 신라 7층탑, 고려 영명사 8각 5층 석탑, 고려 홍복사 6각 7층 석탑에서도 찾아볼 수 있다.

등차급수적인 비례 구성 수법을 보면,
1층 탑신 폭+5층 탑신 폭 = 2층 탑신 폭+4층 탑신 폭 = 2×3층 탑신 폭(5층탑인 경우)

● 황룡사 9층탑 복원도

1층 탑신 폭+7층 탑신 폭 = 2층 탑신 폭+6층 탑신 폭 = 3층 탑신 폭+5층 탑신 폭 = 2×4층 탑신 폭(7층탑인 경우)으로 된다.

결국 백제 정림사 탑의 구성 기술은 신라의 탑 건축 뿐 아니라 그 이후 고려 다각다층탑 건축에서도 그대로 적용되었다는 것을 알 수 있다.

백제의 이름 있는 건축가인 아비지를 초청해 동방에서 제일 높은 탑으로 건설한 신라 황룡사 9층탑은 현재 남아 있지 않다. 그렇지만 동시대의 것으로 경주 남산 탑골 부처바위 마애조상군에 새겨져 있는 신라 9층탑을 비교하여 볼 때 각 층 폭의 치수를 층별로 양쪽에서 각각 $\frac{1}{3}$간씩, 9층에서는 탑의 폭을 1+$\frac{2}{3}$간으로 줄여 체감시켰음에서 조형적 의미에서의 탑의 구성 기술을 파악할 수 있다.

각 층의 높이 역시 정림사 탑에서 취한 상·하 대응층의 합을 같게 하는 등차급수적인 비례 구성법을 적용하였다. 이것은 당시 건축 기술자들이 각층의 탑신, 지붕의 너비와 높이를 정하는데서 등

● 감은사지 3층 석탑(바탕)

차수열의 수학적인 설계 방법을 능숙하게 적용하였다는 것을 말하여 준다.

이와 함께 탑 구성 기술에서 주목되는 것은 탑의 구성 요소들이 서로 일정한 정수비를 갖는 것을 들 수 있는데, 정수비는 1:1, 1:2, 1:3, 1:4, 2:3, 4:3 등을 이루게 된다. 실제로 3:2의 정수비는 탑 몸의 총 높이와 기단층 너비의 비, 1층 지붕 너비와 1층 탑신 너비의 비, 기단 아래층 너비와 윗기단 너비의 비로 된다.

이와 같이 탑 구성에서 기본 단위의 적용, 등차수열에 의한 치수 설정 방법은 자연적으로 탑 구성 단위들의 관계에서 정수비를 갖게 한다. 조형적 의미에서 탑의 구성 기술은 탑이 수직상에서 안전하면서도 보기 좋게 느낄 수 있게 하는 체감 기술의 적용이 매우 중요하며, 이렇게 함으로써 탑의 구조적 안정성을 기할 수 있는 것이다.

또한 석탑 기단과 탑신의 기둥에서 과학 기술을 찾아볼 수 있는데, 안쏠림기법과 귀솟음기법이 그 예이다. 먼저 안쏠림기법(사람의 눈높이에서 위를 보면 착시 현상으로 옆으로 퍼져 보이는 느낌을 받는데, 이러한 시각적 문제를 최소화하는 것)은 기단과 탑신의 기둥을 수직으로 세우지 않고 약간 안쪽으로 기울게 만든 점을 들 수 있다.

귀솟음기법(건물의 양쪽 귀기둥을 가운데 기둥보다 조금 높게 올리는 것으로 중앙에서 볼 때 착시 현상으로 멀리 있는 양쪽 끝이 쳐져 보이는 느낌을 최소화하는 기법)은 석탑의 안쪽 기둥에 비해 바깥 모서리 기둥의 높이를 약간씩 높게 만든 점을 들 수 있다.

석탑의 또 다른 과학 기술은 지대석에서 찾아볼 수 있는데, 탑의 지대석 크기가 탑 각층의 너비와 높이를 결정하기 때문이다.

탑의 전형으로 꼽히는 석가탑은 전체적으로 일정한 크기의 비례를 보여 주고 있다. 석가탑의 지대석 한 변의 길이에서 수직으로 가상의 정삼각형을 만든 후 그 높이를 재면, 그것이 1층 탑신의 높이와 정확하게 일치하고 있음이 확인된다. 또한 2층 탑신은 1층 옥개석 전체 높이의 절반이 되며, 3층 탑신은 2층 옥개석 전체 높이의 절반이 된다. 이것은 지대석 크기가 탑의 전체 크기를 결정하는 매우 중요한 요소가 된다는 것을 알려 주는 것이다.

석탑에 나타난 이러한 비례와 기법들은 아름답고 세

● 불국사 석가탑

련된 석탑을 만들기 위한 조상들의 과학적 슬기가 아닐까?

　백제와 신라의 초기 석탑들은 서로 그 양식을 달리해서 출발했지만, 얼마 뒤 하나의 양식으로 통일되어 한국 석탑의 전형이 성립되었다. 삼국 통일과 함께 새로운 계기를 맞아 집약, 정돈된 형식으로 건조된 석탑 가운데 초기의 양식을 띠고 있는 것은 감은사지 동서삼층 석탑과 고선사지 삼층 석탑이다. 그 뒤 경주 나원사지 오층 석탑과 황복사지 삼층 석탑의 과도기적인 양식을 거쳐, 8세기 중엽에 이르러 불국사 석가탑에서 전형적인 양식의 정형을 보게 되었다. 이와 같이 8세기 중엽에 완성된 신라식 일반형 석탑의 정형은 그 뒤 전시대를 통하여 오랫동안 지켜진 형식으로, 한국 석탑의 주류이며 또한 특색이라고도 할 수 있다.

　삼국 시대의 기술을 이어받은 고려 시대의 돌탑들은 정연한 기하학적 원리에 의하여 건립되었다.

● 경천사지 10층 석탑

그것은 기단과 지붕 너비를 밑변으로 하는 정삼각형을 그려 보면 알 수 있는데, 그 꼭짓점이 1층 탑신 중심에 놓인다. 이것이 사람이 탑을 바라볼 때의 수평 투시점이다. 1층 탑신의 한 변의 너비를 기준 크기로 설정하는 근거가 바로 여기에 있다. 이와 같은 방법으로 옥개석(지붕돌) 폭을 밑면으로 하는 정삼각형을 그리면 다음 층의 옥개석 중심에 꼭짓점이 놓인다. 이때 그려지는 삼각형들은 정삼각형으로서 같은 비례를 가지고 그 형태가 축소됨을 알 수 있다.

이처럼 고려 시대의 탑 구성 기술에서는 앞선 시기의 건축 기술을 이어받음과 동시에 그 시대의 고유한 특색을 살려 보다 발전시켰으며, 조선 시대 또한 이와 같았다. 이렇듯이 우리 조상들이 이루어 놓은 탑 건축물은 과학성이 돋보이지 않은 것이 없을 정도이다.

과거 우리의 건축물은 중국과 많은 연관을 갖고 발전해 왔다. 그러나 외래 문화를 그대로 모방하지 않고 우리 풍토에 맞게 응용하고 독창성을 가미하면서 독특한 우리의 것으로 발전시켜 왔다.

우리 문화재 중 국보의 약 25%와 보물의 약 30%가 탑이라는 점에서 볼 때, 우리나라에서 탑이 차지하는 비중이 얼마나 큰지 알 수 있다. 또한 탑은 1천년 이상 이 땅을 지켜 온 우리나라 건축물을 대표하는 과학 문화 유산일 뿐만 아니라 세계 문화 유산으로서 자리매김되고 있다.

● 불국사 다보탑

물리·수학·건축 기술 등 과학 슬기가 숨어 있는
신라 미술의 절정 **'석굴암'**

• 발굴 당시 모습

  국보 제24호인 석굴암(石窟庵)은 경주시 진현동 토함산 동쪽에 위치한 우리나라의 대표적인 석굴 사원이다. 신라 경덕왕 10년(751)에 김대성이 창건을 시작하여 혜공왕 10년(774)에 완성하였다.

  석굴암은 건립 당시 석불사(石佛寺)라고 불리는 절이었으나 임진왜란 이후 불국사에 예속되다가 일제 시대 일인들에 의해 석불암 대신에 석굴암으로 불리게 되었다. 경덕왕은 신라 중기의 임금으로 그의 재위 기간(742~765) 동안 석굴암, 불국사, 다보탑, 석가탑, 황룡사종 등 그 시대를 대표하는 많은 문화재를 세웠으며, 신라의 불교 예술이 전성기를 이루었다.

  신라인들은 8세기 중엽 동짓날 아침 태양이 떠오르는 동동남 30°의 수중 문무대왕 능을 향한 토함산 정상 아래에 무엇 때문에 오랜 기간 그 육중한 화강암을 다듬어 석굴암을 축조하였을까?

  석굴암은 암벽을 뚫어 만든 인도나 중국의 천연 석굴과는 달리 토함산의 정상 아래를 파내고 화강암을 사용하여 축조한 다음 그 위에 흙을 덮어 완성한 인공 석굴이다. 중국이나 인도의 석굴이 굴을 파고 들어가 조각을 한 것이라면 우리의 석굴암은 완벽한 건축물인 것이다. 다시 말해 인공으로 석굴을 만들고, 고도로 발달된 축조 기술을 바탕으로 불상이 완벽하게 배치된 곳은 세계에서 유일하게 석굴암뿐이다. 이렇듯 석굴암은 종교적인 의미를 뛰어넘어 수학, 기하학, 물리학, 건축 기술 등 과학 슬기가 숨어 있는 뛰어난 건축물인 것이다.

  석굴암은 전방후원식(前方後圓式) 구조로 전실이 방형(직사각형)이고, 주실이 원형으로 만들

● 현재 모습

어져 있다. 석굴암은 화강암을 이용하여 인위적으로 석굴을 만든 후 내부 공간에 본존불인 석가여래상을 배치하고, 그 주위 벽면에 보살상 및 제자상과 역사상, 천왕상 등 총 40구의 불상을 조각하였는데 현재는 38구만이 남아 있다.

　석굴암은 석굴과 불상 모두 화강암으로 만들었는데, 화강암은 경도, 강도, 내구성, 내마모성, 빛깔, 광택 등이 우수하다. 이 가운데 경도가 높다는 것은 섬세한 조각을 하기가 쉽지 않다는 것인데, 석굴암의 모든 불상은 그야말로 완벽할 정도의 배율과 섬세하고 아름다움을 갖추고 있다.

　석굴암은 입구인 직사각형의 전실(前室)과 원형의 주실(主室)이 복도 역할을 하는 통로로 연결되어 있으며, 360여 개의 넙적한 원형 주실의 천장은 독특한 돔(dome) 구조로 되어 있다. 지붕의 무게를 적절하게 안배시켜 석재를 단단하게 고정시키는 이러한 건축 기법은 세계에 유례가 없는 뛰어난 기술이다.

　모르타르가 없던 시대에 낱장의 돌을 쌓으면서 서로의 힘을 의지하며 반구형의 돔을 형성한다는 것은 여간 어려운 일이 아니며, 조금만 역학 관계가 어긋나도 안쪽으로 쏟아져 내리기 때문이다.

　석굴암과 불상을 보면 황금비율인 $\sqrt{2}$의 수리로 이루어져 있으며, 동남 30° 방향으로 동짓날 해 뜨는 방향과도 일치한다. 구조적으로는 아치형 천정을 만들 때 5단 중 3째 단부터 각 줄마다 10개의 쐐기를 방사상으로 끼워 넣어 안정감을 주었다. 이 쐐기돌은 지렛대처럼 아치 천장을 받쳐 주는 구실을 하는 것으로 이러한 기술은 석굴이 오늘날까지 현존하게 하는 가장 중요한 기술 중 하나이다.

또한 처음에는 습기와 배어드는 물을 자연적으로 처리하기 위해 석굴 주변을 숯으로 채우고, 환기 구멍을 만들어 놓았으나 일제 시대 해체 복원 공사로 파괴되었다. 또 외부를 철근 콘크리트로 덮어씌운 후 온도 변화로 인해 이슬 맺힘 현상이 일어나고, 물이 벽을 타고 흘러내려 이끼가 끼는 등 심각한 문제가 나타나게 되었다. 이러한 문제를 해결하기 위해 첨단 기계 장치를 이용해 인위적인 환경을 만들고자 하였으나 실패하고, 결국 1970년대 중반 석굴암의 보존을 위해 전실 앞부분에 유리로 차단막을 설치하여 관람객들의 출입을 제한하고 있다.

신라 당시 통풍 장치로 사용했던 감실 속의 환기 구멍 10개는 어디론지 사라지고, 감옥의 시멘트처럼 이중으로 철옹성을 쌓은 것이다.

이러한 훼손에도 불구하고 석굴암은 신라 불교 예술의 전성기에 이룩된 대표적인 건축물이다. 또한 신앙적인 측면은 물론이고 과학적 건축법과 원숙한 조각 기법까지 신라 미술의 최고 절정을 이룬 최고의 걸작으로 국보 제24호로 지정되었으며, 1995년 12월 유네스코 세계 문화 유산으로 등록되었다.

석굴암 구조의 기본 치수는 12당척(唐尺)인데 이것은 하루 12시를 표시하고, 원의 둘레 360°는 음력의 1년을 표시한다. 12당척을 1로 삼아서 석굴암 건축을 비교해 볼 때 각 부분에서 연대적으로 $1:1.414(\sqrt{2})$의 비가 사용되고 있다. 이 1:1.414의 비례는 소위 황금 구형(Golden-mean Rectangle)의 비례 1:1.618에 가까운 수치이다. 또한 석굴암은 원형, 정사각형, 정삼각형, 육각형, 팔각형 등을 복합적으로 응용했다. 석굴암은 종교적 관념을 예술 과학으로 이루어 낸 가장 이상적인 석조 건축물인 것이다.

뛰어난 조형미와 구조 안정성의 으뜸
'홍예(虹霓)'

• 조계산 선암사 무지개다리

홍예란 무지개 같이 휘어 반원형의 꼴로 쌓은 구조물로 불국사 청운교와 백운교, 조계산 선암사 무지개다리, 창덕궁 금천교와 같은 다리, 공주 무녕왕릉 같은 고분, 경주의 석빙고, 참화를 겪은 숭례문(남대문, 국보 1호), 경복궁의 정문인 광화문 같은 성문 등에 쓰였던 건축물을 말하며, 구름다리·무지개 모양·아치(arch)형이라고도 부른다.

홍예는 경사를 이룬 사다리꼴이나 곡선의 형태로 다듬은 돌이나 벽돌로 쌓는 방법인 조적조(組積造 : 돌, 벽돌, 콘크리트 블록 등을 하나하나 쌓아 올려서 벽을 만드는 건축 구조)를 통하여 구성된다. 이 방법은 단일의 평면에 존재하는 간격을 서로 연결하는데 사용되는 건축적 수법으로 상부 벽체의 무게를 지지할 수 있도록 만든 구조물이다.

• 창덕궁 금천교

홍예는 구조적으로 덮고, 지지하고, 버티는 3가지 작용을 수행한다. 홍예 구조물은 필연적으로 쐐기 형태의 기계적인 속성에 의존하며, 일반적으로는 홍예석이라 불리는 쐐기 모양으로 생긴 돌 또는 벽돌[塼(전)]을 한 단 한 단 연속적으로 안으로 오므려 쌓아올린다. 즉, 홍예는 좌우에서 돌을 안쪽으로 오므려 쌓아 올라가다 맨 위 정점의 마지막 돌인 이맛돌[Key Stone]을 단단히 끼워 넣으면 완성되는 것이다. 다리 위의 구조물이나 성벽이 무너져도 홍예가 건재한 이유는 바로 이 이맛돌 때문이다. 이맛돌은 천장덮개돌이라고도 부르는데, 천정돌이 밀리거나, 떠오르고 내려가는 것을 막아 준다. 또한 받침돌을 더욱 안정되게 하고, 압축력을 좋게 하여 주는 역할을 하기 때문에 홍예가 무너지지 않고 건재한 것이다.

• 경주 석빙고 빙실

홍예는 응력(應力)의 관점에서 보면 기둥과 유사한데 이는 주요 응력이 압축력이기 때문이다. 기둥과 보로 연결되는 구조는 홍예가 발견되기 이전부터 사용되고 있었으나, 기둥과 기둥 사이에 올려지는 보는 수 척(尺)을 넘을 경우 지지될 수 없기 때문에 홍예의 발견은 대단히 중요한 기술적 발전으로 볼 수 있다.

다리나 성문 등은 모양이 반원형의 아치일 때 위에서 누르는 힘에 가장 잘 견딘다. 이렇게 홍예의 정점에서 발생한 중력은 개개의 홍예석으로 전달되어 홍예의 기점(무지개받침)으로 전달된다. 이와 같이 위에서 가하는 힘을 좌우로 분산시켜 붕괴 위험이 거의 없기 때문에 홍예를 고도로 발달한 건축 구조라고 부르는 것이다.

● 창의문(자하문)

우리나라에서 홍예가 언제부터 사용되었는지는 정확히 알 수 없으나 평양 낙랑(樂浪) 고분의 궁륭천장(석굴암의 주실처럼 활 모양으로 둥근 천장. 돔)과 널길[연도(羨道) : 고분의 입구에서 시체를 안치한 방에까지 이르는 길]에서 처음 볼 수 있다. 쌓는 방법은 벽돌로 길이모쌓기[장수적(長手積)]와 작은모쌓기[소구적(小口積)]의 방법을 되풀이하여 3단을 가로로 쌓은 다음 그 위에 벽돌을 세워서 1단을 쌓는 방법[3평1수(3平1竪)]으로 매우 정교하게 쌓았다. 이러한 방법으로 위로 올라가면서 차차 내부로 기울어지도록 하여 궁륭천장을 만든 것이다. 이 방법은 이후 삼국에 영향을 주어 각 분묘는 궁륭천장과 홍예로 발전하게 된다.

특히 백제의 수도였던 공주 지방에는 벽돌로 널길과 묘실을 쌓은 전축분이 분포하고 있다. 그 가운데서도 무령왕릉은 벽돌이라는 재료상의 이질성뿐만 아니라, 홍예[아치형]의 천장 구조를 하고 있다는 점에서 일찍부터 널리 알려져 왔다.

무령왕릉이 평양 낙랑 고분과 중국 남조의 전축분과 다른 것은 벽면의 결구(結構) 방법에 있다. 낙랑과 중국 두 지역의 전축분이 벽면 3평1수(3平1竪:벽돌을 3단은 뉘어서 쌓고 1단은 세워서 쌓는 방법)에 길이모쌓기로 홍예의 천장을 이루는데 반해, 무령왕릉은 중국에서 유례를 찾기 어려운 4평1수(4平1竪)를 창안하여 치밀한 계획하에 사면(四面) 벽체에서 천장의 홍예에 이르기까지 거의 완벽하게 구축하였다. 이러한 무령왕릉의 훌륭한 건축 구조는 중국 남조의 그 어느 전축분에서도 볼 수 없는 발달된 기술적 수준을 보여 주는 것이다.

이러한 발달된 기술은 통일 신라로 이어져 8세기경 김대성이 현세의 부모님을 위해 세운 경주 불국사의 청운교·백운교·칠보교·연화교에서 기술적 극치를 이룬다. 특히 청운교는 이중 홍예 모양으로 되어 있는데, 다리 위에서 누르는 힘을 2중 홍예로 분산시켜 무거운 힘에도 잘 견딜 수 있게 축조하였다. 여기에서 전인미답(前人未踏)의 경지를 개척한 김대성의 독자적이고도 뛰어난 건축 기술을 엿볼 수 있다.

청운교 터널의 입구 넓이는 6.67㎡이며, 터널의 길이는 574cm인 이중 홍예이다. 1홍예(아래)는 천정돌 12개

● 무녕왕릉 연도와 현실 전경

와, 천장 중심돌 1개가 연결되어 지름 236cm인 반원 모양이며, 2홍예(위)는 천장 덮개돌 2개와 사다리꼴(△) 모양의 천장 덮개 중심돌이 1홍예의 천정돌을 아치 모양으로 감싸고 있다. 천장 덮개돌은 천정돌이 밀리거나 떠오르고 내려가는 것을 막아 주며, 받침돌을 더욱 안정되게 하고, 압축력을 좋게 하여 주는 역할을 하는 것이다.

청운교 1홍예 천정돌의 윗면과 아랫면의 길이의 비는 6 : 5 정도가 되며, 천장돌 사이의 틈은 찾아볼 수가 없을 정도로 치밀하다. 12개의 천정돌은 천정 중심돌과 반원 밑선의 중앙을 잇는 선을 중심으로 좌, 우 대칭 위치에 있어 균형 있게 보인다. 또한 천정돌은 반원 밑선의 중앙을 향하고 있어, 다리 터널의 입구에서 터널의 모양과 아름다움을 잘 볼 수 있도록 배치되어 있다. 바로 여기에서 구조의 안정성과 뛰어난 조형미를 느낄 수 있는 것이다.

그렇다면 김대성이 전생의 부모님을 위하여 축조하였다는 석굴암은 어떤가! 중국이나 인도의 석굴은 모두 자연 암벽을 파서 만들었으나, 석굴암은 세계에서 그 유래를 찾아 볼 수 없는 인공 석굴인데다가 주실의 천장이 궁륭을 이루는 돔(dome)으로 설계되었다.

모르타르가 없던 시대에 낱장의 돌을 쌓으면서 서로의 힘을 의지하며 반구형의 돔을 형성한다는 것은 여간 어려운 일이 아니다. 왜냐하면 조금만 역학 관계가 어긋나도 안쪽으로 쏟아져 내리기 때문이다. 이와 같이 우리 고유의 홍예는 돌과 돌 사이에 모르타르와 같은 접착제를 사용하지 않았기 때문에 엄밀히 말하면 돌이 허공에 떠있는 셈인 것이다.

여기에서 우리 선조들이 구조 역학과 돌을 다룸에 있어서 얼마나 탁월한 기술을 갖고 있었는지를 알 수 있는 것이다. 이들은 삼국 시대에 축적된 다리, 고분, 성곽 등의 석축 기술과 문화 능력을 바탕으로 전체적인 설계와 공간 배치, 수학적 비례, 즉 평면 및 입체 기하학의 지식을

● 불국사 청운교・백운교 전경

△모양 천장 덮개 중심돌

● 불국사 청운교・백운교 2중 홍예

석굴암에 능숙하게 적용한 것이다. 여기에다 온도 및 습기 등의 자연 조절과 과학적인 자연 통풍, 모든 조각의 미술적 예술미 등 세계 어느 곳에서도 찾아볼 수 없는 과학 슬기와 수학적 비례와 아름다운 예술적 미가 이상적으로 합치된 걸작품을 만든 것이다.

최초로 석굴암에 대한 건축 양식을 분석한 일본의 요네다미요지(米田美代治)의 결과를 보면 석굴암 구조의 기본 치수 12당척(唐尺)은 하루 12시를 표시하고, 원의 둘레 360°는 음력 1년을 표시한다. 12당척을 1로 삼아서 석굴암 건축을 비교해 볼 때 각 부분에서 연대적으로 1:1.414의 비가 사용되고 있다. 이 1:1.414의 비례는 소위 황금 구형(Golden-mean Rectangle)의 비례 1:1.618에 가까운 수치이다. 이러한 점으로 미루어 볼 때 석굴암은 종교적 관념을 예술 과학으로 이루어 낸 가장 이상적인 석조 건축물인 것이다.

그렇다면 무령왕릉과 불국사 청운교·백운교, 석굴암에서 보듯 우리 선조들이 만든 홍예 건축물은 천여 년이 지난 오늘날에도 그 모습을 그대로 유지할 수 있는 까닭은 무엇일까? 우리나라의 홍예교를 연구한 결과를 보면, 모든 홍예교의 아치 모양은 반원에 가까우나 높이가 폭의 1/2보다 같거나 크게 계측되었다(높이≥폭×$\frac{1}{2}$). 어느 홍예교나 홍예석의 수는 홀수이며,

● 석굴암

중앙 홍예석을 중심으로 양쪽의 수와 모양이 대칭이다. 홍예석의 각도는 반원의 중심각 180°를 홍예석의 수로 나눈 값에 가깝게 나타나며, 홍예석의 두께가 두껍고 무게가 무거울수록, 특히 중앙 홍예석이 두꺼울 경우에 견디는 힘이 더욱 강하다는 결론을 얻었다.

이러한 가장 이상적인 구조가 천년의 세월을 버티게 한 요소가 되었으며, 더 나아가 우리 조상들의 뛰어난 과학적 구조 기술과 독창적인 건축 기술을 증명하고 있는 것이다.

● 홍예의 발달 과정

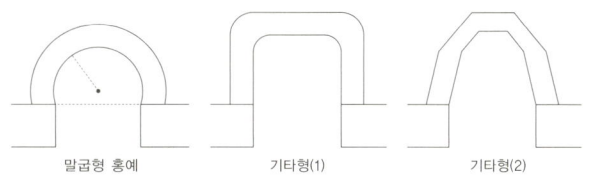

● 홍예의 종류

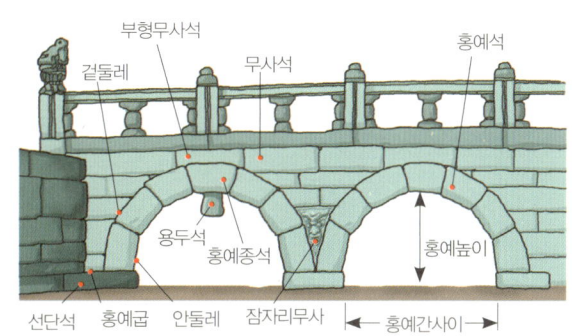

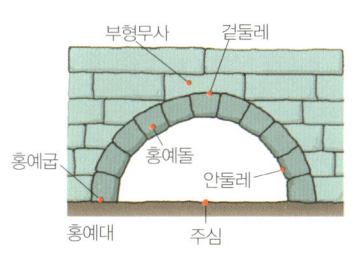

● 홍예의 각부 명칭

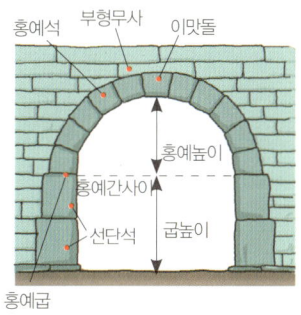

IV

실용 정신과 합리성이 결합된 과학 슬기

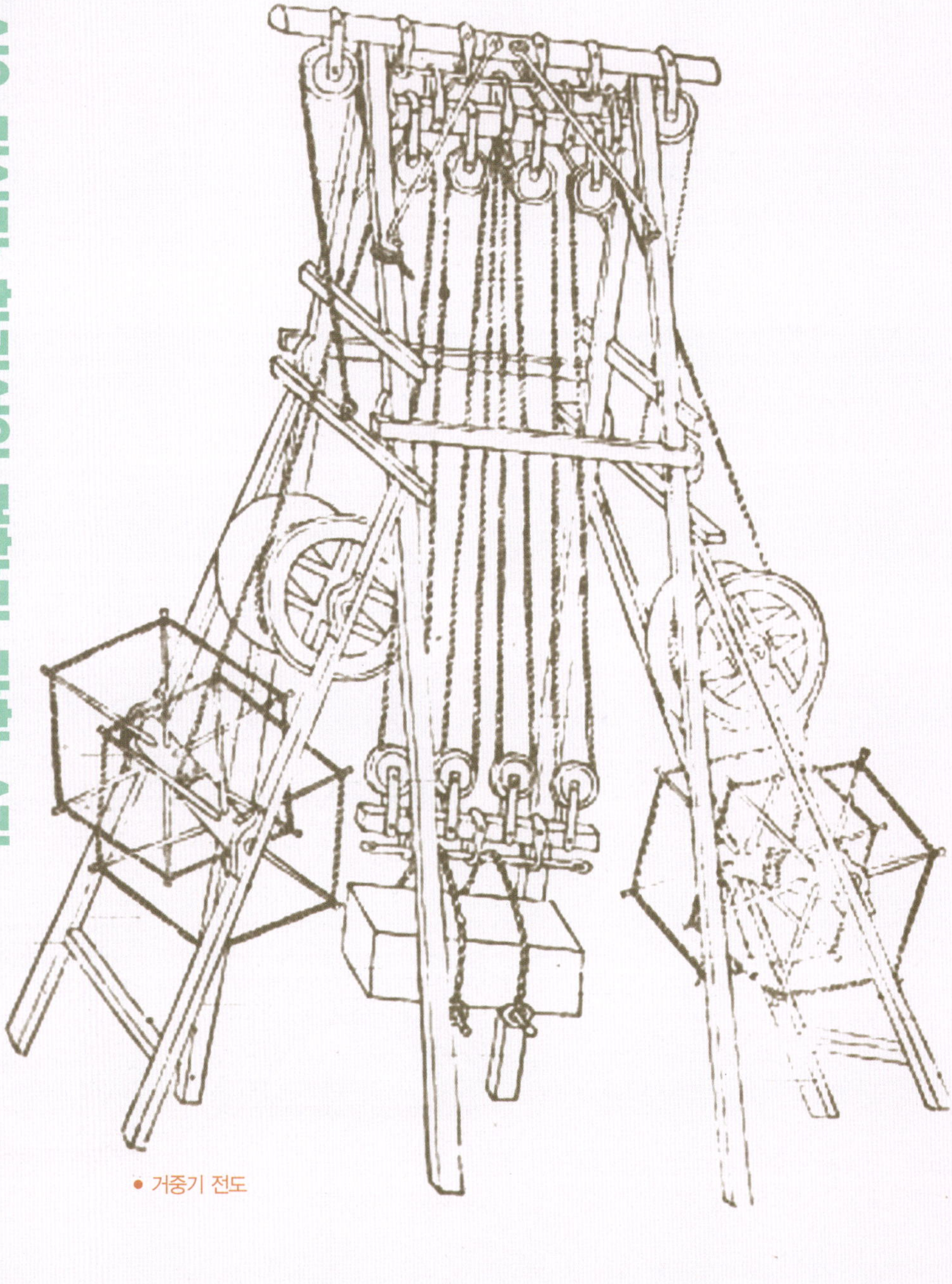

● 거중기 전도

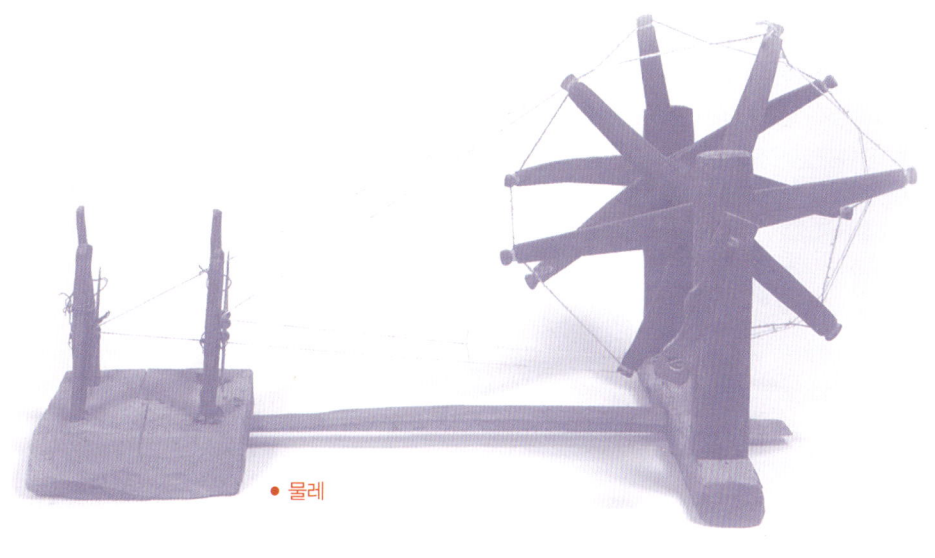
● 물레

방직 기구로 보는
선조들의 과학 지혜
'물레'와 '베틀'

우리나라는 이미 삼국 시대에 천연 섬유를 수확하고, 방추차를 이용하여 직조하게 됨으로써 선사 시대의 원시적 직조 방법에서 벗어나 섬유의 인위적 생산이 시작되었다. 여러 종류의 직물이 일찍부터 짜여졌으며, 크게 성행하지 않던 목화가 고려 말경 문익점의 노력으로 널리 보급되면서 면직물은 삼베, 모시, 명주와 함께 귀중한 직물 원료가 되었다. 또한 이 당시 여자들의 길쌈은 농가의 식량 생산 다음으로 중요한 직조 생산이었다.

길쌈에는 목화에서 씨를 빼는 씨아, 솜에서 실을 잣는 물레, 실을 감고 푸는 돌곳, 베를 짤 실을 가지런하게 하는 날틀, 옷감을 짜는 베틀 등이 사용된다.

물레는 면화의 솜이나 누에고치에서 실을 자아내는 연장으로 방차(紡車), 도차(陶車), 선륜차(旋輪車) 등으로 불린다. 물레라는 명칭의 유래는 문익점(文益漸)이 그의 장인 정천익과 목화로 베 짜는 기술을 연구하여 사람들에게 알려 주었는데, 문익점의 손자인 래(萊)가 목화씨에서 실을 자아내는 틀을 만든 데에서 문래라고 부르게 된 것이며, 변이되어 물레가 된 것으로 보고 있다.

청동기 시대의 유적에서 물레로 실을 뽑을 때 회전을 돕는 역할을 하는 가락바퀴가 출토되는 것으로 보아 BC 5세기부터 사용되었을 것으로 추정된다. 문헌에는 4세기 후반 신라에서 능라겸견(綾羅縑絹)을 수십 척의 배에 실어 교역을 하기 위해 일본으로 보냈다는 기록이 있다. 이러한 사실은 이 당시에 이미 양질의 비단이 다량으로 생산되었음을 알 수 있게 한다.

물레의 구조를 보면 나무로 된 여러 개의 살을 끈으로 얽어 보통 육각의 둘레를 만들고, 가운데에 굴대를 박아 손잡이로 돌린다. 실을 뽑아 감는 부분인 가락과 힘을 받아 전달해 주는 물렛줄이 있으며, 이 물렛줄에서 다시 힘을 받아 가락을 회전시키는 가락토리로 이루어져 있다.

물렛줄이 걸리는 부분이 동줄인데, 탄력을 유지해 물렛줄의 이탈을 막아 주고 가락토

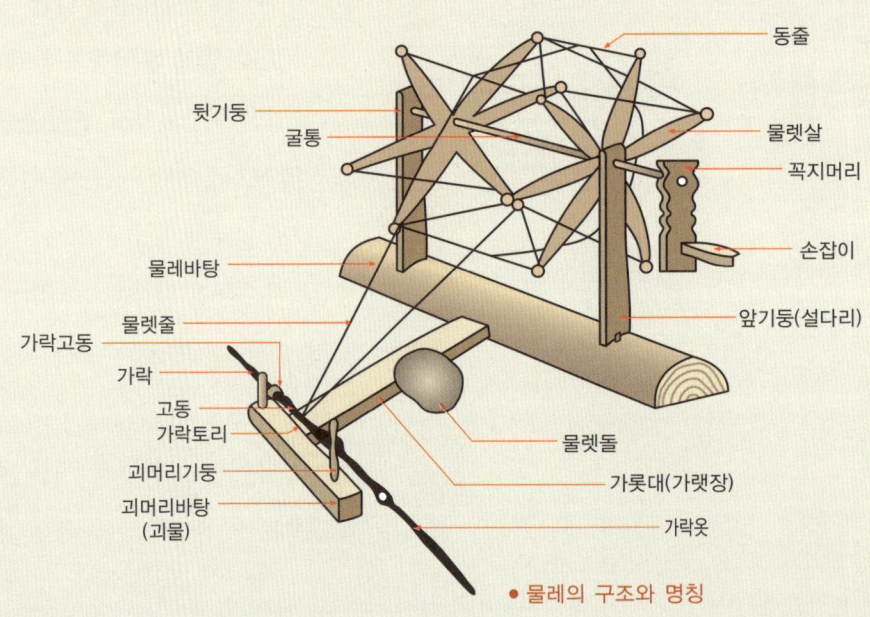

• 물레의 구조와 명칭

● 김홍도의 '물레와 자리 짜기'

리에 탄력 있고 고른 힘을 전달하고 있다.

여기에서 힘 전달의 기본 원리를 찾아볼 수 있는데, 큰 물레바퀴 구동(驅動)의 회전력이 물렛줄(벨트)을 타고 물렛줄에 걸려 있는 가는 가락토리(종동(從動) 풀리)에 걸리게 되어 작은 힘으로도 큰 능률을 올릴 수 있도록 고안되어 있다. 오늘날 여러 곳에서 응용되고 있는 풀리(pully)나 벨트(belt)의 원리와 같은 것이다.

물레를 사용하여 하루에 혼자서 15~20가락의 실을 자을 수 있었다.

김홍도의 '물레와 자리 짜기' 그림에는 아버지의 자리 짜는 모습, 어머니의 물레질 하는 모습과 아이의 책 읽는 모습이 그려져 있어 조선 시대 평범한 가정의 모습을 보여 주고 있다. 농가월령가(農家月令歌)에 소개되어 있는 물레 그림에도 아낙의 물레 돌리는 모습이 나타나 있다.

평안도 안주 지방에는 일명 물레타령이라 불리는 민요가 전해지는데, 물레질을 하면서 부르는 노동요이다. 이러한 민요가 전해지는 것은 물레질이 매우 일상적으로 행해졌던 작업으로 일반 농가에까지 널리 보급되어 있었음을 알 수 있게 한다.

선사 시대 사람들은 야생 식물에 대한 관찰과 경험을 통해 먹을 수 있고 기르기 쉬운 종들을 찾아내야 했고, 그러한 과정에서 여러 가지 풀줄기들에 대한 지식이 쌓이고 마침내

● 다양한 모양의 가락바퀴

 옷감으로 쓸 만한 것들을 고를 수 있게 되었다. 옷감으로 쓰기에 가장 좋은 것이 선사 시대 사람들에게는 삼〔麻〕실이었던 것으로 나타났다. 황해도 궁산, 함경북도 서포항 신석기 유적 발굴에서 뼈바늘에 삼실이 꿰인 채로 나온 것을 보아 알 수 있다.
 실낳이(실뽑기, 실잣기, 방적) 도구인 가락바퀴〔紡錘車〕가 신석기 시대부터 심심치 않게 나온다. 가락바퀴는 흙을 구워 만들거나 돌을 갈아 만들었는데, 가운데 구멍에 긴 둥근 막대를 끼워 축을 만들고 섬유를 축에 이어 회전시켜 꼬여진 실을 꼬는데 쓴 도구이다.
 가락바퀴는 신석기 시대 유적에서부터 발견되기 시작하여 청동기 시대 이후가 되면 우리나라 전 지역에서 출토되고 있다. 신석기 시대에는 흙으로 만든 것이 많으며, 청동기 시대는 흙으로 만든 것뿐만 아니라 돌로 만든 가락바퀴가 많이 출토되고 있다. 신석기와 청동기, 철기 시대에 이르기까지 집자리(주거지)나 조개무지(패총) 등 생활 유적에서 대부분 출토되나 청동기 시대 고인돌 등의 무덤에서 껴묻거리(부장품)로 발견되기도 한다.
 가락바퀴의 모양은 옆에서 보면 원판형, 원추형, 구슬형, 반구형, 주판알형 등 다양하다. 가락바퀴는 섬유를 막대에 이은 뒤 회전시켜 실을 만드는 것으로, 짧은 섬유는 길게 이으며 꼬임을 주어 실을 만들고, 긴 섬유의 경우는 꼬임만을 주어 실을 만든다. 이는 물체의 회전력, 즉 원운동에 기초한 고른 회전력을 전달하여 실의 굵기를 고르게 꼬아 내기 위한 장치(플라이휘일)이다.

실낳이를 많이 하려면 가락바퀴만으로는 생산력의 한계를 맞게 되었다. 또한 옷의 수요가 많아지게 되면서 옷감을 마련하는 것이 매우 중요한 일이 되고, 천으로 만든 보자기들의 쓰임새가 많아지면서 그에 따라 천 짜는 기술이 나타나게 된다.

옷감을 마련하는 방법에는 뜨기와 짜기가 있다. 뜨기는 손으로 쉽게 할 수 있는 일이다. 신석기 시대 유적에서 손뜨기로 만든 천들이 나오는 경우도 있다. 그러나 짜기는 씨실과 날실이 직각으로 이루어져 짜 만든 옷감으로 기계의 원리를 이용해야 하므로 초기의 베틀이 청동기 시대에 나타나게 된다.

베틀은 수직형과 수평형이 있는데 오늘날 우리가 박물관에서 보는 것들은 수평형 베틀로서 근래까지 사용하던 것이다. 수직형 베틀은 보다 초기형으로 간단한 구조로 만들 수 있다. 날실을 팽팽히 고정시키고 그 사이사이로 씨실을 끼워 단단히 고정시키면 된다. 나무로 틀을 만들고 날실을 고정시키는 방법과 씨실을 조이고 왕복할 수 있게 하는 바디, 그리고 실을 감는 북만으로도 베틀을 만들 수 있기 때문이다. 간단한 구조이기는 하지만 인류 문명사에서 큰 발명의 하나이다.

자, 그러면 베틀에 대해 자세히 살펴보자! 베틀은 무명·비단·모시·삼베 따위의 피륙(아직 끊지 아니한 베, 무명, 비단 따위의 천을 통틀어 이르는 말)을 짜는 목재로 만든 연장(도구)으로 오늘날의 직조기와 원리가 비슷하다.

베틀은 예전에는 '뵈틀'(『신증류합』·『역어류해』)이라 했고, 한문으로는 機(『신증류합』·『역어류해』·『방언류석』)·幾(『재물보』)로 적었다.

베틀은 베매기(베를 짜기 직전의 작업으로 바디에 날실을 끼우고 날실에 풀을 먹이면서 도투마리에 거는 과정)가 끝난 날실을 걸고 30여 가지 부속품을 움직여 베를 짜는 연장이다. 명주베, 모시베를 비롯하여 삼베, 그리고 무명베를 짤 때 사용하는 베틀은 그 구조가 같다. 베틀은 주로 소나무와 피나무로 만든다.

베틀짜기를 하기 전에 먼저 실을 완성하여야 한다. 그러나 그 원료에 따라 실 만드는 방법과 도구가 각기 다르다. 삼이나 모시는 거의 손으로 작업하기 때문에 특별한 연장이 필요 없지만, 무명은 솜으로 만들어지기 때문에 그 과정과 도구가 다양하다. 목화씨를 뽑는 씨아, 솜을 타는 활, 실을 뽑는 물레를 통하여 실을 완성한다. 이렇게 해서 얻어진 여러 가지 실을 베틀에 걸어 짜내면 된다.

베틀은 여러 가지 도구와 부속품으로 이루어진다. 베틀은 베 짜는 사람의 오른쪽 다리를 앞뒤로 밀었다 당겼다 하는 동력이 베틀신에서 시작해서 눈섭대를 거쳐 잉앗실까지 전달되어 잉앗실에 걸려 있는 날실을 아래위로 오르내리게 하는 '전력 장치'와 도투마리, 바디, 북과 같은 '직포 장치'

로 이루어져 있다.

  베틀의 작동 원리는 현대의 직기와 그 기본 원리가 같은데, 베틀을 이용해 천을 만드는 기본 원리는 가로·세로로 날실과 씨실을 촘촘하게 엮어내는 것이다.

  베를 짜는 일련의 동작은 다음과 같이 이루어진다. 즉, 오른발을 잡아당기면 날실은 바짝 걸려 올라오게 되며, 날실 사이로 북이 드나들만한 구멍이 생기게 된다. 이때 오른손에 잡고 있던 북을 날실 사이의 구멍에 밀어 넣어 왼손으로 받아 씨실이 팽팽해지도록 하고, 빈손이 된 오른손으로는 바디집을 잡아당겨 알맞게 치고는 그 반동 작용을 이용하여 다시 바디집을 내밀어 놓는다. 다음 오른발을 앞으로 내밀어 위로 올라간 날실을 아래로 떨어뜨린다. 이러한 동작이 번갈아가며 이루어지는 동안 베가 짜지는 것이다.

  이렇듯이 베틀의 작동 원리는, 먼저 오른쪽 다리를 앞뒤로 걸어 밀고 당겨 그 힘이 베틀신 → 신끈 → 신대 → 용두머리 → 눈썹대 → 눈썹노리 → 눈썹끈 → 잉앗대 → 속대를 지나 잉앗실까지 전달되어 잉앗실에 걸려 있는 날실을 위아래로 오르내리게 하고, 실꾸리를 넣은 북을 좌우로 오가게 하여 씨실을 넣어 빗살같이 생긴 바디로 내리쳐 튼튼하게 한다. 다시 발로 신끈을 당겨 용두머리를 움직이면 눈썹줄에 매어 있는 잉아가 들리면서 윗날과 아랫날이 바뀌고, 또 그 사이에 북으로 씨실을 넣고 바디로 조이기를 반복하면서 피륙을 짰다

  피륙은 날이 얼마나 촘촘하냐에 따라 품질이 달랐다. 촘촘한 정도를 '새'로 나타내는데 한 새는

40개의 구멍에서 나오는 날실을 말한다. 한 구멍에는 두 가닥의 실이 나온다. 상품의 삼베는 6새이므로 240개의 구멍에서 480가닥의 날실로 짜고, 비단은 보름새(15새)이므로 600구멍에 1,200가닥의 실로 짠다. 모시와 무명은 8새가 상품이었다. 하루에 혼자서 삼베는 1필(18m)을 짤 수 있고, 비단은 1/3필을 짰다.

베틀은 발로 조종함에 따라 잉아가 위아래로 움직이게 만들었다. 저구(杼口 : 북을 넣을 수 있는 통로)가 완성되면 북이 날실의 위아래를 오가면서 날실 위에 씨실이 쌓이게 됨으로써 옷감이 짜여진다. 옷감이 짜여지는 속도는 실의 종류와 숙달도에 따라 다르며, 옷감 한필 (0.9×36m)을 짜는데 약 20~30시간이 소요된다.

이와 같이 발에 의한 동작과 바디와 북을 옮기는 손동작으로 날줄에 씨줄을 넣어 짜는 이 원리에는 선조들의 과학 슬기가 고스란히 묻어 있다. 오늘날의 방적, 방직 기술도 이 베틀의 원리를 바탕으로 이루어졌으며, 단지 기계화, 대량생산으로 발전되었다는 점이 다를 뿐이다.

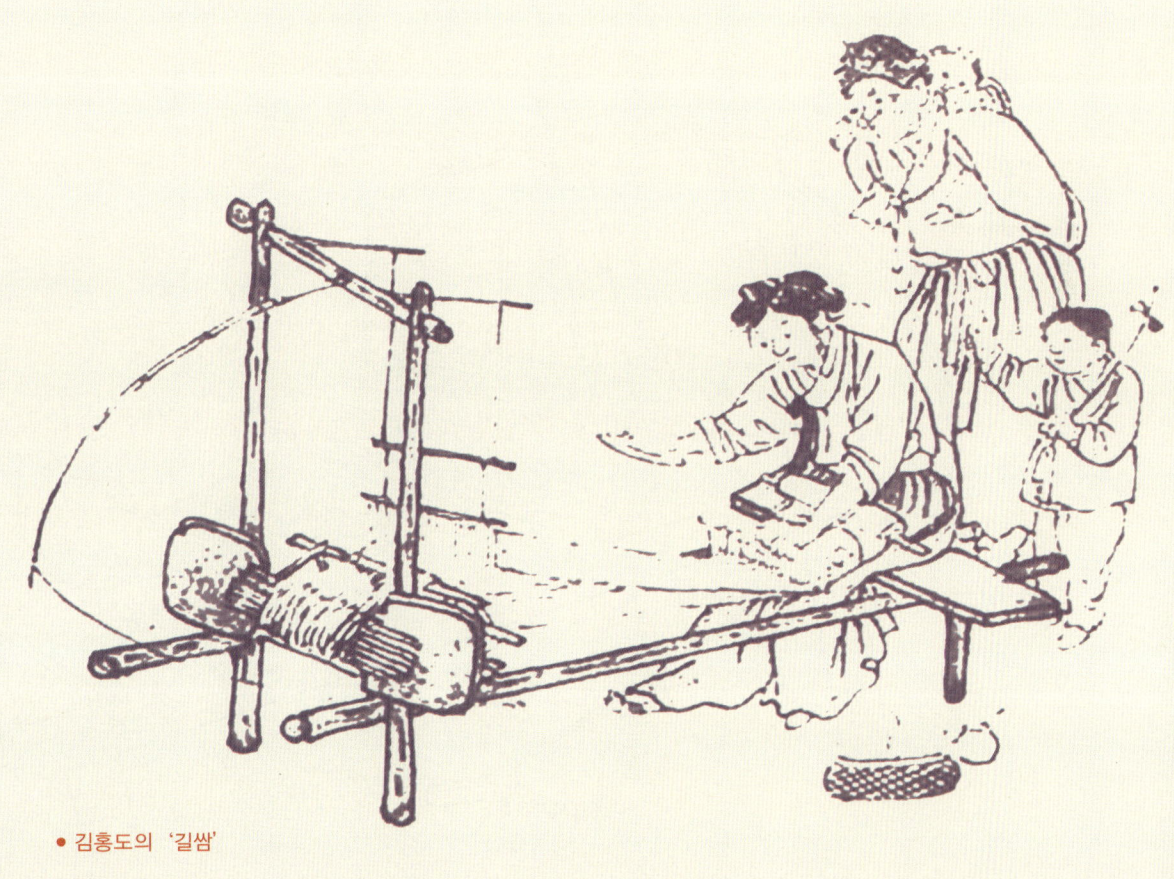

● 김홍도의 '길쌈'

• 김준근의 '무명짜고'

베틀 구조와 부분 명칭

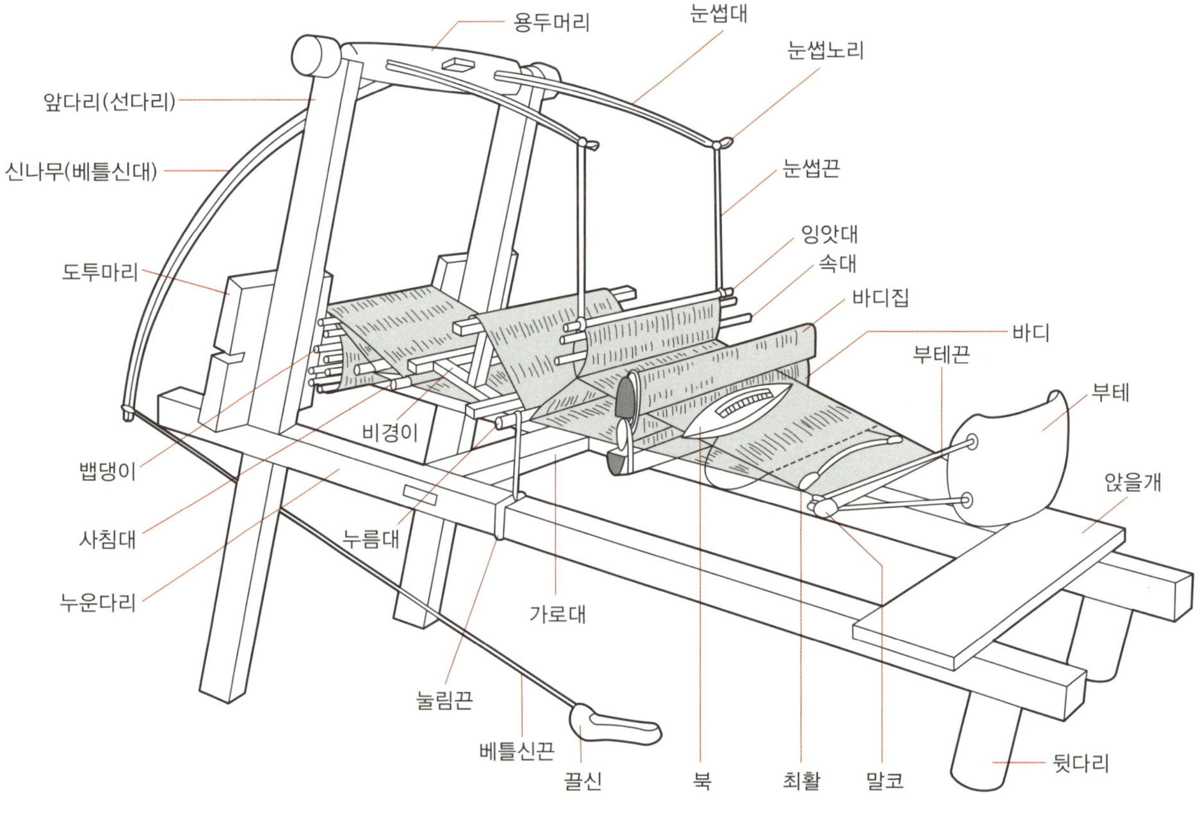

용두머리 / 눈썹대 / 눈썹노리 / 앞다리(선다리) / 신나무(베틀신대) / 눈썹끈 / 잉앗대 / 속대 / 도투마리 / 바디집 / 바디 / 부테끈 / 부테 / 비경이 / 뱁댕이 / 앉을개 / 사침대 / 누름대 / 누운다리 / 가로대 / 눌림끈 / 베틀신끈 / 끌신 / 북 / 최활 / 말코 / 뒷다리

- 용두머리 : 베틀 앞다리 위쪽에 있어, 두 개의 다리를 연결하며 눈썹대를 끼우는 둥근 나무토막.
- 눈썹대 : 용두머리 앞으로 나란히 내뻗친 두 개의 가는 막대기. 그 끝에 눈썹줄이 달려 있다.
- 눈썹노리 : 눈썹대의 끝 부분.
- 눈썹줄(눈썹끈) : 눈썹대 끝에 잉앗대를 거는 줄.
- 잉아 : 베틀의 날실을 끌어올리도록 맨 실.
- 잉앗대 : 위로는 눈썹줄에 대고 아래로는 잉아를 걸어 놓은 나무.
- 속대 : 잉앗대 밑에 들어간 나무.
- 북 : 씨의 꾸리를 넣고 북바늘로 고정시켜 날의 틈으로 왔다갔다하게 해서, 씨를 풀어 주어 피륙이 짜지도록 하는 배같이 생긴 나무통.
- 북바늘 : 북 속에 실꾸리를 넣은 뒤에 그것이 솟아나오지 못하도록 북 안씨울에 끼워서 누르는 대오리. '북딱지' 라고도 한다.
- 꾸리 : 북 안에 들어 있는 실.
- 바디 : 베의 날을 고르며 북의 통로를 만들어 주고 실을 쳐서 짜는 구실을 한다. 가늘고 얇은 대오리를 참빗살같이 세워 두 끝을 앞뒤로 대고 단단하게 실로 얽어 만든다. 살의 틈마다 날을 꿰어서 씨를 짜는데, 이 일을 '바디질' 또는 '바디친다' 고 한다.
- 바디집 : 바디의 테. 홈이 있는 두 짝의 바디를 끼우고, 마구리 양편에는 바디집 비녀를 꽂는다.
- 바디집 비녀 : 바디집 두 짝의 머리를 잡아 꿰는 쇠나 나무.
- 최활 : 베를 짜 나갈 때, 너비가 좁아지는 것을 막기 위하여 너비를 지켜 주는 가는 나무 오리. 활처럼 등이 휘고 두 끝에 최활을 박았다.
- 부테 : 피륙을 짤 때 베틀의 말코 두 끝에 끈을 매어 허리에 두르는 넓은 띠. 나무나 가죽 또는 베붙이나 짚으로 짜서 만들기도 한다.
- 부테끈 : 베틀의 말코 두 끝과 부테 사이에 맨 끈.
- 말코 : 짜여 나오는 피륙을 잡는 대. 부테끈을 양쪽에 잡아맨다.
- 앉을개 : 사람이 앉는 자리.
- 뒷다리 : 베틀 다리의 뒤를 버티는 짧은 기둥. 이 위에 앉을개를 걸쳐놓는다.
- 다올대(밀대) : 베날을 풀기 위하여 도투마리를 밀어서 넘기는 막대.
- 끌신 : 용두머리를 돌리기 위하여 신끈 끝에 잡아맨 신. 한쪽 발에 신고 다리를 오므렸다 폈다 한다.
- 베틀신끈 : 신대의 끝과 신을 연결한 끈.
- 가로대 : 두 베틀 다리 사이에 가로지른 나무.
- 눌림대(누름대) : 잉아 뒤에 있어 베날을 누르는 막대.
- 눌림끈 : 베틀에서 눌림대에 걸어 베틀 눈다리에 매는 끈.
- 눈다리(누운다리) : 베틀을 지탱하는 가로로 나란히 누운 굵고 긴 두 개의 나무.
- 비경이 : 가는 나무 오리 세 개를 얼레 비슷하게 벌려 만든 것. 잉아 뒤와 사침대 앞의 중간에 있어서 날실을 걸친다.
- 베틀 앞기둥(선다리) : 베틀 눈다리의 앞쪽에 구멍을 뚫어 거기에 박아 세운 기둥. 위에는 용두머리를 얹고 앞에는 도투마리가 놓인다.
- 베틀신대(신나무) : 베틀의 용두머리 중간에 박아 뒤로 내뻗친 조금 굽은 막대. 그 끝에 베틀신끈이 달렸다.
- 사침대 : 비경이 옆에 있어서 날의 사이를 벌려 주는 구실을 하는 두 개로 된 나무나 대.
- 도투마리 : 날을 감아 베틀 앞다리 너머 채머리 위에 얹어 두는 틀.
- 뱁댕이 : 도투마리에 감은 날이 서로 붙지 못하게 사이에 끼우는 막대.

'쟁기'와 벡터 원리

　농사일 중에서 제일 중요한 것이 땅을 가는 일이다. 땅을 갈아엎는 것은 딱딱한 흙을 섞어서 부드럽게 해 주고, 공기를 통하게 함으로써 유기 물질이 잘 분해되어 흙을 기름지게 만들고 농사가 잘 되게 하기 위함이다. 여기에 쓰이는 연장이 바로 쟁기이다.

　쟁기는 논과 밭을 효율적으로 일구기 위해 소에 메어 사용하는 농기구이다. 쟁기는 보습을 고정하는 술의 모양에 따라 선쟁기·눕쟁기·굽쟁기로 분류된다.

　먼저 선쟁기는 쟁기술이 땅에 닿지 않기 때문에 부리기는 어렵지만, 삼각형 구조라 보습이 흙 속으로 잘 파고들어 땅이 척박하고 돌이 많은 산골에서 주로 사용되었다.

　눕쟁기는 술이 곧은 것과 둥근 것이 있는데, 술이 길게 땅바닥에 닿기 때문에 쟁기가 안정되어 부리기가 쉬우나 쟁기가 크고 무거운 단점이 있어 땅이 부드러운 평야지에서 주로 사용되었다.

　굽쟁기는 자부지·술·성에가 삼각형을 이루는 선쟁기와 유사한 형태지만, 짧은 술이 있어 눕쟁기처럼 안정성도 가진다. 그렇기 때문에 굽쟁기는 작고 가벼운데다 밭을 일구는데 편리하고 안정성이 뛰어나 19세기부터 유행한 것으로 보인다.

이렇듯이 우리 쟁기의 기본 형태는 흙을 일구어 뒤집는 보습과 볏을 지탱하는 술, 연장을 부리는 자부지, 술을 견인력과 연결하는 성에로 이루어진다. 술과 성에는 세모꼴로 맞춘 뼈대로 이루어지며, 갈이깊이를 조절하는 한마루가 이 둘을 단단히 고정시키는 모습을 하고 있다.

　쟁기의 몸체 구실을 하는 술은 박달나무나 참나무같이 단단한 나무로 만들며, 지면과 45° 정도의 각을 두고 뻗어 있다. 쟁기술은 갈이가 잘 되도록 안정성 및 방향을 유지시켜 주며, 갈 흙의 깊이를 조절한다. 또 토양에 따라 술의 형태나 길이가 다른 것을 사용한다. 술의 맨 끝에는 삽과 비슷하게 생긴 보습을 끼우고, 그 위에는 갈린 흙(볏밥)이 한쪽으로 넘어가도록 볏을 한쪽으로 뒤틀어 놓은 지혜가 엿보인다.

　술의 중간에서 앞쪽으로 뻗어 나간 성에는 가축이 끄는 힘을 술에 전달시키는 역할을 한다. 성에는 우리나라 토양의 특성상 견인각이 20~24°가 유지되도록 만들었다. 이것은 '한마루'에 의해서 술에 고정되어 쟁기의 방향키와 같은 역할을 한다.

　한마루는 논과 밭을 갈 때 지세와 토질에 따라 그 깊이를 조절하기 위한 장치로 조절나사와 같은 역할을 하면서 술이 힘을 받게 한다. 또한 쟁기질을 할 때 소의 멍에가 벗겨지거나 아래로 처지지 않도록 봇줄 양쪽에 한태와 뱃대끈을 맨다.

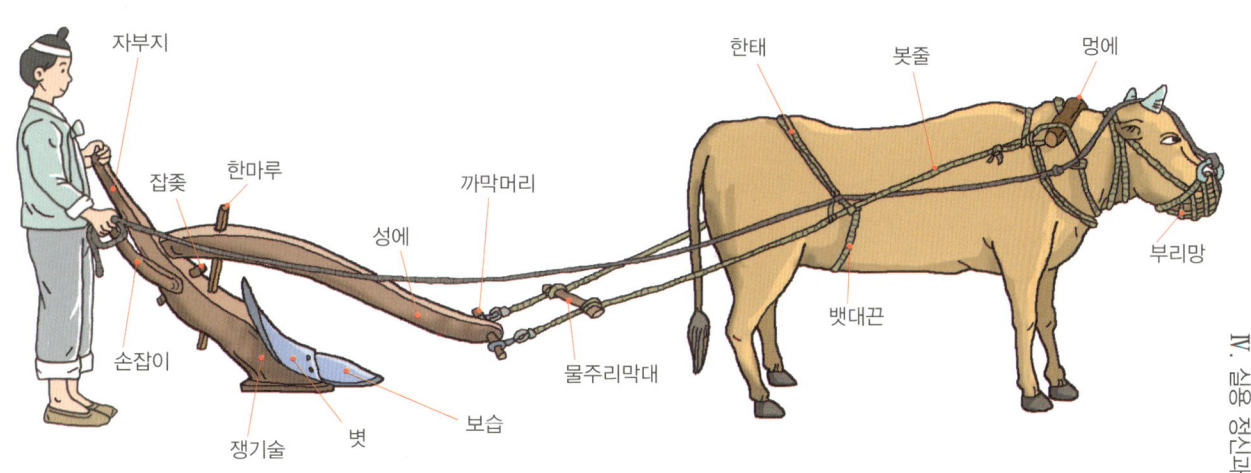

● 쟁기의 부분 명칭도

이렇듯 쟁기는 구조적으로 물리적 특성을 잘 살려 역학적인 효과를 최대한 살리는 방향으로 발전되어 왔음을 알 수 있으며, 다른 나라(서양)에서 찾아볼 수 없는 많은 과학 슬기가 녹아 있음이 밝혀지고 있다.

먼저, 우리의 쟁기는 서양의 쟁기와 구조적으로 큰 차이를 가지고 있다. 우리의 쟁기는 삼각형의 형태를 하고 있으며, 서양의 쟁기와 달리 성에 앞쪽이 땅으로 향해 있는 점과 쟁기를 봇줄로 끄는 방식에서 매우 독특한 양상을 보이고 있다.

역학적인 측면에서 보면 성에가 아래로 향해 있으면 쟁기를 당기는 힘이 성에 방향의 분력(分力) 때문에 보습이 땅 속으로 파고들려는 성질을 갖게 된다. 그래서 우리 쟁기는 가는 방향만 잘 잡아 주면 땅이 잘 갈리게 되는 것이다.

그러나 서양 쟁기는 성에가 위로 향하고 있어서 보습이 땅 위로 나오려는 반대의 경향을 가지기 때문에 사람이 쟁기 술을 밟아 주거나 쟁기를 앞으로 기울여야만 땅이 갈리게 되는 단점을 가지고 있다.

또한 우리 쟁기는 끄는 힘이 봇줄의 방향과 일치하기 때문에 역학적으로 매우 안정되어 적은 힘으로도 땅을 갈 수 있는 과학적인 구조로 되어 있다. 더불어 끌어당기는 힘이 중심점에 모아지는 운동의 힘을 이용하는 벡터의 원리(소가 쟁기를 끌어당기는 힘이 중심점에 모아지는 운동의 힘)를 갖고 있다.

이러한 선조들의 과학적인 지혜로 만들어진 쟁기는 술바닥에 쇠를 대어 불필요한 마찰력을 감소시키고, 술바닥을 보호하도록 했다. 이와 같이 쟁기는 토질에 따라 술의 각도를 달리하여 효율적으로 땅을 갈아엎을 수 있도록 고안된 우리나라 농기구에서 가장 두드러진 과학 기술 산물 가운데 하나이다.

특히 우리의 굽쟁기는 일본으로 소개되어 흙을 갈아엎는 깊이 조절 방식과 볏이 개량되어 일제 침략기에 다시 우리나라로 역수입된 바 있다. 이후 까막머리의 견인점(牽引點)을 바꾸어 밭을 일구는 너비를 조절하는 방식과 쟁깃밥의 반전 방향을 바꿀 수 있는 빗살형 볏쟁기가 등장하였다. 결국 이러한 유형의 쟁기가 지금의 경운기와 트랙터에 사용되는 쟁기의 모체가 된 것이다.

오늘날 개량 쟁기를 부착하여 사용하는 트랙터는 마력의 크기에 따라 종류도 다양하고, 쟁기의 형태도 다양하지만 견인각에 알맞게 제작되지 못하는 단점을 갖고 있다. 그렇기 때문에 선조들이 사용한 쟁기에 담겨져 있는 과학적인 지혜를 찾고, 그것을 현대 기계 동력 장치에 활용하면 더욱 발전된 농기구를 개발할 수 있을 것이다.

● 김홍도의 '논갈이'

● 경주 석빙고

조선의 냉장고 '석빙고'의 과학

현대인들은 여름철 무더위가 시작되면 누구나 냉장고 속의 시원한 얼음과 아이스크림, 그리고 선풍기와 에어컨 등을 떠올릴 것이다. 이것은 더위를 이기려는 한 방법이다.

그렇다면 우리 조상들은 이러한 무더위를 이기기 위해 어떤 노력을 하였을까? 우리 조상들도 냉장고가 있었을까? 결론적으로 말하자면 냉장고는 아니지만 냉장고 역할을 하는 '석빙고(石氷庫)'가 있었다.

현대인의 생활 필수품인 냉장고는 냉기나 얼음을 인공적으로 만드는 기계 장치이지만, 빙고는 겨울에 보관해 두었던 얼음을 봄·여름·가을까지 녹지 않게 효과적으로 보관하는 냉동 창고이다.

우리나라에서 얼음을 보관하기 시작한 것은 신라 유리왕이 얼음 저장 창고를 지었다는 『삼국유사』의 기록과 신라 지증왕 6년(505년) 11월에 왕이 얼음을 저장하게 했다는 『삼국사기』 기록에서 찾아볼 수 있다. 또한 신라에는 얼음 창고에 관한 일을 맡아 보던 빙고전(氷庫典)이란 관아가 있었다고 한다.

고려 시대에 얼음을 보관하여 사용한 기록으로는 『고려사』에 나타나는데, 3대 정종 때 얼음 배급 시기를 음력 4월 입하로 한 기록이, 문종 3년(1049년)에는 법으로 해마다 6월부터 입추까지 얼음을 나누어 준 기록이 보인다.

조선 태조는 서울 한강 가에 얼음 창고를 만들었는데, 1396년 둔지산(屯智山) 밑에 서빙고(西氷庫)를 두고, 두모포(豆毛浦)에 동빙고를 두었다.

동빙고는 왕실의 제사에 쓰일 얼음을 보관했고, 서빙고는 왕실과 고급 관리들의 음식이나 고기 등의 저장용이나 의료용 또는 식용 얼음을 공급했다. 조선 시대의 빙고는 정식 관청이었으며, 얼음의 공급 규정은 경국대전에 엄격히 규정될 만큼 얼음의 공급〔頒氷(반빙)〕은 중요한 국가 행사였다.

한 겨울의 얼음을 보관했다가 쓰는 기술을 장빙이라고 했다. 여름과 겨울의 차이가 많이 나는 우리나라는 옛날부터 이러한 장빙 기술이 크게 발달하였다. 장빙 기술인 석빙고는 현재 7개가 남아 있는데, 남한에 경주, 안동, 영산, 창녕, 청도, 현풍 등 6개가 북한 해주에 1개가 남아 있다. 그 중 가장 완벽한 것이 바로 경주의 석빙고이다.

● 경주 석빙고 명문과 내부 모습

보물 66호인 경주 석빙고는 영조 17년(1471년)에 만들어진 것으로, 입구에서부터 점점 깊어져 창고 안은 길이 14m, 너비 6m, 높이 5.4m의 규모이다. 석빙고는 온도 변화가 적은 반 지하 구조로 한쪽이 긴 봉토 고분 모양이며, 바깥의 외기를 줄이기 위해 출입구의 동쪽이 담으로 막혀 있고 지붕에 구멍이 뚫려 있다.

지붕은 2중 구조로 되어 있는데, 바깥쪽은 단열 효과가 높은 진흙으로, 안쪽은 열전달이 잘되는 화강암으로 만들었다. 천장은 아치형으로 5개의 기둥에 장대석이 걸쳐져 있고, 장대석이 걸친 곳에는 밖으로 통하는 환기 구멍이 3개가 나 있다. 이 구멍은 아래쪽이 넓고 위는 좁은 직사각형 기둥 모양인데, 이렇게 함으로써 바깥에서 바람이 불 때 빙실 안의 공기가 잘 빠져 나오는 것이다. 즉,

• 경주 석빙고 환기구

복사열로 데워진 공기와 출입구에서 들어오는 바깥의 더운 공기가 지붕의 구멍으로 빠져나가기 때문에 빙실 아래의 찬 공기가 오랫동안 머물 수 있어 얼음이 적게 녹는 것이다.

또한 지붕에는 잔디를 심어 태양의 복사열을 차단하였고, 내부 바닥 한가운데는 5° 경사지게 배수로를 파서 얼음에서 녹은 물이 밖으로 흘러 나갈 수 있도록 한 아주 과학적인 구조를 갖추고 있다.

여기에다가 석빙고의 얼음을 왕겨나 짚으로 쌓아 보관했다. 이것은 왕겨나 짚이 단열 효과를 높이기도 하지만, 얼음이 약간 녹으면서 융해열로 주변 열을 흡수하게 되므로 왕겨나 짚의 안쪽이 온도가 낮아져 그만큼 얼음이 장기간 보관될 수 있도록 한 것이다.

석빙고는 자연 그대로의 순환 원리에 맞추어 계절의 변화와 돌·흙·바람·지세 등을 활용하여 자연 상태에서 가장 효과적으로 얼음을 오랫동안 저장할 수 있는 구조로 되어 있다. 이러한 시설은 세계적으로도 드문 것으로 조상들의 과학적인 지혜를 듬뿍 엿볼 수 있는 것이다.

• 현풍

• 청도

• 창녕

• 영산

• 안동

• 석빙고의 다양한 모습

하늘을 그리다
'천상열차분야지도
(天象列次分野之圖)'

한국의 고대 천문학은 먼저 청동기 시대 고인돌에 표기된 별자리에서 시작되며, 이어서 고구려의 무덤 벽화에 그려진 별자리, 신라의 첨성대 등 여러 가지 유물에 그 흔적이 남아 있다.

• 천상열차분야지도 각석 앞면(국보 228호)

• 천상열차분야지도 각석 뒷면(국보 228호)

또한 고려는 만월대 서쪽에 첨성대를 건립하고 서운관을 설립하여 천문을 관장하게 하였는데, 이것이 조선 시대에는 관상감으로 크게 확대되었다.

조선 왕조를 수립한 태조 이성계는 왕조의 정통성과 권위의 표상으로 새로운 천문도를 갖기를 염원했다. 조선을 건국한 해(1392년)에 태조 이성계에게 고구려 평양에 세워졌다가 대동강에 수장된 석각천문도의 탁본을 바치는 사람이 있었다. 그것을 기준으로 서운관의 유방택, 권중화 등 천문학자들이 오랜 세월이 흐름에 따라 달라진 도수의 차이를 새로 측정하여 태조 4년(1395년) 12월, 돌에 1,464개의 별을 새겨 천상열차분야지도를 완성함으로써 그 염원은 이루어졌다.

• 복각천상열차분야지도 각석(보물 837호)

천상열차분야지도란 '하늘의 모습을 담고, 그것을 형상화하여 차례대로 분야에 따라 그린 그림'이라는 뜻이다. 천상(天象)은 하늘의 모습으로 별과 별자리를 말하고, 열차(列次)는 하늘을 적도를 따라 12차로 나누어 차례대로 배열한 것을 의미하며, 분야(分野)는 북극성을 중심으로 하늘의 구역을 28수로 나누고 이를 지상인 땅에도 적용한 것을 말한다. 천문도에 대한 이런 명칭은 우리나라에만 있는 독특한 이름이자 양식이다.

• 천상열차분야지도 필사본

현재 국립 고궁 박물관에 전시되어 있는 천상열차분야지도의 크기는 가로 122.5cm, 세로 211cm이며, 재질은 검은 대리석이다. 지름이 76cm인 큰 원이 그려져 있는데 그 안에 1,464개의 별이 새겨져 있다.

원형인 성도(星圖)의 중심에는 북극성이 있고, 이를 중심으로 관측지의 출지도(出地度)에 따른 작은 원이 바깥쪽에 그려져 있으며, 큰 원과 작은 원 사이에는 적도와 황도(태양의 궤도)가 교차하여 그려져 있다. 더욱 놀라운 사실은 북반구에서 눈으로 관찰할 수 있는 거의 모든 별자리가 이 천문도에 새겨져 있다는 점이다.

그리고 그 원 둘레에는 옛사람들이 하늘을 나누는 기본 틀로 설정했던 28개의 별자리가 그려져 있다. 원 바깥의 공간에는 당시 사람들이 생각하고 있던 천문관과 우주관이 설명되어 있는데, 24절기의 해질녘과 새벽에 자오선을 지나는 별에 대한 천상(天象) 기사, 12국(國) 분야 및 성수분도, 일식과 월식에 대한 기사, 천문도 작성에 참여한 학자들의 관직과 이름까지 자세히 기록되어 있다.

천상열차분야지도는 현재 중국 수저우(蘇州)에 보존돼 있는 남송의 순우천문도(1241년) 각석에 이어 세계에서 두 번째로 오래된 돌에 새긴 천문도이지만, 순우천문도와는 별의 연결 방법과 별자리의 모습에 차이를 보인다. 또한 위치가 다르거나 중국 천문도에서 볼 수 없는 종대부(宗大夫)라는 별자리를 새로 추가한 점에서 독자성이 엿보인다.

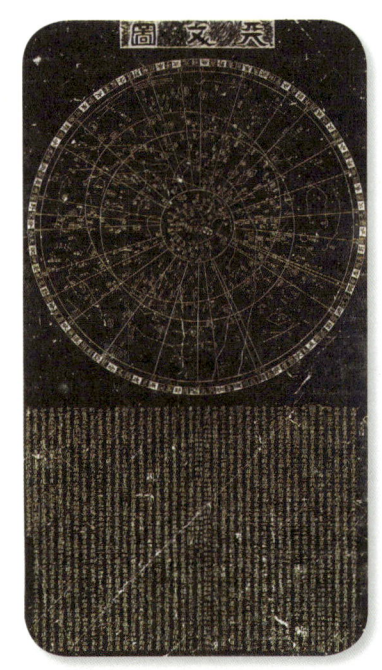

• 순우천문도 각석

천상열차분야지도의 별들은 중국의 별자리 그림과는 달리 실제 밝기에 따라 그 크기가 다르게 표현되어 있다. 즉, 밝은 별은 크게, 희미한 별은 작게 그려져 있다.

천상열차분야지도의 모본이 된 고구려 천문도는 일본에도 전해져 일본의 천문학 발전에 큰 영향을 끼쳤다는 것은 잘 알려진 사실이다. 일본 나라현 아스카의 기토라 고분에 그려진 천문도를 일본 도카이 대학과 NHK 방송이 컴퓨터 프로그램으로 분석한 결과, 별자리의 관측 위치는 평양 주변인 북위 38~39도, 관측 연도는 기원전 3세기~기원후 3세기로 나타나 고구려 시대 평양 하늘을 담은 것이라는 사실이 밝혀졌기 때문이다.

이러한 사실은 조선 시대 우리 고유의 독자적 별자리인 종대부가 일본의 천문도인 천상열차지도(天象列次之圖, 1670)와 천상분야지도(天象分野之圖, 1677)에 새겨져 있는 것으로도 알 수 있다. 그리고 일본 천문도 명칭에서도 알 수 있듯이 우리의 천문도가 삼국 시대부터 조선 시대까지 계속적으로 일본의 천문학에 큰 영향을 끼쳤음은 부인할 수 없는 역사적 사실인 것이다.

고구려의 뛰어난 천문 지식을 바탕으로 만든 '천상열차분야지도'는 그 당시 천문학 지식을 돌에 새긴 민족이 전 세계에서 우리와 중국 밖에 없었다는 점에서 세계에 자랑할 만한 우리의 과학 문화 유산인 것이다.

하지만 일제 강점기에 서양 천문학이 들어오면서 우리의 뛰어난 천문학 지식이 전해지지 못한 아쉬움이 있다. 뿐만 아니라 이 천문도를 제대로 관리하지 않아 창경궁에 소풍 나온 관람객들이 밥상으로 사용하는 등 시련을 겪기도 하였다.

그러나 다행스러운 것은 아직도 우리에게는 북두칠성과 삼태성, 견우와 직녀성, 샛별 등 우리만의 별 이야기가 전해져 내려온다는 것이다.

일제 강점기에 방치되다시피 한 이 천문도의 진가를 알아보고 연구한 미국인 학자 루퍼스(1910~1930년대 평양 숭실 학교에서 근무)는 1936년 출간한 『한국 천문학』이란 책에서 천상열차분야지도를 '동양의 천문관이 집약된 섬세하고도 정확한 천문도'라고 격찬한 바 있다.

앞에서 설명한 바와 같이 조선 건국 초기 태조 이성계의 명으로 만들어진 천상열차분야지도는 조선 건국의 정당성을 널리 알리고, 백성들의 지지를 이끌어 내어 유교적 통치 이념을 펼치려는 뜻이 담겨 있다. 이처럼 천문도의 제작이 정치적인 목적에서 비롯되었지만, 궁극적으로는 조선 전기 천문학의 성과를 충분히 반영하여 천문학이 발전하는 결정적인 계기가 되었다.

천상열차분야지도는 어떤 이유인지는 분명치 않지만 앞뒤 양면에 천문도를 새긴 독특한 형태를 하고 있다. 이 천문도는 당시 중국에서 만들어진 것보다 훨씬 더 정확한 천문도이자 우리의 독창성을 보여 주는 과학 기술 유산으로, 조선 초기의 천문학 수준이 세계적이었음을 잘 보여 주고 있다.

지금 우리나라 만 원 권 지폐 뒷면에는 혼천의, 보현산 천문대 천체 망원경과 함께 천상열차분야지도가 그려져 있다. 이는 모두 과학, 즉 천문학과 관련된 것들로 과학 기술의 중요성을 강조하기 위한 의도가 반영된 것이다.

제어 시스템의 극치이자
아날로그 . 디지털 변환기
'자격루'

"천년의 긴 세월은 일각(一刻 : 15분, 즉 아주 짧은 시간을 의미함)의 틀리지 아니함에서 비롯하고, 모든 공적의 빛남은 촌음(寸陰 : 짧은 시간)을 헛되게 하지 아니하는 데에 말미암는 까닭으로……"

『세종실록』의 김빈(金鑌)이 지은 보루각명병서(報漏閣銘幷序)에 보이는 시간의 소중함을 나타낸 대목이다.

물시계는 해시계 다음으로 가장 오래된 시계로 해가 뜨지 않는 흐린 날이나 밤중에도 시간을 측정할 수 있다는 장점이 있어 일찍부터 공식적인 시계로 정착하였다.

물시계의 제작은 조선 세종 때에 획기적인 발전을 이룩하였다. 매우 정교한 자동 시보(時報) 장치가 붙은 자격루가 바로 그것이다.

자격루는 물의 흐름을 이용하여 시간을 계측하고, 시보 장치로 시각을 알리는 자동 물시계이다. 세종 16년(1434) 6월에 장영실(蔣英實), 김빈 등이 처음으로 만든 보루각루(報漏閣漏)에서 유래하며 국가의 표준 계시기(標準計時機)로 사용되었다.

세종실록 속의 자격루는 크게 물의 양이나 유속 등을 조절하는 수량 제어 장치와 이를 바탕으로 시간을 알리는 시보 장치로 구성되는데, 물을 담아 흘러내리는 그릇인 파수호(播水壺) 4개, 물 받는 그릇인 수수호(受水壺) 2개, 12개의 살대, 동력 전달 장치와 시보 장치로 이루어져 있다.

수량 제어 장치는 대파수호, 소파수호, 수수호 세 부분으

● 자격루

로 구성된다. 대파수호는 가장 큰 물통으로서 가장 높은 곳에 위치한다. 이 통에 담겨진 물의 위치 에너지가 자격루 동작의 원동력이 된다. 이 대파수호에서 흐르는 물을 받는 물통이 수수호인데 이 물통은 가장 아래에 위치한다. 소파수호는 중간 높이인 대파수호와 수수호 사이에 위치하며 물이 흐를 때 그 유량을 조절하는 역할을 한다. 이 물통들에 약 2.5cm의 지름을 가진 파이프가 차례로 연결되어, 위에서 아래로 물이 흘러내리게 되어 있다.

자격루의 작동 원리는 파수호에서 흘러내린 물이 수수호로 들어가 물이 고이면, 물에 뜨도록 만들어 수수호 통 속에 넣어둔 거북이〔살대: 부전(浮箭)〕가 떠오르면서 부력(浮力: 액체 속에 있는 물체인 살대가 그 살대에 작용하는 압력에 의하여 중력에 반하여 위로 뜨려는 힘으로 물체에 작용하는 부력이 중력보다 크면 뜬다.)이 지렛대와 청동 쇠구슬에 전해지고, 시각마다 청동 쇠구슬이 굴러 내리면서 자격 장치로 들어가게 된다. 다시 말해 물이 수수호에 차고 살대인 거북이가 떠올라 일정 높이에 도달하여 미리 장치해 놓은 격발 장치를 건드리기만 하면 쇠구슬이 굴러 내리고, 그 쇠구슬은 다른 장치들을 건드려서 여러 장치를 움직이게 하는 것이다.

자격 장치로 흘러 들어간 청동 쇠구슬로 인한 동력이 내부 장치를 거치면서 나무로 된 인형 3구가 종·북·징을 쳐서 시보 장치를 움직여 자동으로 시간을 알려 주거나, 떨어진 구슬이 청동판 한쪽을 치면 다른 한쪽이 들리면서 시간을 맡은 인형의 팔을 건드려 인형이 시각을 나타내는 팻말을 보여 주기도 한다. 나무 인형의 둘레에는 12지신을 배치하여 1시부터 12시의 시각을 알리도록 하였다.

자격루의 구성을 보면, 일정하게 유량을 공급하는 유량 제어 기구, 증가하는 수위를 시각 신호로 변환하는 살대-구슬 낙하 기구, 작은 구슬을 이용하여 시보 장치를 작동시킬 에너지를 발생하는 큰 구슬 방출 기구, 십이시(十二時)를 청각과 십이지신(十二支神)의 교대로 시각적으로 알려 주는 시(時) 기구, 밤 시간〔오경점(五更點)〕을 북과 징을 울려서 청각으로 시각을 알려 주는 경점(更點) 기구 등 복합 시스템으로 구성되어 있다.

자격루 동작의 원동력은 부력과 운동 에너지이다. 부력에 의해 떠오른 살대로 얻은 에너지를 쇠구슬의 낙하에 의한 운동 에너지로 바꾸어 시보 장치를 작동시킬 추진력을 얻는 것이다.

이와 같은 방식으로 연속적인 물의 흐름인 아날로그 신호를 정해진 시간 간격에 따라 불연속 신호인 디지털 신호로 바꾸어 나타낸다. 현대적으로 말하자면 물시계는 위치 제어 시스템, 살대-구슬 낙하 기구는 아날로그·디지털 변환기, 큰 구슬 방출 기구는 순서 제어식 동력 증폭기, 시(時) 기구는 시각 및 청각 시보 장치, 경점 기구는 기계식 계수기(counter)로 모델링할 수 있다.

현재 덕수궁에 소장되어 있는 것은 중종 31년에 새롭게 만든 자격루의 물시계 부분이다. 임진왜란 중에 자격 장치 부분이 소실된 후 지금까지 복원되지 못한 것을 문화재청의 경복궁 복원 사업에 따라 자격루 복원 사업에 착수하여 건국대 남문현 교수에 의해 복원되어 국립 고궁 박물관에 전시되어 있다.
　자격루는 세종 대왕의 인본 사상과 과학 정신이 배어있는 창조물로 우리나라는 물론 15세기 동아시아의 대표적인 하이테크 기술로서 한국인의 과학 창조성과 우수성을 상징하는 발명품이다.

● 자격루 복원 모습

시간과 절기를 한눈에 '앙부일구'

앙부일구(仰釜日晷)는 '솥뚜껑을 뒤집어 놓은 듯한 모습을 한 해시계'라는 뜻으로, 우리나라의 대표적인 해시계이다.

앙부일구는 조선 세종 16년(1434년) 과학자인 장영실과 이천, 김조 등에 명하여 처음 만들었으며, 그 해 10월에 종묘 앞과 혜정교(惠政橋)에 각기 1대씩 설치했다. 그 후 조선 시대 말까지 다양한 형태로 제작되어 궁궐과 관공서, 사대부 가옥에 이르기까지 널리 보급되었다.

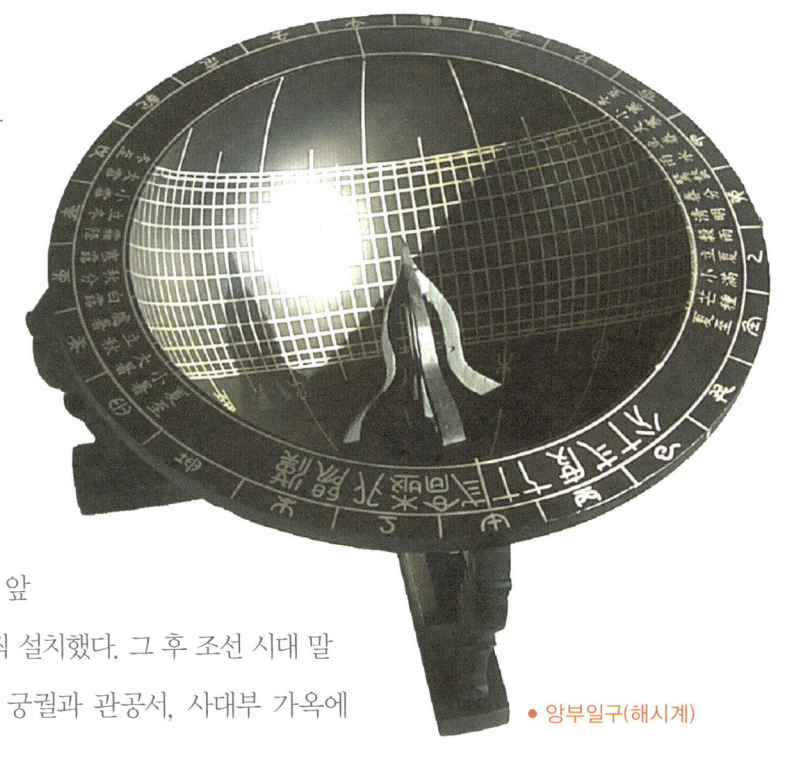

● 앙부일구(해시계)

앙부일구는 오목한 구형 안쪽에 설치된 막대에 해 그림자가 생겼을 때 그 그림자의 위치로 시각을 측정하는데, 해 그림자를 만드는 끝이 뾰족한 막대를 영침(影針)이라고 한다. 영침(시침)의 끝은 구의 중심이 되며, 막대의 축을 북극에 일치시켰다.

영침 둘레에는 시각을 가리키는 시각선이 세로로 그려져 있으며, 그 시각이 12지(十二支)로 표시되어 있다. 특히 세종은 글을 모르는 백성을 위하여 시각마다 쥐, 소, 호랑이, 토끼 등 12지의 동물 인형을 그려 넣었다.

이러한 내용은 『세종실록』에 잘 나타나 있다.

세종 16년(1434년) 10월 2일에 처음으로 앙부일구를 혜정교와 종묘 앞에 설치한 뒤 시간을 관측하고 아뢰기를 "신(神)의 몸을 그렸으니 어리석은 백성을 위한 것이요, 각(刻)과 분(分)이 빛나니 해에 비쳐 밝은 것이요, 길 옆에 설치한 것은 보는 사람이 모이기 때문이다."고 기록하여 세종 대왕대에 앙부일구를 제작하였음과 백성을 위하는 마음, 그리고 길 옆에 설치한 점에서 공중용 시계의 역할을 하였음을 알 수 있다. 또한 세종 19년(1437년) 4월 15일 기사에 "무지한 남녀들이 시각에 어두우므로 앙부일구(仰釜日晷) 둘을 만들고 안에는 시신(時神)을 그렸으니, 대저 무지한 자로 하여금 보고 시각을 알게 하고자 함이다. 하나는 혜정교(惠政橋) 가에 놓고, 하나는 종묘 남쪽 거리에 놓았다."고 기록하여 글을 모르는 백성들에게 시간의 중요성을 알게 해 준 애민 정신이 담긴 과학 기기임을 알 수 있다.

오목한 해시계 내면의 시침 그림자가 시각선을 따라 움직이게 되는데, 그 그림자는 왼쪽에서 시작하여 오른쪽으로 움직인다. 이를 시계 방향(clockwise)이라 하여 오늘날 시계 바늘이 오른쪽으로 움직이는 이치가 바로 여기 있는 것이다.

또한 절기도 알 수 있도록 시각선과 직각으로 13개의 절기선을 새겨 넣었는데, 이 절기선 양쪽 가장자리 윗면에 24절기가 표시되어 있다. 해는 여름이면 높이 뜨지만 겨울이 되면 비스듬히 떠서 방 안 깊숙이 비춘다. 당연히 그림자도 여름이면 짧아지고 겨울에는 길게 늘어지는 것이다. 바로 이것을 이용한 것이 이 13줄이다. 그 중 가장 바깥 줄에는 시침의 그림자가 가장 길게 되는 곳에 동지(冬至)란 표시가 있고, 제일 안쪽 줄은 시침의 그림자가 가장 짧게 되는 곳에 하지(夏至)라 써 있다. 그 나머지 것들은 소한, 대한, 입춘, 우수로 이어지는 24절기를 나타낸 것이다. 즉, 계절의 변화에 따른 24절기가 그 변화에 따라 해의 기울기가 달라져 시침의 그림자가 변하는 모습을 13줄로 나타내고 있음을 알 수 있다. 이렇듯 앙부일구는 영침의 해 그림자를 통하여 시간과 그 때의 절기를 한눈에 알 수 있게 설계되어 만들어졌음을 알 수 있는데, 오늘날의 만능 시계와 같은 역할을 하였던 것이다.

당시 천문학자들은 앙부일구 시각의 정확도를 높이기 위해 서울을 기준으로 하는 정북극의 위치를 정확히 계산해 내었고, 이를 기준으로 앙부일구 내부의 눈금선을 정확히 새길 수 있었다. 앙부일구 윗면에 한양북극고도(漢陽北極高度) 또는 북극출지(北極出

● 창경궁 대조전 앙부일구(해시계)

地)라 하여 그곳의 위도에 해당하는 각도를 써 넣었는데, 이렇듯이 설치된 곳의 위도와 수평면을 정확히 맞추어 설치함으로써 시각의 정확도를 높일 수 있었다.

이러한 앙부일구는 조선 후기에 오면 휴대용으로 발전된다. 19세기 후반에 앙부일구 제작 기술 보유자인 강윤(姜潤)과 강건(姜健) 형제가 코끼리의 상아를 이용하여 만든 매우 정교한 휴대용 앙부일구가 대표적이다. 이 시계는 앙부일구와 나침반으로 구성되는데, 시각 측정 방법은 평지에 시계를 놓고 나침반으로 남북을 정확하게 맞춘 다음 현재의 시간을 측정하였다.

해시계는 세계의 어느 고대 문명 사회에서나 다양하게 만들어져 왔다. 그렇지만 해의 그림자 길이가 시간에 따라 달라지기 때문에 시계의 숫자판이 불규칙하고 시간 사이의 간격도 일정하지 않다. 하지만 앙부일구는 숫자판을 오목하게 만들어 이 같은 불편함을 보완한 것으로, 세계 어느 나라에서도 만들어지지 않은 우리 고유의 정밀 시계 발명품이자 독창적인 과학 문화재로 가치가 큰 유물이다.

● 창경궁 대조전 앙부일구(해시계)

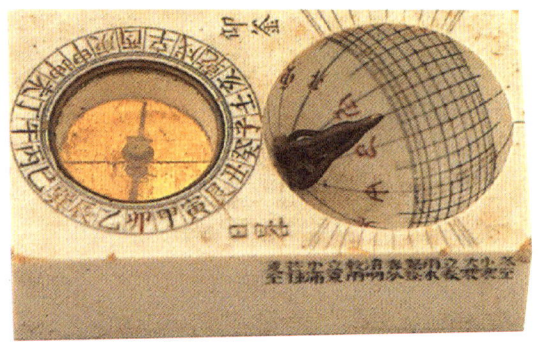

● 휴대용 해시계

세계 최초의 강우량 측정 체계 확립
'측우기'

    삼국 시대부터 국가가 성립되고 농사가 중요한 생업이 되자 사람들은 비, 바람, 구름 등 기상(氣象)에 대한 관심이 높아졌다. 농경 사회에서 잦은 가뭄과 홍수에 의한 농업 및 인명 피해는 아주 심각한 문제로 대두되었으며, 특히 강우량은 농사의 풍년 또는 흉년과 직결되었기 때문에 비의 양을 측정하기 시작하였다.

    측우기가 발명되기 이전의 강우량 측정 방법은 비가 오면 흙을 파서 빗물이 땅 속에 스며든 깊이를 살펴보는 것이 전부였다. 이러한 방법은 정확한 강우량을 측정하기에는 부족함이 많았다.

    측우기 발명에 대한 기록은 『세종실록』에 실려 있는데, 세종 23년(1441년) 8월에 호조에서 임금께 측우기를 설치할 것을 건의하고 있다.

    "각 도 감사(監司)가 비의 양을 보고하는 법이 있으나, 흙의 건조함과 습함이 같지 아니하고, 흙 속으로 스며든 빗물의 양이 얕고 깊음도 역시 알기 어렵사옵니다. 청하옵건대, 서운관에 대(臺)를 짓고 쇠를 부어 그릇을 만들되, 길이 2척(尺, 자)에 직경(直徑)은 8촌(寸, 치)이 되게 하여 대(臺) 위에 올려놓고 빗물을 받아, 본관(本觀) 관원으로 하여금 비의 양을 재어서 보고하게 하고……."

이 내용은 이전의 강우량 측정 방식이 매우 부정확하였음을 알 수 있게 한다. 또한 보다 과학적인 강우량 측정의 필요성이 대두되어 측우기를 제작하였음을 알 수 있게 하는 중요한 역사적 기록이기도 하다.

이렇게 만들어진 측우기는 위에서 언급한 바와 같이 비가 온 분량을 재는 기구로써 다른 나라보다 200여 년 앞선 1441년에 세종 대왕의 아들 문종이 고안하여 발명한 세계 최초의 우량계이다.

당시 세자였던 문종이 측우기를 만들었음이『세종실록(世宗實錄)』에 보이는데, 세종 23년(1441년) 4월 29일 기록에 "근년 이래로 세자(훗날 문종, 이름은 이향)가 가뭄을 근심하여, 비가 올 때마다 젖어들어 간 깊이를 땅을 파고 보았었다. 그러나 적확하게 비가 온 강우량을 알지 못하였으므로, 구리를 부어 그릇을 만들고는 궁중(宮中)에 두어 빗물이 그릇에 괴인 푼수를 실험하였는데……"라는 구절이다. 이 내용으로 미루어 측우기를 누가, 언제, 왜 만들었는지를 정확하게 알 수 있다.

측우기의 길이(깊이)와 직경(지름), 모양 등 제원을 알 수 있는 기록은 1441년(세종 23년) 8월 18일의 『세종실록』권 93, 4번째 기사에 실려 있다. 이는 깊이 2자(尺), 지름 8치(寸)의 원통형 우량계를 발명함으로써 비가 내리는 자연 현상을 기기(機器)를 써서 수량으로 측정하는 과학 방법이 세계에서 처음 시작되는 그야말로 기상학의 새로운 장을 여는 역사적 사건이었다.

측우기는 주철 또는 청동으로 만든 원통형의 측우기 본체와 이를 안치하기 위하여 돌로 만든 측우대(測雨臺), 그리고 고인 빗물의 깊이를 재기 위한 자(주척을 사용함)의 세부분으로 이루어져 있다.

『세종실록』의 1442년(세종 24년) 5월 8일자 기록을 보면 "서울에서는 쇠(철을 말하는 것이 아니고, 구리를 일컫는 것이다.)를 주조(鑄造)하여 기구(器具)를 만들어 명칭을 측우기(測雨器)라 하니, 길이가 1척(尺) 5촌(寸)이고 직경(直徑)이 7촌입니다. 주척(周尺)을 사용하여 서운관(書雲觀)에 대(臺)를 만들어 측우기를 대(臺) 위에 두고 매양 비가 온 후에는 본관(本觀)의 관원이 친히 비가 내린 상황을 보고는, 주척(周尺)으로써 물의 깊고 얕은 것을 측량하여 비가

● 측우기와 그 받침인 측우대
 (대구 선화당 측우대, 1770년)

내린 것과 비 오고 갠 일시(日時)와 물 깊이의 척·촌·분(尺寸分)의 수(數)를 상세히 써서……." 와 같은 내용이 보인다.

이 내용으로 보아 비가 온 양을 재는 기구인 우량계를 '측우기'라 이름하고, 높이가 1척 5촌(32㎝), 지름이 7촌(15㎝)으로 개량되었음도 알 수 있다.

『세종실록』에서는 다음과 같이 측정 방법도 명확하게 규정하고 있다.

- 강우량은 비가 그쳤을 때 잰다.
- 자(尺)는 주척(周尺, 한 자가 21.27㎝)을 쓴다.
- 비가 내리고 갠 일시를 기록한다.
- 물의 깊이는 척(尺, 자), 촌(寸, 치), 푼(分)까지 정확하게 잰다.

이 방법은 거의 완벽하여, 지금의 단위로 보아도 약 2㎜ 단위까지 측정된다. 이때부터 측우기에 의한 강우량의 측정은 각 도와 군·현에 이르기까지 전국적으로 시행되었다. 그리고 여기서 집계된 강우량을 중앙에 정기적으로 보고함으로써 전국에 걸친 강우량이 과학적인 방법으로 정확히 기록·보존되었다.

세종 대왕 때 측우기의 발명 이후 강우량을 재는 제도는 100여 년 동안 잘 시행되었으나, 임진왜란으로 인한 사회의 혼란과 측우기의 유실 등으로 강우량 측정은 이루어지지 못하였다. 이러한 시기는 1세기 반 이상이나 계속되었으며, 조선의 문예 부흥기인 영조 때에 이르러서야 다시 체계화되었다.

● 통영 측우대

1770년(영조 46년) 5월에 세종 때의 기록에 충실하여 청동으로 측우기를 다시 만들었는데, 돌로 만든 대에는 측우대(測雨臺)라 새기고, 제작한 연·월을 기록해 놓았다. 현재 기상청에 보존되어 있는 것이 1770년에 만든 측우기 가운데 하나이다(현재는 측우대만 남아 있다).

이로써 측우기에 의한 강우량의 측정 제도는 다시 전국적으로 시행되었다. 이후 현재에 이르기까지 240여 년의 연속적인 강우량 관측 기록을 갖고 있는데, 이것은 전 세계에서 가장 긴 값지고 귀중한 자료인 것이다.

이러한 측우기 유물은 현재 충청도의 공주에서 사용되었던 금영측우기(1837년 제작, 보물 561호, 기상청에서 보관)를 제외하고는 모두 유실되고 없으며, 측우기를 올려놓는 측우대도 5개밖에 남아 있지 않다. 특히 금영측우기는 원래 충청남도 공주에 있던 것이 일본으로 반출되었다가 1971년 다시 반환된 과학 문화재이다. 이 측우기는 원통형의 표면 3곳에 대나무처럼 도드라진 마디가 있다. 마디 부분은 상·중·하 3단으로 분리할 수 있으며, 사용할 때는 꼭 맞게 조정해 쓸 수 있도록 구성되어 있다. 이것은 강우량 측정의 정밀성과 취급의 편리성, 그리고 온도 변화에 따른 내구성을 높이기 위해 정밀하게 설계하였던 것으로 보인다.

우리나라의 측우기는 1770년부터 현재까지 240여 년간 연속적인 강우량 관측 기록을 보유하고 있다. 이로서 18세기부터 21세기까지 우리나라의 강우량의 변화, 다시 말해서 연중 강우량, 가뭄, 홍수 등 주기적으로 일어나는 기상의 변화를 미리 예측할 수 있게 되었다. 더 나아가 동북 아시아를 비롯한 세계 기상의 변화를 예측하는데 없어서는 안 될 소중한 자료가 되는 것이다. 측우기는 아직도 현재 진행형인 것이다.

세계의 과학 문화 유산으로 조선의 획기적인 발명품인 측우기는 1639년 이탈리아의 B.가스텔리(Benedetto Castelli)가 발명한 측우기보다 약 200년이나 앞선 것이다. 특히 강우량을 재는 과학적인 방법이 세계 어느 지역에서도 아직 싹트지 않았을 때 우리 조상들은 측우기를 만들고, 이를 전국의 관청에 설치해 조선의 강우량 통계 측정 체계를 확립하였던 것이다.

● 금영 측우기 분리 모습

조선의 초정밀 과학 기술
'혼천시계'

국보 230호인 '혼천시계'는 조선 현종 10년(1669)에 천문학자이자 과학자였던 송이영이 만든 천문 시계로, 서양식 자명종(自鳴鐘)의 원리와 동양에서 오랫동안 사용해 오던 혼천의(渾天儀)를 결합해 만든 것으로 천체 운행과 시간을 알려 주는 과학 문화재이다.

이 혼천시계는 길이 120cm, 높이 98cm, 두께 52.3cm 크기의 나무상자인 궤(시계 장치)와 혼천의(해와 달, 5행성인 수성, 금성, 화성, 목성, 토성 등의 위치를 측정하는 천문 기기)로 구성되어 있다.

● 혼천시계 복원 모습

혼천의에는 태양 운행 장치와 달 운행 장치가 있어 천구상의 천체 운동을 그대로 재현하고 있으며, 혼천의의 중심에 위치한 지구의(地球儀, 지름 약 8.9cm)에는 당시 정밀한 세계 지도인 곤여만국전도를 적용하여 표현하고 있다. 놀라운 것은 혼천의 중심의 지구의가 둥글다는 점이다. 당시 유학자들은 하늘은 둥글고 땅은 평평하다고 하는 천원지방설을 믿고 있었던 시기임에 비추어 대단히 놀라운 이론을 적용한 것이다. 따라서 몇몇 과학자들이 서양의 과학 기술에 대해 능동적으로 이해하고 천문 과학에 대한 지식 체계를 갖고 있었기에 혼천시계가 제작될 수 있었던 것으로 보인다.

특히 혼천의의 북극 쪽의 축은 시계 장치와 톱니바퀴(동력 기어)로 연결되어 있는데, 중심에 있는 지구의는 남북극을 축으로 하여 하루에 한 번 회전하게 설계되어 있다.

시계 장치(시간 지속 장치, 시간 지시 장치, 구슬 신호 발생 장치, 타종 장치로 구성)에는 12지 시패(時牌:자시, 축시, 인시 등 글자로 표현) 인형으로 시간을 알려 주고, 타종을 위한 장치가 있어 조선 초기의 자격루 전통을 그대로 잇고 있다. 시계 장치의 구슬 신호 발생 장치에서는 오늘날의 1시간 간격으로 쇠구슬을 떨어

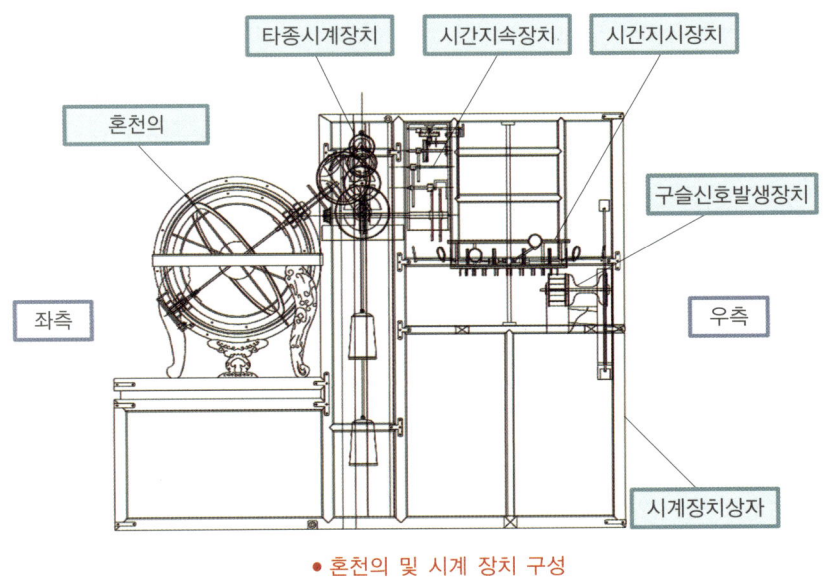

● 혼천의 및 시계 장치 구성

뜨려 신호를 보내 주며, 구슬 신호에 따라 타종 장치에 달려 있는 작은 막대기가 종을 치도록 되어 있다.

또한 혼천시계의 시간 지속 장치에는 서양의 과학자인 호이헨스가 1657년 세계 최초로 개발한 진자시계를 응용한 시스템이 들어 있다. 서양의 자명종 시계와 혼천의를 결합한 것은 세계 시계 기술사에서도 그 유래를 찾아볼 수 없는 획기적인 일이다.

혼천시계의 동력 발생은 2개의 추 운동에 의하여 이루어진다.

앞에 있는 하나의 추는 주동력 장치로서 시간 지속 장치에 매달려 있는데, 시간 지시 장치와 구슬 신호 발생 장치 그리고 혼천의로 동력을 전달한다. 시간 지시 장치(시간을 시각적으로 알려 주는 장치)는 12시패로 시간을 알려 주고, 구슬 신호 발생 장치(쇠구슬을 이용하여 타종 신호를 발생시키는 장치)는 구슬 주걱으로 들어 올린 쇠구슬을 떨어뜨려 신호를 발생시킨다.

또 다른 추는 타종 장치(시간에 따라서 종을 울리는 장치)와 연결되어 있어 구슬 신호 발생 장치로부터 발생한 신호로 매시간 타종하는 역할을 담당한다.

이렇듯이 혼천시계의 동력원은 추(분동, weight)를 이용하는 것으로, 추력의 힘을 일정하게 전달하기 위해서 탈진(脫進) 장치(진자의 운행에 일정한 속도를 유지하기 위해 일정한 간격으로 톱니 기어를 풀어 주는 장치로 일종의 속도 조절 기구)와 진자(振子) 장치를 두었다. 보통 기계 시계를 운행하기 위해서는 태엽(main spring)이나 분동(weight)을 감아야 한다. 이것으로 에너지를 축적하는 것이다. 혼천시계는 분동, 즉 추를 사용하여 에너지를 발생시켰다.

서양에서는 1583년 G. 갈릴레이(Galileo Galilei)에 의해 진자의 등시성이 발견되자 네덜란드의 과학자 C. 호이헨스(Christiaan Huygens)는 이것을 시계에 이용하여 1657년 최초의 진자시계를 완성하였다.

이와 견주어 볼 때 조선의 진자를 이용한 자명종 제작 기술의 도입과 수용이 상당히 빨랐음을 알 수 있는데, 호이헨스가 진자시계를 만들어 낸지 단 13년만의 일이다. 이렇듯이 빠른 신기술의 적용은 당시 조선의 전통적인 시계 기술 축적이 이루어지지 않고서는 불가능하였다고 판단된다.

서양의 자명종 도입에 대한 공식적인 기록은 『인조실록』의 1631년(인조 9년) 7월에 처음 등장하는데, 정두원(鄭斗源)이 명나라 사신으로 가서 자명종·천리경(千里鏡)·화포(火砲) 등 현대적 기계를 가져온 내용을 들 수 있다. 이러한 17세기 서양식 자명종의 도입은 조선에서의 금속제 기계 시계인 혼천시계(渾天時計)를 만드는 출발점이 되었다.

15세기 세종대(世宗代)에도 원(元)나라의 앞선 천문학에 자극받아 만들어진 수력식(水力式) 혼의(渾儀)와 혼상(渾象, 천체 관측 기구로 천구의의 일종)이 있었으며, 이 전통을 이어받아 이민철(李敏哲, 1631~1715)이 제작한 혼천시계도 있었다. 이때 제작한 수력식(물 항아리를 이용한 수력) 혼천시계 바탕 위에 서양의 자명종을 이용하여 기계식으로 제작한 것이 송이영(宋以穎)의 혼천시계인 것이다.

송이영의 혼천시계는 당시 기계 시계의 정밀성을 획기적으로 발전시킨 진자를 이용한 탈진 장치를 짧은 시기에 그대로 재현하였기에 그 의미는 대단히 크다 할 수 있다. 또 그것은 자격루로부터 이어지는 기술적 전통과 이를 계승·발전시키려는 조선 과학자들의 창조적 능력이 결합하여 이루어 낸 성과물임에 틀림없다.

송이영의 혼천시계는 세계 시계 제작 기술 역사상 독창적인 천문 시계로 높이 평가되고 있다. 이는 조선의 천문학과 과학 기술이 당시 초정밀 기술이자 하이테크 기술이었던 시계 제작 기술사에 커다란 발자취를 남긴 것으로, 우리 조상들의 과학적 우수성을 그대로 입증한 결과라고 할 수 있다.

〈혼천의 및 시계 장치의 명칭과 기능〉

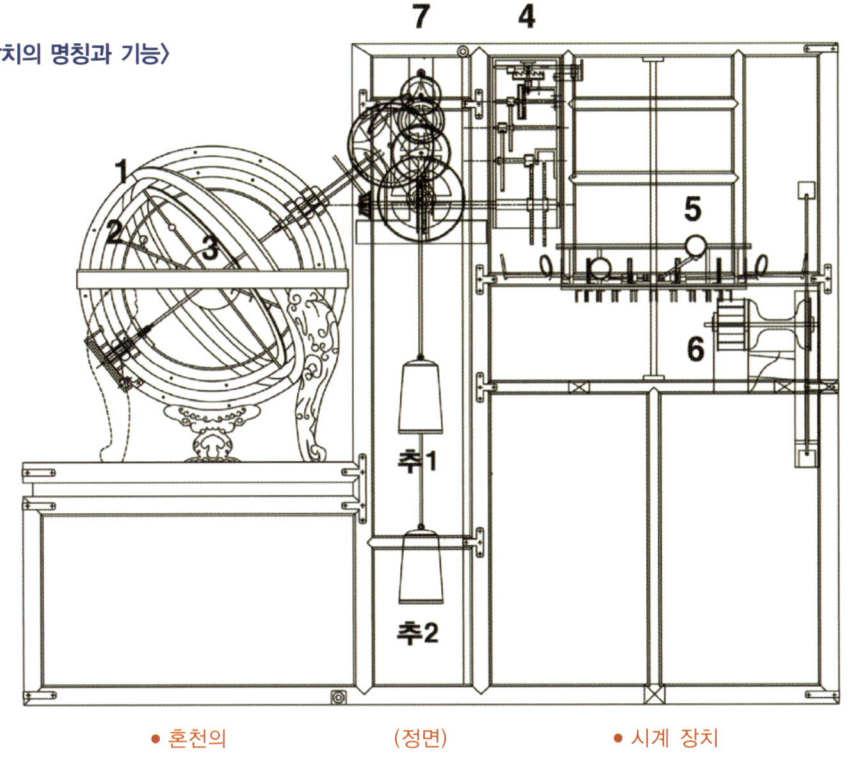

● 혼천의　　　　　(정면)　　　　● 시계 장치

혼천의
1. 육합의
    천경흑쌍환, 지평환, 천위적단환
2. 삼신의
    삼신의흑쌍환, 적도단환, 황도단환, 백도단환, 월운환
3. 지구의

시계 장치
4. 시간 지속 장치(추1)
    시간 지시 장치, 구슬 신호 발생 장치, 혼천의로 동력 전달
5. 시간 지시 장치
    12지 시패로 시간을 알림.
6. 구슬 신호 발생 장치
    구슬 주걱으로 들어 올린 쇠구슬을 떨어뜨려 신호 발생
7. 타종 장치(추2)
    구슬 신호 장치로부터 발생한 신호로 매시간 타종

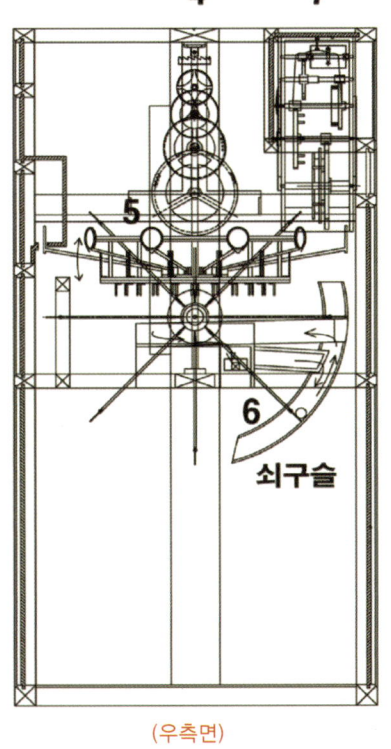

(우측면)

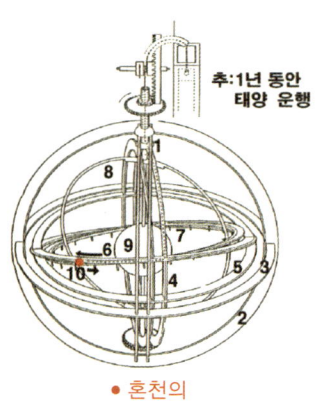

● 혼천의

1. 천경흑쌍환 : 지평환의 남북 방향에 고정, 하늘의 경도
2. 지평환 : 천경흑쌍환과 천위적단환 고정, 24방향
3. 천위적단환 : 지평환의 동서 방향에 고정, 하늘의 위도
4. 삼신의흑쌍환 : 적도단환과 황도단환을 매달고 운행
5. 적도단환 : 항성이 운행하는 길, 1일 1회전, 12궁·24기
6. 황도단환 : 태양이 운행하는 길, 1일 1회전, 24기·28수
7. 백도단환 : 달이 운행하는 길. 달 운행 장치 부착
8. 월운환 : 백도단환을 운행시켜 달의 위상을 변화시킴.
9. 지구의 : 세계 지도가 정밀하게 그려짐.
10. 태양 : 황도단환 위에서 하루에 약 1도씩 뒤로 운행

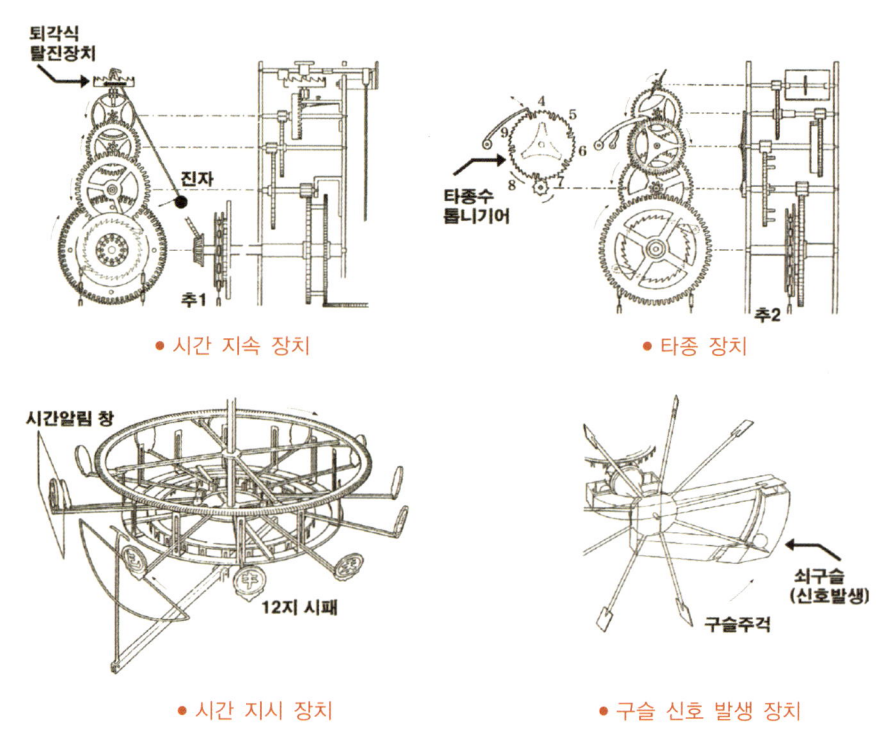

● 시간 지속 장치

● 타종 장치

● 시간 지시 장치

● 구슬 신호 발생 장치

기상학의 선구
'풍기대(風旗臺)'

풍기대(風旗臺)는 바람의 세기와 함께 바람이 부는 방향을 관측하기 위해 깃발(風旗)을 꽂아두었던 받침돌로, 오늘날의 풍향계와 같은 원리의 기구이다.

선조들은 편서풍이 불면 날씨가 좋고, 동풍이 불면 궂은 날씨가 된다는 것을 경험적으로 알고 있었다. 이러한 것을 좀 더 과학적으로 분석하여 바람의 방향이나 세기를 측정하기 위하여 조선 시대에 이르러 풍기대를 만들었다.

조선 시대 바람의 방향과 세기를 측정한 자료로는 『기우제등록(祈雨祭謄錄)』과 『풍운기(風雲記)』를 들 수 있다.

『기우제등록(서울대 규장각 소장)』은 기상학적 자료로 대단히 중요한데, 현재 1636년부터 1889년 사이 254년간의 기록이 전해지고 있다. 『기우제등록』에는 기우제에 관한 내용뿐만 아니라 장마 때의 기청제(祈晴祭)에 관한 기록, 수표(水標) 및 측우기로 관측한 기록, 기상학에 관한 기록 등도 실려 있다. 특히 이 책에 남아 있는 내용 가운데 1770년(영조 46년) 5월의 기록에 의하면, 궁궐 안과 관상감에 각기 풍기대를 세워 오랜 동안 바람을 관측해 왔음을 알 수 있다. 또한 옛날에는 바람의 관측을 위해서는 나무에 풍기를 매어 사용하였으나, 영조 당시에는 이것을 개량시켜 돌로 세우고 그 위에 바람을 관측하기 위한 깃대(風旗竹)를 꽂았음을 알 수 있다.

『풍운기』 또한 비와 바람에 대한 관측 기록을 사실대로 적은 소중한 자료인데, 아쉽게도 현재 1740년 8월 3일자 관측 기록 하나만이 전해지고 있다.

풍기대에 관한 기록으로는 『증보문헌비고(增補文獻備考)』에 '대궐 가운데에는 풍기가 있는데 이는 곧 예전부터 바람을 점치려는 뜻으로서, 창덕궁의 통제문 안과 경희궁의 서화문 안에 돌을 설치하고, 거기에 풍기죽(風旗竹)을 꽂아 놓았다.'는 기록이 있다. 이러한 기록으로 미루어 조선 후기에는 궁궐에 돌로 만든 풍기대를 설치하여 바람을 관측했던 사실을 알 수 있다.

이와 함께 고려대학교 박물관과 동아대학교 박물관 소장의 국보 249호 동궐도(東闕圖)에 화강석 풍기대 그림이 있어 그러한 사실을 뒷받침하고 있다. 특히 동궐도의 제작 연대를 1824년 8월부터 1830년 이전의 어느 기간으로 보고 있기 때문에 돌을 재질로 한 풍기대의 제작이 1830년 이전에는 만들어졌음을 알 수 있게 한다.

또한 이와 관련한 기록으로는 조선 후기 실학자인 성호 이익의 『성호사설(星湖僿說)』에 보이는 '오량팔량'이라는 기록을 들 수 있는데, 여기에는 풍기에 대하여 '원판 위에 설치한 동 혹은 나무로 만든 까마귀가 바람이 불면 머리가 바람의 방향을 향하고 입에 문 꽃잎이 돌아가는데 이것은 민간에서 아이들이 가지고 노는 바람개비와 유사하다.'고 하였다. 이 풍기에 설치된 까마귀의 머리 방향을 보고 바람의 방향을 알고 꽃잎의 회전 속도에 의하여 바람의 세기를 짐작할 수 있었다. 그러므로 이 풍기는 바람의 방향과 세기를 동시에 관측할 수 있는 풍신기(風信器)와 풍력계를 겸한 바람 관측 기구였던 것이다.

● 경복궁 풍기대

풍기대는 화강암을 정교하게 다듬어 만들었는데, 아래의 받침돌은 네모꼴로 그 곳에 모양이 마치 소반(小盤)과 같은 상(床)을 조각하였으며, 그 위로 구름무늬를 도드라지게 새긴 팔각기둥을 세운 모습이다. 팔각기둥 맨 위의 중앙에는 깃대를 꽂는 구멍이 있고, 이 기둥 옆 33cm 아래에는 빗물이 고이지 않도록 배수시키는 구멍이 뚫려 있다.

풍기대는 꼭대기에 나 있는 구멍에 풍기죽(風旗竹)을 꽂고, 24방향으로 풍향을 측정하였다. 동궐도 속의 창경궁 중희당 앞마당에 그려져 있는 풍기대를 자세히 살펴보면, 풍기대의 구멍에 가늘고 긴 장대인 깃대를 꽂았는데, 그 깃대 꼭대기에는 가늘고 매우 긴 깃발을 달았음을 알 수 있다. 깃발이 날리는 방향으로 풍향을 재고, 나부끼는 정도로 바람의 세기를 재었던 것이다.

현재는 영조 때에 만든 창경궁(昌慶宮) 풍기대와 경복궁(景福宮) 풍기대가 남아 있으며, 이밖에 그 후에 제작된 풍기대가 현재 창덕궁의 연경당(演慶堂) 앞뜰에 남아 있다.

농업이 주된 산업이었던 시기에는 홍수와 가뭄 못지않게 풍향과 풍속의 측정 역시 매우 중요하게 여겼다. 풍기대는 이러한 점에서 우리 선조들의 뛰어난 기상 과학 수준을 보여 주는 것이라 하겠다.

고정·움직도르래 원리 이용한 '거중기'

• 거중기와 수원 화성 창룡문

수원 화성은 우리 고유의 축조 기술과 동·서양의 새로운 과학 기술을 접목하여 건축 재료를 규격화하고, 거중기를 이용하여 세운 근대식 건축물이다. 이 성은 서쪽으로 팔달산을 끼고 동쪽의 낮은 언덕과 평지를 따라 쌓았는데, 우리나라 성곽(城郭) 가운데 가장 완벽한 구조를 갖추고 있다.

1794~1796(정조 18~20)년까지 2년 6개월 동안 이 성을 쌓으면서 이와 관련된 모든 일, 제도(制度), 의식(儀式) 등을 자세히 기록한 공사 보고서인 '화성성역의궤(華城城役儀軌)'가 간행되어 수원 화성의 모든 것을 알 수 있다.

성 쌓기 방법은 예로부터 이어져 오던 우리 고유의 기술과 경험을 바탕으로 실학자 유형원(柳馨遠)과 정약용(丁若鏞) 등이 새로운 과학 지식을 활용하여 무거운 돌을 들어 올리는 기구인 녹로와 거중기(擧重機)를 만들어 사용하였다. 뿐만 아니라 건축 재료를 규격화하는 등 당시의 첨단 과학 기술을 모두 반영하고 있다.

수원 화성은 가로 1.5m, 세로 1m, 무게 2000kg 정도의 돌을 5m 높이로 쌓아서 만든 성으로, 이 성을 쌓는 데는 원래 10년이 걸리는 것으로 계산되었지만, 소요된 기간은 불과 2년 반이라는 짧은 기간 밖에 걸리지 않았다. 이것은 정약용이 고정도르래[조선 시대에는 도르래를 활윤(滑輪)이라 표기하였다.]와 움직도르래의 원리를 이용하여 고안한 첨단 건축 장비인 '거중기'가 있었기 때문에 가능하였다.

● 수원 화성 장안문

현재의 기중기와 같은 용도인 거중기는 위쪽의 고정도르래 4개와 그 아래의 움직도르래 4개에 들어 올리려는 물체가 매달리게 되어 있고, 이것이 위쪽 좌우 2개의 큰 고정도르래에 연결된 후 다시 녹로인 고정도르래에 감아 돌려져서 물체를 들어 올릴 수 있는 구조로 되어 있다.

따라서 그 수(n)에 따라 물체 무게의 $1/2^n$에 해당하는 힘으로 물체를 움직일 수 있는 움직도르래의 원리에 의해, 움직도르래의 수가 4개인 거중기는 이론상 $1/2^4=1/16$의 힘으로 물체를 들어 올릴 수 있는 것이다. 이것은 달리 말하면 한 사람이 16배의 힘을 낼 수 있다는 것과 같은 것이다.

하지만 선학(先學)인 정약용 선생은 '정다산전서(丁茶山全書)-기중도설(起重圖說)'에서 상하 4개씩의 도르래를 사용하면 전체로 25배의 힘을 낸다고 적고 있다. 또한 '화성성역의궤'의 기록에는 화성을 쌓을 때 좌우 각각 15명의 남자들이 1만 2000근(7200kg)의 돌을 들어 올릴 수 있어서 한 사람이 400근(240kg)의 무게를 들어 올릴 수 있었다고 하여 실제 사용에는 약간의 차이가 남는다. 이렇게 정약용과 현대의 계산법이 차이가 나는 이유는 무엇일까?

움직도르래의 경우 물체를 끄는 길이가 물체의 움직인 거리의 2배가 되어 실제 물건을 들어올리기 위해 사용되는 힘은 1/2n=1/8로 반감된다. 즉, 현대의 물리학 이론에서 볼 때 움직도르래가 4개인 거중기를 통해 물건을 들어 올릴 때는 실제로 한 사람이 16배가 아닌 8배의 힘을 낼 수 있다.

하지만 정약용의 계산 착오인지는 몰라도 25배로 주장하고 있는 것은 착각일까? 아니면 우리가 거중기의 구조, 즉 지렛대의 역할을 하는 축바퀴의 힘을 간과하고 있는 것은 아닌지 되돌아보고 싶다. 만약 축바퀴의 중심부터 얼레바퀴살 끝까지의 거리(R)와 축의 반지름(r)에서 지렛대 원리로 얻은 값이 6.25가 나온다면, 움직도르래 2개에서 얻는 힘 4배를 곱하면 25배가 되기 때문이다. 선학의 착각일까 우리의 착오일까?

• 녹로

V

제품 속에 녹아 있는 첨단 과학 기술

• 김홍도의 '대장간 풍경'

전기 드릴의 원조
'눌비비'와 '활비비'

● 눌비비

'눌비비'와 '활비비'라고 하면 단어조차 생소하여 '그게 어떻게 생긴 도구이지?' 하는 생각을 떠올리거나, 도구 이름 자체에서 흥미를 갖는 독자들이 많을 것이다.

어릴 때 단추 구멍에 실을 넣고 돌려서 양손으로 잡아 당겼다 놓으면 회전력을 유지하며 끊임없이 돌아가던 놀이를 기억할 것이다. 지금도 언제든지 단추와 실만 있으면 해 볼 수 있는 놀이이다. 바로 이런 관성의 원리를 이용하여 끊임없이 좌우로 돌리면서 구멍을 뚫거나 불을 일으키는 것이 눌비비와 활비비인 것이다.

불 일으키기와 구멍 뚫기는 선사 시대부터 현재에 이르기까지 우리 인류의 생활에서 중요한 일 가운데 하나이다.

인류가 처음으로 불을 사용한 시점은 전기 구석기 시대인 50만 년 전으로 거슬러 올라간다. 그들은 단지 불을 사용(use)만 한 것이 아니라 불을 일으킬 줄(make) 아는 지혜로운 사람들이었다. 이들이 불을 일으키는 방법은 십수년 전에 영화에 자주 등장했던 아프리카 남부의 칼라하리 사막에 거주하는 부족인 부시맨이 하였던 방법과 같았을 것으로 생각된다. 즉, 나무막대를 판자에 대고 양손으로 막대를 돌려 비벼서 그 마찰력으로 불을 일으켰을 것으로 짐작된다.

구멍을 뚫은 시점도 이와 비슷하여 구석기 유적에서 발견되는 뼈와 돌로 만든 뚜르개(송곳) 연모와 구멍 뚫린 치레걸이(목걸이)에서 그 기원을 찾을 수 있다.

신석기 시대에는 이전과는 달리 보다 더 효율적으로 불을 일으키거나 구멍을 뚫기 위하여 생나무의 양끝을 줄로 매어 활시위처럼 만든 뒤, 송곳이 달린 원통형의 수직 축에 연결하여 사용하는 활비비로 발전하였다.

활비비는 축을 감아 돌리는 회전력을 이용한 도구로, 활비비 수직 축의 끝에 달린 송곳의 재료는 신석기 시대에는 돌 송곳이, 청동기 시대에는 청동 송곳이, 철기 시대 이후부터 현재에 이르기까지는 철 송곳을 부착하여 사용하고 있다.

그 모양새를 보면 활의 모양을 취하고 있는 활비비 줄의 끝부분에는 줄을 팽팽하게 잡아당길 수 있도록 원통형의 나무가 끼워져 있다. 그리고 활비비의 수직 축에는 색연필 모양으로 다듬은 나무의 아랫부분에 송곳이 부착되어 있다. 수직 축은 초기 단계에는 상하로 분리되지 않은 일체형의 모습을 갖추고 있었으나, 좀 더 발전되면서 상하 분리형으로 만들어졌다. 일체형의 경우 수직 축이 잘 돌아갈 수 있도록 호빵 모양의 돌이나 나무를 윗부분에 대고 사용하였으나, 분리형(사진 참조)이 되면서 윗부분을 잡고 활비비 줄을 수평으로 돌리면 수직 축의 아랫부분이 돌아가 불을 일으키거나 구멍을 뚫을 수 있기 때문에 그럴 필요가 없게 되었다.

● 활비비

활비비보다 좀 더 발전한 것이 눌비비이다. 활비비는 양손을 다 사용해야 하는 단점이 있는 반면, 눌비비는 한손으로 사용이 가능하며 다른 한손은 기물을 잡거나 고정할 수 있는 이점이 있다.

눌비비의 모양새와 과학 원리를 살펴보면, 중심축 맨 아래에는 송곳이나 색연필 모양의 단단한 나무가 달려 있고, 바로 윗부분에는 호박 또는 원반 모양의 뭉둑한 나무 뭉치를 붙여 무게를 주었다. 눌비비 중심축의 맨 윗쪽에 구멍을 뚫어 거기에서 줄을 양쪽으로 늘이고, 중심축에 구멍 뚫린 긴 나무를 수평으로 끼워 중심축의 맨 위와 이 나무 양끝을 줄로 이어 자연스럽게 삼각 구도를 갖게 하여 눌렀을 때 누르는 힘이 고르게 전달되어 안정감을 갖도록 고안하였다. 즉, 중심축을 돌리면 이 양쪽 줄이 엇갈리면서 감기어 구멍 뚫린 나무가 올라가는데, 이 나무의 좌우를 잡고 위아래로 오르내리면 중심축의 엇갈린 줄이 계속 풀렸다 감겼다 하면서 중심축을 돌려주게 된다.

이때 송곳 위의 나무뭉치는 무게로 인한 관성으로 회전하면서 수평대를 누르면 실을 풀어 주고, 올리면 실을 감아 주고 하는 것을 계속적으로 반복하게 된다. 이렇게 수평대를 누르고 올리는 것

나무뭉치 : 자동차의 플라이휠 역할

송곳

● 눌비비

을 반복함으로서 축이 계속 돌게 되어 구멍을 뚫거나 마찰열에 의한 불을 일으키는 것이다.

관성이란 운동하는 물체는 그대로 운동하려고 하고, 멈추어 있는 물체는 그대로 멈추어 있으려고 하는 성질을 말한다. 눌비비에서 보이는 관성이란 회전관성으로, 회전하는 물체가 그대로 계속 회전하려는, 또는 멈추어 있는 물체가 회전하지 않으려는 성질을 말한다. 눌비비에서 관찰되는 회전관성이란 눌비비의 둥근 나무뭉치가 돌 때 원을 그리며 도는 안쪽 중심 방향으로 힘이 집중되는 현상을 들 수 있다.

또한 이 나무뭉치는 자동차의 플라이휠(Fly Wheel, 회전 속도를 고르게 하여 엔진의 작동을 원활하게 하기 위하여 장치된 바퀴)의 역할을 하여 회전이 고르게 지속되는 구실도 한다. 이러한 운동을 계속하면 힘들이지 않고 원하는 구멍을 뚫거나 불을 빠르게 일으킬 수 있게 된다.

구멍을 뚫는 것은 지금의 전동 드릴과 같은 원리이다. 현재의 드릴은 전기 공급 방식에 따라 전원에 직접 연결하는 유선식과 충전된 배터리 힘으로 작동하는 무선식이 있으며, 인간의 힘에서 기계의 힘으로 바뀌었을 뿐 구멍 뚫는 원리는 눌비비와 전동 드릴이 같다.

눌비비는 생활 속에서 그 원리를 쉽게 찾을 수 있는데, 단추와 실의 탄력을 이용한 놀이에서 찾아볼 수 있는 원리를 도구로 발전시킨 좋은 예이다. 여기에서 우리는 생활 주변의 모든 원리들을 적극 이용했던 조상들의 독특한 과학 슬기를 찾아볼 수 있다.

● 청동 잔무늬 거울(국보 141호)

청동기 시대 과학 기술의 결정체
'청동 잔무늬 거울'

　청동기 시대는 사람들이 청동을 이용하여 연모(물건을 만들거나 일을 할 때에 쓰는 기구로 도구 또는 연장이라고도 한다.)를 만들어 사용하면서 살림을 꾸리던 시기를 가리킨다. 사람들은 맨 처음에는 구리에 다른 광물을 섞지 않은 순수한 동을 그대로 두드려서 연모나 치레걸이를 만들다가, 차츰 주석이나 납, 아연 등을 섞어서 단단한 청동을 얻는 방법을 터득하게 되었다.

　광석에서 구리 등을 빼내려면 높은 온도를 오랫동안 유지해야 한다. 여기에 적합한 용광로 역할을 하는 도구가 필요한데, 모래가 많이 든 질그릇은 높은 온도를 오랫동안 유지할 수 있게 하기 때문에 광석을 넣어 끓일 수 있었다. 또한 불을 때서 오랜 시간 열을 대어 주려면 풀무가 필요하며, 녹인 광석을 부어내기 위한 거푸집의 발명도 필수적이었다. 더욱이 청동기 시대의 합금술은 금속을 녹이는 온도를 낮추면서 더욱 단단한 합금을 만드는 데까지 발전하였다.

이렇게 보다 발달된 기술을 갖고 있는 청동기 문화가 우리나라(기원전 1000~300년경)에도 있었다는 사실이 밝혀지게 된 것은 광복 이후 우리 선사 문화 연구에서 얻은 값진 성과 가운데 하나이다. 일제 시대에는 식민 사관에 의하여 우리나라에 청동기 시대가 없었고, 석기와 금속으로 만든 연모가 함께 쓰였다는 금석병용기(金石倂用期) 또는 동석기 시대(銅石器時代, Eneolithic Age)의 문화 단계가 있었다고 주장되어 왔다.

구리에 다른 금속을 섞어 청동을 얻기까지 사람들은 순동을 사용하다가, 차츰 더 단단한 금속을 만들 수 있는 기술을 알게 되면서 청동기를 만들기 시작하였다. 청동은 구리에 비소나 주석 그리고 납을 섞어 만든다. 주석은 합금 비율이 28%일 때가 구리의 경도(굳기의 정도)를 가장 굳게 하며, 납은 주조(鑄造 : 주물을 만들기 위하여 실시되는 작업)한 다음 표면의 마감 처리를 위하여 사용한다. 그런데 우리나라의 청동기에는 유동성을 좋게 하여 주조하기 쉽게 하는 역할을 하는 아연이 포함되어 있어 새로운 합금 기술을 개발해 내었음을 알 수 있다.

이 시기에 만든 청동 거울의 성분 분석 결과 구리 42%, 주석 27%, 아연 7~9%의 합금으로 밝혀졌는데, 이는 표면이 곱고 매끄러우며 잘 비치도록 한 것이다. 도끼는 구리 41%, 주석 19%, 아연 25%를 합금하여 강도를 높였는데, 이것은 그 당시 사람들이 뛰어난 합금 기술을 지녔음을 나타내고 있다.

거푸집으로는 모래나 곱돌로 만든 것을 쓰고 있어 기술상 우수한 것으로 나타난다. 이러한 청동 기술은 뛰어난 조각술과 더불어 세공 기술을 발달시켰음을 알려 준다.

청동기 시대의 과학 기술을 가늠하는 대표적인 것으로 두꼭지 청동 잔무늬 거울을 들 수 있다. 이 거울을 비롯하여 세형(한국식) 동검과 창, 도끼 등의 무기류(武器類), 동탁(銅鐸)과 팔주령(八珠鈴), 그 밖의 각종 의기(儀器), 수레바퀴의 양축 끝에 끼워 바퀴를 고정

● 세형 동검과 칼자루   ● 을자형 동기   ● 입형 동기와 권총형 동기

시키는 역할을 하는 수레굴대끝〔차축두(車軸頭)〕과 수레 부속구인 을자형 동기(乙字形銅器), 수레 난간이나 수레멍에의 끝을 장식하는 삿갓형 동기〔입형 동기(笠形銅器)〕와 T자형의 수레채 양 끝에 붙어 고삐가 늘어지지 않게 하는 권총형 동기(拳銃形銅器)와 같은 거여구(車輿具) 등이 있다. 이 시기 우리나라 청동기들은 뛰어난 제련 기술과 용도에 적합한 다양한 합금 기술, 완벽한 주조 기술과 빼어난 조형미로 세계의 청동기 문화 중에서 특출한 위치를 점하는 것들이라 할 수 있다. 이는 물론 신석기 시대의 농업 혁명으로 인한 생산의 잉여(쓰고 난 후 남은 것)와 아울러 종교 권력과 정치 권력의 성장이 뒷받침된 결과일 것이다.

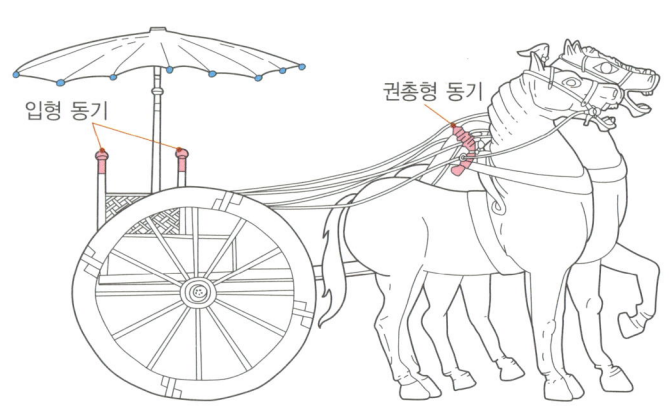

● 수레 복원도

청동 잔무늬 거울의 기하학적인 추상무늬는 신석기 시대의 빗살무늬 토기와 번개무늬 토기의 전통을 이어 받은 것으로, 우리나라 역사의 일관된 흐름과 발전 과정을 보여 주는 예라고 할 수 있다.

특히 청동 거울은 거친무늬 거울〔조문경(粗文鏡)〕과 잔무늬 거울〔세문경(細文鏡)〕로 나누어진다. 크기가 비교적 작은 거친무늬 거울은 기하학무늬 구성이 정밀하지 못하여 줄무늬가 굵고 거칠며, 만든 수법이 조잡하다. 잔무늬 거울은 거친무늬 거울을 따라서 만든 것으로, 우리나라의 청동기 문화에서 세형 동검과 더불어 특징 있는 청동기 유물이라고 하겠다.

가는 선으로 이루어진 삼각형을 기본 무늬로 하여 만들어진 이 거울은 꼭지가 가운데에서 치우쳐 2개가 있어 1개가 있는 중국 거울과 다르며, 함흥 이화동에서는 꼭지가 3개 있는 것이 나와 요령 지역과의 관련성을 보여 준다. 중국 거울과 다른 것은 꼭지 외에도 번개무늬 등 독특한 줄무늬가 있는 점과 거울의 가장자리의 테두리 단면이 반원형인 점이다.

● 청동 잔무늬 거울(세문경)

　거울의 면은 오목하게 되어 있어 햇빛을 한 곳에 모아 반사시킬 수 있으며, 물체를 거꾸로 비치게 하는 거울의 쓰임새로 보아 종교나 주술적인 의식에 쓰였을 가능성을 짐작하게 한다.

　국보 141호인 두꼭지 청동 잔무늬 거울은 당시 세계 최고의 기술, 조형 수준을 보여 준다. 이 거울은 지름 21.2cm이며, 뒷면의 볼록한 둥근 테두리원 안 평면에 동심원을 기본 구도로 엇갈린 삼각형과 그 속을 채운 수많은 직선, 그리고 네 방위에 각각 두 개씩 짝을 이루는 여덟 개의 동심원으로 구성되어 있다. 특히

● 청동 거친무늬 거울(조문경)

약 1만 3천 개가 넘는 가는 새김줄이 0.3㎜ 간격으로 그어져 있다. 선과 골의 굵기는 약 0.22㎜, 골의 깊이는 0.07㎜ 정도이며, 한 곳도 빈틈이 없이 절묘하게 새겨져 있다. 이는 당시 사람들이 가졌던 종교적 열정과 신념이 아니고는 어떠한 강제나 유혹으로도 도저히 이루기 힘든 경지의 수공예 세공 기술과 조형성을 보여 주는 것이라고 하겠다.

　이 거울 무늬의 뜻에 대해서는 방위, 천체의 운행, 계절을 계상하여 기록한 생산력이 아닌가 하는 등의 가설이 있다. 그렇지만 아직은 결론을 내릴 만큼 자료가 충분하지 못한 상태이며, 앞으로 깊은 연구가 필요하다.

　이 거울은 밀랍(蜜蠟 : 벌집을 만들기 위하여 꿀벌이 분비하는 물질)으로 만들고자 하는 물건의 모형을 만들고, 그 위를 고운 진흙으로 씌운 다음 열을 가하여 밀납을 녹여 내 진흙거푸집〔토범(土範)〕을 만드는 실납법(失蠟法 : 밀랍을 사용하기 때문에 밀랍 주조법이라 부르기도 한다.)을 써서 만들었을 것이라는 추측이 유력하다. 그러나 현재의 기술 수준으로서도 이렇게 세밀한 무늬를 주물로서 부어낸다는 것은 어려운 일로 보인다. 무늬가 간략한 기하무늬 거울 중에는 납석에 거울 모양과 무늬를 새겨 만든 납석 거푸집도 있지만, 현대의 전문 도안사도 손으로는 그려 내지 못하는 이 거울의 무늬를 돌에 새겨 만든 것으로 보기는 어렵다. 여하튼 당시에 이 무늬를 새겨 넣기 위해서

는 현시점에서 이것을 그린다고 해도 반드시 써야 하는 현대 도안 기구와 비슷한 체제를 이용했을 것으로 보인다.

  이렇게 우리 선조들은 기술적인 어려움 때문에 세계 어느 곳에서도 개발되지 않았던 합금 기술과 거푸집 등을 개발하고 발전시켰다. 이러한 기술은 그 뒤 시기의 쇠 다루기 기술의 백미인 금속 상감 기술, 세계 최고의 신라 범종, 고려와 조선 시대의 금속 활자 등으로 면면히 이어졌으며, 지금까지 끊이지 않고 우리에게 전해져 우수한 과학 기술을 발전시키는 원동력이 되었다.

'철'의 하이테크 초강법과 표면 경화 처리

● 고구려 야철(冶鐵)신(집안 오회분 4호묘 벽화)

인류 문명은 철(Fe)의 이용과 더불어 발전해 왔으며, 우수한 철기 문화를 가진 국가가 세계를 지배했다. 철은 가장 강인하고 실용적인 소재로 정의할 수 있으며, 인간의 생활 방식에 획기적인 변화를 가져온 매우 중요한 자원이다.

철의 종류는 철 속의 탄소 함유량으로 결정하는데, 연철(鍊鐵, wrought iron, 탄소 0.03% 이하), 주철(鑄鐵, cast iron, 탄소 1.7% 이상), 강철(鋼鐵, steel, 탄소 1.7%~0.03%) 등으로 구분된다.

순수한 철의 녹는점은 1530℃나 되지만, 일반적으로 불순물이 섞인 철은 이보다 녹는점이 낮았다. 700~800℃면 산소가 빠져나가는 환원 현상이 시작되고, 1000℃쯤 높이면 환원이 빨리 일어난다. 1200℃에 이르러야 물엿처럼 되어 주철을 생산할 수 있었지만, 주철은 강한 반면 쉽게 부서지는 단점이 있어 무기나 도구를 만들 수 없었다.

강철을 만들기 위해서는 저온 환원 상태에서 만들어진 괴련철에 탄소를 집어 넣어 침탄강을 만들거나, 고온 용융 상태에서 만들어진 주철 속의 탄소 함량을 줄이는 탈탄(脫炭) 처리로 강(鋼)을 만들 수 있는 방법을 개발하게 되었다.

주철에서 탄소를 제거하는 방법에는 몇 가지가 있는데 가장 먼저 개발된 방법은 초강법(炒鋼法)이다. 초강법은 녹은 상태의 주철에 붉은 흙이나 산화철 가루 등 탈탄제(脫炭劑)를 넣고 휘저으면 쇠 속의 탄소가 타서 이산화탄소 기체로 날아가 탄소의 함량이 낮아지게 하는 방법이다.

삼국 시대가 되면 이러한 철기로 무기를 만드는데, 고구려에서부터 일찍 발달한 철의 제련 기술

● 충주 칠금동 야철로(4~5세기)

● 조선 시대 용광로 '쇠부리' 모형

과 단조 기술에 의해 질 좋은 강철 제품이 많이 생산되었다. 고구려 유적인 로남리의 쇠도끼는 탄소 0.72%, 규소 0.3%, 망간 0.3%를 합금한 강철인 것으로 나타났다.

특히 쉽게 부러지지 않고 강한 날을 가진 큰 칼들을 분석해 보면 칼등에서 칼날에 이르는 각 부위별로 조직과 강도가 서로 다른 것을 알 수 있다. 이를 통해 당시의 칼은 강하고 날카로우면서도 부드럽고 충격을 잘 흡수했음을 알 수 있다. 이는 우리 선조 장인이 경험으로 익히고 스스로 터득한 '표면 경화 처리(담금질)' 기법에서 비롯됐다.

이러한 칼의 제작 방법은 연철 소재를 불에 달군 뒤 두드려 칼의 형태를 만들고, 칼날 부위는 강소재로 단접한 후 열 번, 삼십 번, 때에 따라 백 번의 단조 과정을 거친 뒤 날 부위를 담금질하였다. 담금질할 때 달군 쇠의 빛깔이 황혼 빛에 오는 순간 몇 차례 단계적으로 등 부분에서 날 부분에 이르기까지 물에 순간적으로 담근다.

이렇게 단계별로 온도를 다르게 해서 표면 경화 처리를 하면 칼날은 다이몬드를 가공할 수 있는 마르텐사이트 조직이, 칼 중심은 인성과 탄성이 요구되는 퍼얼라이트 조직이, 칼등은 연성이 요구되는 페라이트 조직이 만들어진다.

고구려 아차산 유적과 백제 천안 용원리 유적 출토 화살촉을 분석한 결과를 보면 생산과 성형 가공이 쉬운 연철 소재로 화살촉을 만든 다음, 강도·경도·인성이 요구되는 화살촉 끝은 강을 단접한 후 담금질하여 마르텐사이트 조직으로 만들어졌음이 밝혀졌다. 이러한 화살촉은 전쟁에서 갑옷을 뚫을 수 있었다. 마르텐사이트, 퍼얼라이트 조직 등은 모두 현대의 첨단 조직으로 활용되고 있다.

이러한 삼국 시대의 뛰어난 야철 기술(철을 다루는 기술)의 핵심은 무엇일까? 그것은 앞서 다룬 탄소 함량의 조절, 초강법, 표면 경화 처리 등의 기술과 함께 용광로와 송풍 장치, 불순물의 제거인데, 여기에 우리 선조들의 자연을 이용한 과학 슬기가 배어 있다. 쇠를 녹일 때 우리 조상들은 조개가루(생석회)와 숯을 썼다. 조개가루는 요즘 쓰이는 석회를 대신한 것으로 쇠를 잘 부식시키는 황을 제거하는데 가장 좋은 효과를 낸다. 숯도 높은 온도의 열을 낼 뿐만 아니라 탄소의 함량을 잘 조절해 강한 철을 만든다. 최근 조선 시대(15세기)의 못에 대한 과학 분석에서도 당시의 쇠가 오늘의 쇠보다 훨씬 질이 좋은 것으로 밝혀졌다.

이렇듯이 제철과 제강 기술의 핵심인 불순물 제거, 탄소 함량의 조절, 초강법, 표면 경화 처리 등의 기술들이 지금까지 이어져 우리가 철강 대국이 되고 있음을 알아야 할 것이다.

최근에 국립 중앙 과학관과 한국 전통 문화 학교, 그리고 이은철 장인의 노력으로 황토, 볏짚, 숯, 소석회 등을 이용한 전통 제련법으로 철광석을 녹여 1차 소재인 괴련철과 선철 등을 생산하는데 성공하였다. 또한 1차 소재인 괴련철을 이용하여 제강 기술과의 접목으로 단접성, 강인성, 내부식성 등이 매우 우수한 백련강(특수강)을 개발하는데 성공하였다.

앞으로 이러한 백련강과 현대의 제강 기술 및 특수 합금(Ni, Cr, Mo, V, Co, W)과의 접목이 이루어지면, 우리 고유 제련 기술과 첨단 기술을 융합한 원천 기술 확보로 새로운 부가 가치 창출이 이루어질 것으로 기대된다.

● 신라의 대장 공구

● 야철로 복원 및 제련 실험(2008년)

● 복원 실험에서 생산된 괴련철

● 괴련철 침탄 모습

● 괴련철 이용한 백련강 개발 성공

'조개가루'의 우수성

철기 시대에 이르러 각종 도구나 연장을 만들 때에는 철을 사용하였다. 따라서 우리 선조들은 각종 도구들의 수명을 연장하기 위하여 질이 좋고 강한 쇠를 만드는 방법을 찾는데 심혈을 기울여 왔다. 그 결과 철에 함유되어 있는 많은 원소들 가운데 황(S)이 철의 수명과 강도에 큰 영향을 미친다는 사실을 경험으로 발견하고, 이를 제거하기 위하여 많은 노력을 기울였을 것이다.

우리 선조들은 이 황을 제거하기 위하여 이온화 경향과 화학적 친화력이 강한 칼슘(Ca)이 많이 함유되어 있는 조개를 사용하는 방법을 개발하였던 것이다. 철기 시대 이래로 대규모 야철지가 있는 곳이면 어김없이 조개더미가 발견되는 것으로 미루어 야철 과정에 많은 양의 조개가 사용되었음을 짐작할 수 있다. 우리나라는 삼면이 바다로 둘러싸여 있어서 많은 양의 조개껍데기 확보가 가능하였기 때문이다.

이 조개가루는 우리가 얼핏 생각하면 하찮은 것이지만, 우리 선조들은 이것을 이용하여 엄청난 신기술을 창조해 내었다.

그 대표적인 것이 철 제련에 탈황제(물질 속의 황 성분을 없애는 데 쓰는 물질)로 조개가루를 사용한 것과 천연 염색에 매염제(섬유에 대한 친화력이 부족하여 직접 섬유에 염색되지 않는 섬유를 염색할 때 쓰이는 매개 물질)로 조개가루를 사용한 것이다.

조개가루는 강한 이온화 경향 외에도 높은 흡수성을 가지고 있다. 이런 이유로 선조들은 염료를 만드는데 없어서는 안 될 매염제로서 조개가루를 사용하였다.

쪽 염료는 밭에서 채취한 쪽을 물에 담가 3일 동안 무거운 돌로 눌러서 염료를 빼내게 된다. 이 염료는 수용성이기 때문에 별도로 염료만을 분리하기가 쉽지 않다. 그런데 우리 조상들은 경험을 통해 어떤 매개물로 이 염료를 흡수시키면 분리가 용이하다는 사실을 알게 되었고, 그 매개물로 조개가루를 사용하게 된 것이라 생각된다.

염색에 사용되는 조개가루는 조개껍데기를 1200℃ 이상에서 3~5일 정도 구워 가루로 만들어 사용한다. 조개가루를 만드는 과정을 자세히 살펴보자.

● 옹기굴에서 구운 조개가루

먼저 준비된 꼬막조가비를 항아리에 담아 옹기 굴(가마)에 넣고 1200℃의 높은 온도에서 5일 정도 굽는다. 옹기 굴에 꼬막조가비를 넣고 굽는 이유는 옹기 굴에서 옹기를 구울 때의 온도가 1200℃로 매우 높은데, 이는 조개가루를 만들기에 가장 좋은 조건이 되기 때문이다.

● 조개가루 만들기 작업

조개껍데기를 고온에서 가열하면 조개껍데기에 함유되어 있는 각종 불순물들이 제거되어 주성분인 칼슘의 순도는 높아지게 된다. 이 고순도 칼슘은 흡수력이 강하고, 또한 활성화된 상태로 존재하기 때문에 천연 염색 시 반응성이 좋게 된다. 일례로 석회 공장에서 만든 조개가루(석회)로는 쪽이 잘 우러나지 않지만, 옹기 굴에서 높은 온도로 구운 꼬막조가비로 만든 조개가루로는 쪽이 잘 우러나는 것에서도 그러한 점을 엿볼 수 있다.

● 완성된 조개가루

옹기 굴에서 구워진 꼬막조가비는 항아리에 담겨진 상태로 굴에서 꺼낸 뒤, 멍석을 펴고 항아리에 있는 구워진 조가비를 쏟아 고루 펴 놓는다. 그 뒤 바가지에 물을 담아 손이나 또는 물뿌리개로 물을 살짝 뿌린 다음 재빨리 항아리에 다시 담고 뚜껑을 덮어 둔다. 이 상태로 20분 정도 지나면 높은 열이 나면서 김이 흘러나오는데 이때 비로소 조개가루가 만들어진다.

그러나 이런 과정을 거쳤는데도 열과 김이 나지 않는 2가지 경우가 있다. 첫째는 물이 적었을 때이고, 다른 하나는 물이 많았을 때이다. 그러나 이러한 현상이 나타난다 하더라도 조바심을 낼 필요는 없다. 적게는 1시간, 많게는 2시간 정도의 시간이 흐르면 자연적으로 조개가루가 생성되기 때문이다.

이렇게 얻은 조개가루를 사용하여 쪽 염료를 분리하는 것이다. 쪽 염료를 분리하기 위해서는 먼저 쪽을 채취하여 깨끗한 물에 담아 저장한다. 이렇게 하면 쪽 염료가 빠져나오는데, 이 물에 조개가루를 넣고 저으면 조개가루가 쪽 염료를 머금으면서 공기를 배출하게 된다. 이 공기로 인하여 물의 표면에서는 거품이 생기게 되는 것이다. 이 과정이 끝나면 조개가루는 쪽 염료를 머금은 앙금이 되어 물 아래로 가라앉는데, 쪽 염료를 머금은 조개가루가 가라앉고 난 뒤 위에 남은 물만 버리면 간단하게 염료를 분리하게 되는 것이다.

이런 과정을 통해 만들어진 염료는 다시 염색을 하기 위하여 잿물을 첨가한다. 조개가루는 이온화 경향이 강하기 때문에 잿물과 반응하면서 머금었던 염료를 다시 방출하게 되는 것이다.

천연 염색에서 매우 중요한 첨가제로 쓰였던 조개가루는 철 제련에도 사용되었다. 철은 철 속에 황의 양이 많으면 많을수록 강도와 경도가 떨어지고, 황이 편석(철을 주조하면 서서히 굳게 되는데, 이때 금속에 침투된 황이 고르게 퍼져 있지 않고 잘 섞이지 않은 상태)되어 있는 부위에서 부식이 시작되기도 한다. 철이 공업적으로 사용되기 위해서는 가급적이면 황의 함량을 떨어뜨려야 하는데, 요즘과 같이 제련 기술이 발달한 때에도 이 황은 골칫거리가 아닐 수 없다. 지금처럼 제련 기술이 발달하지 않았던 때에 황을 제거하는 기술을 개발했다는 것 자체로 큰 의의를 찾을 수 있지만, 또 한편으로는 당시 철 제련에 있어서 황이 심각한 문제였다는 사실을 말해 주고 있는 것이다.

우리 선조들은 조개가루에 이온화 경향이 매우 강한 칼슘(Ca)이 함유되어 있다는 사실을 경험으로부터 터득해 냈다. 조개가루의 이 성질을 이용하여 철에 고용되어 있는 황이 조개가루와 결합하고 있는 산소와 치환(置換)하는 배소(焙燒) 반응(Roast reaction)에 의해 철 속의 황을 제거하는 기술을 개발해 내었다. 이 배소 반응은 지금까지도 철 제련에 있어서 반드시 거쳐야 하는 매우 중요한 제련 과정이다.

조개가루를 첨가하였을 때 쇳물과 조개가루와의 화학 반응으로 인하여 탈황(脫黃: 함유되어 있는 황 성분을 제거하는 것) 작용이 이루어진다. 원광(原鑛)에 포함되어 있는 철은 황을 포함하고 있는 황화철(FeS) 상태이다. 이 황화철은 원자 결합이 완벽한 화합물을 이루고 있기 때문에 분리하는 과정이 매우 어렵게 된다. 따라서 보다 분리하기 쉽게 하기 위하여 황화물보다 덜 안정한 산화물 상태로 치환을 하게 되는데, 이 과정을 제련에서 배소 반응(Roast reaction)이라 한다.

조개가루의 탈황률은 정량화되지는 않았지만 연구 결과로 볼 때 현대에 탈황제로 많이 사용되고 있는 철(Fe)-규소(Si)-마그네슘(Mg)이나 셀륨(Ce), 희토류 금속(稀土類金屬, Rare-earth metal)류 등에 비하여 높은 것으로 나타났다. 철(Fe)-규소(Si)-마그네슘(Mg)과 같은 탈황제는 쇳물에 첨가시 폭발성이 강하여 철의 성분을 정확히 조절하기 어렵고, 셀륨(Ce)이나 희토류 금속 등은 폭발성은 없지만 탈황(脫黃)율이 떨어지는 단점이 있다. 이에 반해 조개가루는 폭발성이 없음은 물론 탈황율도 매우 우수하여 지금 사용하고 있는 탈황제의 대체 재료로 응용 가능성이 높다는 것을 알 수 있다.

이처럼 실생활과 중공업인 철 제련에 사용된 조개가루는 이 외에도 건축물, 특히 토담벽에 생형 강도(green strength)를 부여하기 위하여 석회로 사용하기도 하였고, 이 밖에도 약품이나 흡수제 등으로 일부 사용되고 있다.

용어 정리
- 배소 : 금속 제련의 예비 처리로서, 제련 본 공정에 알맞은 화학 조성이 되도록 광석이 용융하지 않는 정도의 온도에서 화학 변화를 일으키는 처리
- 편석 : 화학적(化學的)으로 조성(組成)이 한결같이 고르지 않은 금속(金屬) 결정(結晶)의 상태(狀態)
- 희토류 금속 : 희유 금속류의 하나. 란탄, 세륨, 이트륨 따위의 17개 금속 원소가 있으며, 화학적 성질이 서로 비슷하고 같은 광물 속에 함께 들어 있어 서로 분리하기가 어려운 것이 특징임.

첨단 조직의 산실 '낫'

'낫 놓고 기역자도 모른다.'는 우리 속담이 있다. 이 속담은 낫이 거의 90°에 가깝게 굽어 있어 그 모양이 'ㄱ(기역)'과 흡사하기 때문에 낫에 비유하게 된 것이다. 이러한 낫은 예로부터 농경 생활에 있어서 없어서는 안 되는 중요한 도구로 여러 가지 용도로 사용되었다.

낫의 가장 큰 구실은 곡식을 추수하거나 풀이나 나뭇가지를 잘라 내는데 있다. 우리 전통 낫은 요즈음에 많이 쓰이는 왜낫에 비하여 그 기능과 성질이 약간 차이가 난다. 왜낫은 주로 풀만을 베기 위하여 만들어졌기 때문에 그 모양이 날렵하고 낫의 두께가 얇다. 반면에 우리 낫은 모양이 투박하고 두께가 상대적으로 두껍다. 이 두 가지 낫을 비교해 보면 우리 낫의 우수성은 왜낫과 비교가 되지 않을 정도로 우수하다.

이러한 차이는 낫의 제작 과정에서 나타난다. 우리 낫은 최소한 8번의 단조 과정에 수백 번을 두드리는 공정을 거쳐 만들어지고, 낫의 날 부위와 다른 부위와의 강도 차이를 주기 위하여 특수한 열처리를 하게 된다. 이 열처리는 단조가 끝난 낫을 달구어 물방울을 날 부위에 올리고 마치 구슬을 굴리듯 굴려 부분 열처리를 하게 된다. 따라서 낫의 날 부위는 냉각 속도가 빨라 조직이 치밀하고 강도가 높게 되지만, 낫등 부위로 갈수록 달궈진 낫에서 나오는 열로 냉각 속도는 상대적으로 느려져 강도가 날 부위에 비하여 떨어지게 된다.

이러한 강도의 변화를 줌으로써 낫으로 나뭇가지를 쳤을 때 낫날에 걸리는 충격을 날 뒷부분으로 전달시켜 낫등이 충격을 흡수함으로써 낫이 부러지지 않게 된다. 여기서 우리는 선조들의 과학 슬기를 엿볼 수 있다. 이에 반해 왜낫은 그 두께가 얇기 때문에 냉각 속도가 빨라 낫 전체의 강도가 높고 균일하게 된다. 따라서 이 낫은 벼나 풀을 베는 데는 큰 문제가 없으나 나뭇가지를 치게 되면 그 충격을 흡수하지 못하고 부러져 버리는 결과를 초래하게 된다.

그 까닭은 과학적 분석으로 확인되었는데 우리 낫의 날은 쇠에서 가장 강도가 높은 마르텐사이트(martensite)라는 조직이, 중간 부위는 마르텐사이트에 비하여 강도가 약간 떨어지는 하부 베이나이트(lower bainite), 낫등은 하부 베이나이트보다 강도가 약한 상부 베이나이트(upper bainite) 조직으로 이루어졌다.

이 조직들은 현대 첨단 산업에서도 응용이 되는 조직으로 1970년대 후반에 이르러서는 각 분야에 응용되기 시작하였다. 오늘날 금속을 자르고, 깎고, 뚫고, 고정시키는 공구인 바이트·엔드밀·끌·드릴·바이스 등은 다이아몬드를 가공할 수 있는 마르텐사이트 조직으로 되어 있다. 또 항공기 부품이나 충격 흡수가 필수적인 자동차 강판 등에는 낫의 중심이나 등 부분에 보이는 베이나이트 조직을 갖도록 가공하고 있다. 우리 선조들의 쇠 다루는 기술의 수준에 다시 한 번 놀라지 않을 수 없는 점이 여기에 있다.

이러한 우리의 전통 야철 기술은 내식성(耐蝕性 : 부식이나 침식을 견디는 성질), 인성(靭性 : 탄성 변형에 의한 에너지를 흡수할 수 있는 물질의 성질로, 연성과 강함 양쪽을 겸하고, 재료 시험 조각을 구부리거나 충격을 주어 파괴할 때의 저항력), 단접성(鍛接性, weldability : 금속 재료가 압력이나 매질을 가하여도 쉽게 깨어져 부스러지지 않으며, 고온에서도 쉽게 산화하지 않는 등의 단접될 수 있는 성질)이 우수하고 첨단 조직을 갖고 있다. 그렇기 때문에 현대 첨단 과학과의 융합으로 전통 과학 기술에 내재된 고유 원천 기술 확보는 물론이고, 신소재 개발로 이어져 신 부가 가치를 창출하도록 노력해야 할 것이다.

• 조선낫 제작 공정

대장간 전경

화덕

'잡쇠' 자르기

1차 단조(슴베)

4차 단조(낫목다듬기)

3차 단조(낫목잡기)

2차 단조(낫 모양잡기)

4차 단조(도장찍기)

5차 단조(낫날다듬기)

6차 단조(낫날끝다듬기)

열처리(담금질전)

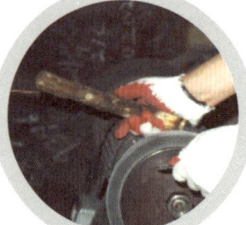
낫날갈기

8차 단조(마무리)

7차 단조(낫목다듬기)

담금질

낫자루 끼우기

낫 완성

군사 무기의 백미 '쇠뇌'

　쇠뇌는 활에 기계 장치를 부착시켜서 만든 무기로 노(弩)라고도 한다. 쇠뇌는 활시위를 손으로 당겨쓰는 일반 활보다 발달된 무기로, 활이 쇠뇌 틀〔노상(弩床)〕앞부분에 쇠뇌 틀과 직각으로 장착되고, 쇠뇌 틀의 뒷부분에는 청동이나 철로 만든 발사 장치〔노기(弩機)〕가 설치되어 있다.

　기계 장치인 노기(弩機, 발사 장치)는 시위걸개인 아(牙)와 시위걸개를 꽉 물고 있는 방아쇠 멈추개인 곽(郭), 방아쇠 멈추개 아래 경사져 내려간 방아쇠인 현도(懸刀) 등으로 이루어진다.

　쇠뇌의 발사 장치를 보면, 활시위를 시위걸개에 걸면 이 시위걸개를 방아쇠 멈추개가 물고, 또한 방아쇠가 이 방아쇠 멈추개를 물고 있다. 이 방아쇠를 당김으로써 시위걸개에 걸려 있던 시위가 시위걸개에서 풀어지면서 활궁의 탄력에 의해 화살이 발사된다.

　쇠뇌 시위〔弦〕를 당기는 방법으로는 사람이 손으로 당기거나 발로 당기는 직접적인 방법, 소나 말 등의 짐승을 이용하여 당기는 간접적인 방법이 있다.

　우리나라의 쇠뇌는 크게 공용(共用)과 개인용으로 분류된다. 먼저 공용은 한 개의 대형 쇠뇌 틀에 여러 개의 쇠뇌 활을 부착시켜 한번에 수십 개의 쇠뇌 화살을 발사시킬 수 있는 구조를 갖추고 있으며, 여러 대의 쇠뇌를 고정시켜 연결하고 동시에 발사시키는 연노(連弩)를 들 수 있다. 개인용은 정확한 조준력을 갖춘 단발식(單發式) 쇠뇌와 연속 발사가 가능하도록 설계된 연사식(連射式) 쇠뇌가 있다.

　우리나라에서 쇠뇌가 출토된 가장 오래된 유적으로는 고조선 후기와 기원전 2세기부터 1세기 초

• 강노

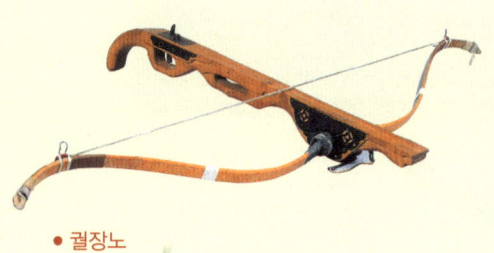
• 궐장노

• 탄노

• 소노

에 해당되는 고조선의 부조예군(夫租薉君) 무덤, 황해도 은율군 운성리 가말뫼 1호 무덤, 황해도 은파군 갈현리 무덤, 평양 이현리 무덤, 평양 정백동 37호·206호 무덤, 평양 정오동 5호 무덤, 그리고 남부 지방의 경북 영천 용전리 초기 철기 시대 유적 등을 들 수 있다. 이러한 유적에서는 쇠뇌의 부속품인 발사 장치와 쇠뇌 화살촉이 출토되었다.

삼국 시대의 쇠뇌에 대한 기록은 『삼국사기(三國史記)』, 『삼국유사(三國遺事)』와 중국의 사서인 『주서(周書)』, 『자치통감(自治通鑑)』 등에 나타나는데, 이로 미루어 이미 우리나라에서는 삼국 시대에 쇠뇌의 사용이 활발하였음을 알 수 있다.

먼저 고구려 쇠뇌에 관한 기록으로 636년에 편찬된 중국의 사서인 『주서』에 고구려에서 사용되는 병장기에는 갑옷, 쇠뇌, 활, 극(갈구리창), 삭(긴 창), 연(작은 창) 등이 있다는 기록이 있다. 또한 『구당서(舊唐書)』에 보이는 당의 대장군 이사마(李思摩)가 고구려군이 쏜 쇠뇌의 화살에 맞았다는 기록으로도 고구려에서 쇠뇌를 사용했다는 것을 알 수 있다.

신라의 쇠뇌에 관련한 기록으로는 『삼국사기』권 제40(잡지 제9) 직관지(職官志)에 군사 제도로서 '노당(弩幢)'의 기록이 보인다. 또한 『삼국사기』제4 「신라본기」 진흥왕 19년에 보이는 내마(奈麻) 신득(身得)이 포노(砲弩)를 만들어 바쳤다는 기록, 『삼국사기』 권 제5 「신라본기」 태종 무열왕 8년에 성주(城主)인 대사(大舍) 동타천(冬陁川)이 노포(弩砲)를 설치하여 성을 지켰다는 기록이 있다.

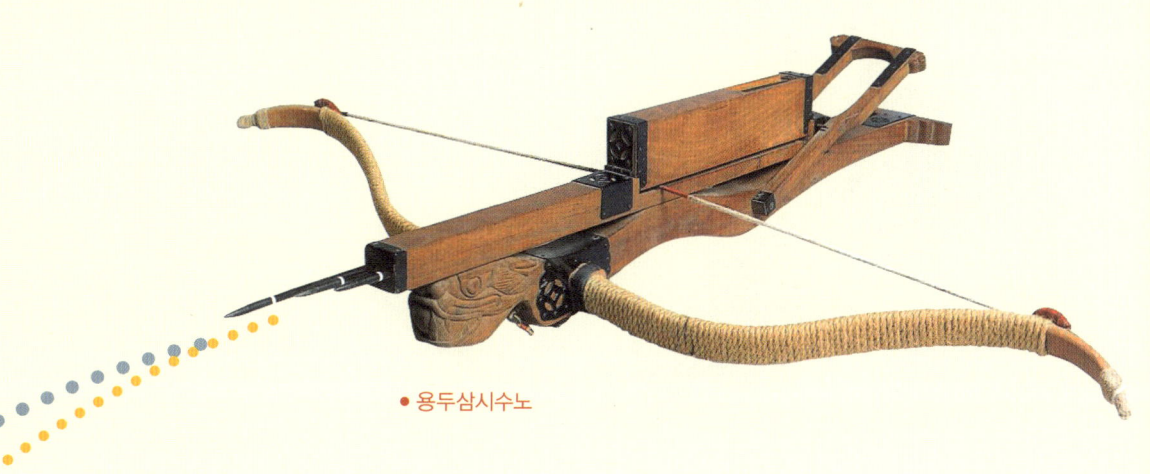

● 용두삼시수노

그리고 『삼국사기』 권 제6 「신라본기」에는 문무왕 9년에 당나라에서 신라의 쇠뇌를 만드는 기술자(弩師)인 사찬 구진천(仇珍川)을 데려가 쇠뇌를 만들게 하였으나, 쏘아 보니 30보 밖에 나가지 않자 당나라 황제 고종이 "너희 나라에서 만든 쇠뇌는 1천 보를 나간다고 들었는데, 지금 만든 것은 겨우 30보밖에 나가지 않는다. 그 이유가 무엇인가?"라고 묻는 대목과 당 고종이 중죄를 준다고 위협하지만 구진천이 끝까지 자신의 재능을 모두 발휘하지 않았다는 기록, 『삼국사기』 권 제8 「신라본기」 성덕왕 30년에 차노(車弩)의 사격술을 관람하였다는 기록과 『삼국사기』 권 제9 「신라본기」 효성왕 30년에 쇠뇌를 쏘는 군사들을 검열하게 하였다는 기록에서 신라의 쇠뇌 기술이 상당히 발전하였음과 다양한 전투 양상에 알맞은 쇠뇌를 개발하여 사용하고 있었음을 알 수 있다.

고려에서는 이러한 쇠뇌를 개량한 팔우노, 수질노, 구궁노, 천균노 등 신종 쇠뇌를 많이 개발하였다. 특히 팔우노는 무려 8마리의 소가 활의 시위를 당겼다고 해서 붙여진 이름이다.

조선 시대 노(弩)는 수원 화성에서 찾아볼 수 있다. 화성에는 노대가 있는데, 성 가운데서 다연발 활인 쇠뇌를 쏘기 위하여 높이 지은 것으로 서노대와 동북노대의 2기가 있다.

조선 시대의 노는 수노, 궐장노, 강노 등의 종류가 있는데, 『훈국신조기계도설(訓國新造機械圖說)』에 수노와 궐장노가, 『노해(弩解)』에 강노와 녹로를 결합한 녹로노와 여러 개의 노가 연속적으로 발사되는 연노(連弩)법이 도면과 함께 전해지고 있다.

먼저 수노는 노기에 있는 지렛대로 시위를 당겨 시위걸개에 걸어 화살을 연속적으로 발사할 수 있는 무기이고, 궐장노는 사람의 힘으로 시위걸개에 시위를 걸어 화살을 발사하는 무기이다. 강노(녹로노)는 활의 크기가 매우 커서 사람의 힘으로 시위를 당겨 시위걸개에 걸 수 없기 때문에 녹로의 얼레를 이용하여 시위를 당겨 시위걸개에 걸고 화살을 발사하는 기계식 쇠뇌로 매우 강력한 발

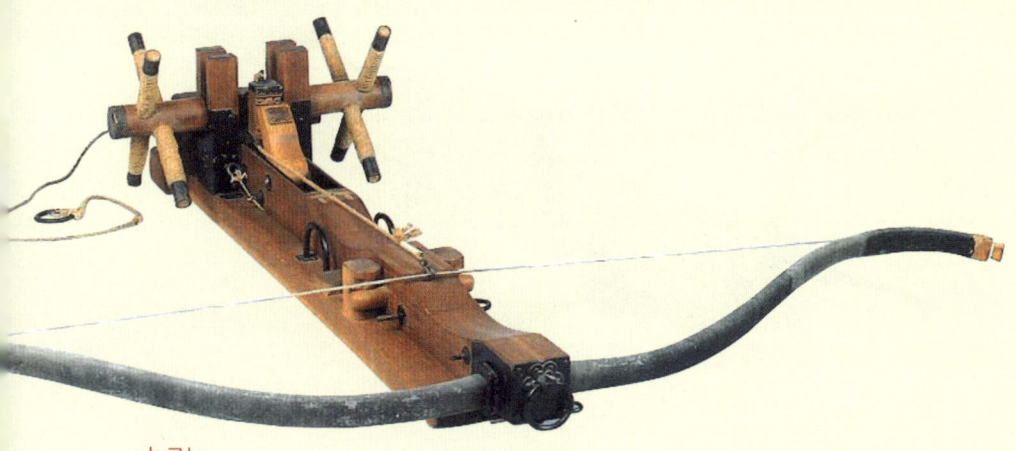
● 녹로노

사력을 갖는 무기이다. 따라서 이 강노(녹로노)는 주로 적의 성채를 공격하거나 적의 방어진을 무력화시키는데 사용되었다.

쇠뇌는 활이 잡아당기는 힘과 기술을 필요로 하는데 비해 비교적 사용하기 쉽도록 만든 무기이다. 또한 쇠뇌는 간단한 기계 장치로 활시위를 걸어서 방아쇠를 당김으로써 화살을 발사하기 때문에 노약자나 부녀자도 사용할 수 있었던 무기였다. 일반 궁수를 양성시키기 위해서는 장기간의 훈련이 필요한 것과는 달리 쇠뇌를 쏘는 궁수는 간단한 조작 훈련만으로도 병사로서의 역할을 충분히 수행할 수 있었다.

쇠뇌의 장점은 전통 활에 비해 정확성이 높다는 점이다. 또한 활보다 더 강력한 화살을 발사할 수 있고, 여러 개의 쇠뇌를 연결시켜서 동시에 여러 발의 화살을 집중 발사할 수 있었다. 활에 비해 적에게 모습을 드러내지 않는 쇠뇌의 은익성과 정확성은 전술적으로 매복이나 복병의 무기로서도 그 활용도가 높았다.

단점으로는 발사 속도가 활보다 느리다는 것이다. 이 점은 화약 무기가 가진 장단점과 비슷하였으므로 화약 무기의 출현 이후에는 대형의 쇠뇌는 사라지고, '수노'와 같이 가볍고 빠른 발사 속도를 갖춘 쇠뇌들이 주로 사용되었다.

활보다 더 멀리, 여러 발의 화살을 한꺼번에 쏠 수 있는 쇠뇌는 시위가 당겨진 상태에서 조준을 할 수 있으므로 정확도가 높다. 이 쇠뇌는 요즈음 레저스포츠로 각광을 받고 있는 석궁으로 개량되어 사랑받고 있다.

가마솥에 숨겨진 과학
'무쇠솥'과 '통가열식 압력밥솥'

솥은 취사 용구의 하나로, 밥을 짓거나 국과 물을 끓이는데 사용했다. 재료는 주로 무쇠를 사용했으며, 손잡이 꼭지가 달린 뚜껑이 있다.

솥의 재질로는 선사 시대에는 토기, 청동기 시대 이후에는 청동, 철기 시대 이후로는 쇠를 주재료로 하였다. 크게 3종류의 재질 가운데 토기는 견고하지 못하여 쉽게 깨지는 단점이 있고, 청동 또한 불에 약하고 내구성이 떨어지는 단점이 있다. 그러나 쇠는 견고함, 내구성 등을 갖추고 있기 때문에 오늘날 스테인리스(철과 크롬이 주성분이고, 니켈 등이 첨가된 합금), 알루미늄 등의 신소재가 출현하기 전까지 꾸준히 사용된 것이다.

솥의 종류는 다양하여 부(釜), 정(鼎), 노구로 분류되는데, 솥에 다리가 없는 것은 부(釜), 다리가 있는 것을 정(鼎)이라 구분하고 있다. 이에 비해 노구는 자유로이 옮겨 걸고 사용할 수 있게 만든 작은 솥을 말한다.

『임원경제지』, 『섬용지』, 『취주팽약제기편』 등 옛 농서와 기술서는 솥에 다리가 있으면 '기(錡)', 없으면 '부'라고 불렀다고 기술하고 있다.

가장 최근 출간된 한국 고고학 사전은 무쇠솥을 두부류로 구분했다. 그 중 하나가 다리 3개에 바닥이 비교적 편평하며, 주변이 직선형 모양인 '정'이다. 정은 주둥이가 약간 넓게 퍼진 형태의 뚜

• 철솥(고려, 익산 미륵사지 출토)

• 철솥
(고려, 청주 사뇌사지 출토)

• 철복
(초기 철기 시대,
김해 양동리 출토)

• 청동복
(고조선, 평양 동대원리
허산 출토)

• 청동정 (초기 철기 시대, 울산 하대리 출토)

• 철복(고구려, 서울 구의동 출토)

껑이 솥전보다 크게 만들어진 것이 특징이다. 또 다른 하나는 다리가 없고, 솥바닥이 둥글며 주둥이가 좁고 솥전이 오므라든 형태의 '복'이다. 종합해 보면 보통 '정'과 '기'는 세발을 가진 솥을, '부'와 '복'은 다리가 없는 솥을 일컫는다는 공통점이 드러난다.

솥의 기원은 청동으로 된 '정'에서 기원한다. 구리가 쇠보다 용융점이 낮아 다루기 좋기 때문이었을 것이라는 게 연구자들의 추측이다. 청동솥은 삼국 시대 유물로 자주 발굴되는데, 이는 '정'이 국가, 왕위, 제업을 상징하는 의미가 있었기 때문이다. 하지만 쇠붙이 솥의 역사는 삼국 시대보다 훨씬 전인 청동기 시대로 올라간다.

한반도에서 구리솥은 청동기 시대 후기 한국식 동검 문화기에 해당되는 고조선 유적에서 처음 발견됐다. 이어 기원전 108년 고조선이 한나라에 의해 멸망하면서 설치된 '한사군' 유적에서 다량의 솥이 출토된다. 특히 낙랑군 유적은 4개 군 가운데 가장 많은 종류의 솥이 나온 곳으로 유명하다. 솥 종류만 해도 정, 복, 부가 확인되며, 소재도 구리, 철, 도제, 토제 등으로 다양하다.

시대가 바뀌면서 솥은 여러 가지 용도로 쓰이며 발전한다. 삼국 시대 고고학 유적에서 발견된 솥의 형태에서 그 기능을 알 수 있으며, 고려 때 편찬된 삼국사기, 삼국유사는 삼국 시대 솥에 관해 비교적 상세히 설명하고 있다.

한 예로 경주 호우총에서 출토된 뚜껑 달린 청동합은 고구려 광개토 대왕의 공적을 기리기 위한 것이다. 1946년 경북 경주시 노서동에서 발굴된 청동합은 높이 19.4cm, 그릇 깊이 10cm, 몸통 지름 24cm인 구리로 만든 솥이다. 그릇과 뚜껑 표면에는 3가닥씩 덧무늬를 2단으로 두르고, 10장짜리 꽃잎무늬 '유좌(鈕座)'에 구슬모양 손잡이를 달았다. 밑바닥 면에는 '을묘년국강상광개토지호태왕호우십(乙卯年國罡上廣開土地好太王壺杅十)'이라고 돋을새김한 4행 16자의 명문이 적혀 있다.

● 청동 호우(경주 호우총 출토)

여기서 을묘년은 광개토 대왕이 죽은 후 3년째 되는 415년(장수왕 3년)을 의미하는데, 이를 해석하면 '국강(國罡) 위에 있는 광개토 대왕릉 호우(국강상에 영원히 잠드신 광개토 대왕을 기념하는 항아리)'라는 말이다. 눈에 띄는 사실은 새겨진 글자체가 광개토 대왕비 비문체처럼 웅건한 '한예체'라는 점이다. 이 제사 용기가 어떤 경로와 사연으로 신라의 서울까지 흘러들었는지 분명치는 않지만 그 사료적 가치는 매우 크다.

● 청동 호우 명문

솥에 얽혀 있는 재미있는 사연은 꽤 많다. 충북 보은에 있는 법주사 '철확(鐵鑊)'이 그 한 예다. 성덕왕 19년(720)에 제작된 법주사 철확은 철로 만든 솥이다. 높이 1.2m, 직경 2.7m, 둘레 10.8m의 이 거대한 철제 솥은 3천여 명의 승려가 머물던 그 옛날 장국을 끓이거나 밥을 짓는데 쓰였다. 큰 규모에도 불구하고 목재 다루듯 정교하게 철솥을 만들었던 당시 장인의 뛰어난 기술을 엿볼 수 있는 희귀한 문화재다.

● 법주사 철확 (통일 신라)

고려 시대에도 금속 문화는 꾸준히 발전하며 더 많은 양적·질적인 성장을 이루었다. 국가 행사인 제례에 솥이 쓰였다는 사료 서술로 미루어 볼 때 이 당시에도 솥은 신성한 물건이었음이 분명하다. 둘레 10.5m에 무게 1.5t, 어른 10여명이 들어갈 크기의 개태사 철확도 바로 이때 만들어졌다.

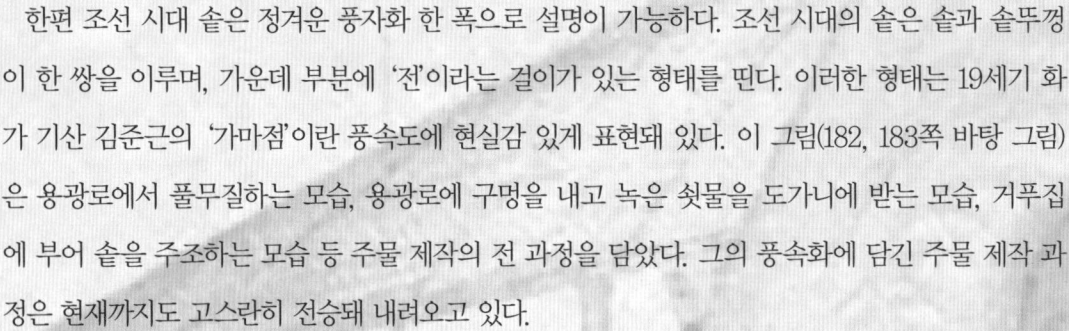
● 논산 개태사 철확(고려)

한편 조선 시대 솥은 정겨운 풍자화 한 폭으로 설명이 가능하다. 조선 시대의 솥은 솥과 솥뚜껑이 한 쌍을 이루며, 가운데 부분에 '전'이라는 걸이가 있는 형태를 띤다. 이러한 형태는 19세기 화가 기산 김준근의 '가마점'이란 풍속도에 현실감 있게 표현돼 있다. 이 그림(182, 183쪽 바탕 그림)은 용광로에서 풀무질하는 모습, 용광로에 구멍을 내고 녹은 쇳물을 도가니에 받는 모습, 거푸집에 부어 솥을 주조하는 모습 등 주물 제작의 전 과정을 담았다. 그의 풍속화에 담긴 주물 제작 과정은 현재까지도 고스란히 전승돼 내려오고 있다.

솥은 이사할 때 가장 먼저 옮기는 1순위 안에 드는 생필품이었다. 전란 중에도 솥을 머리에 이거나 어깨에 둘러메고 피난길에 나설 정도였다. 가까이에 있고 자주 쓰다 보니 어느새 솥은 물과 공기 같은 존재로 자리 잡았다.

'밥이 보약', '상차림이 부실해도 맛깔 나는 밥 한 그릇 하나면 족하다.'라는 표현이 있다. 밥 한 사발에도 이토록 민감한 미감을 가진 민족의 입맛을 오늘날까지 지켜온 비결에는 어떤 것이 있을까? 반찬 맛이 손맛이라면 밥맛을 좌우하는 것은 무엇일까? 비밀의 열쇠는 바로 밥솥에 있다. 가마솥 밥맛이 좋은 이유는 솥뚜껑 무게와 바닥 두께와 밀접히 관련된다.

가마솥 생산 과정에는 선인의 슬기와 전통 과학의 힘이 배어 있다. 솥은 쇠로 만들기 때문에 쇠에 대한 이해와 경험 없이 양질의 솥을 만들기는 불가능하다. 우리 겨레가 오래 전부터 뛰어난 주조 기술과 제작 경험을 축적해 왔음은 이미 고고학 자료를 통해 충분히 소개되어 왔다. 또한 각 제작 과정에 쓰인 도구와 관련 용어들은 오랜 세월 동안 내려온 생생한 경험과 노력이 숨 쉬는 과학 용어인 셈이다.

가마솥의 솥뚜껑은 무게가 무거워 온도 변화가 서서히 일어나며, 내부 압력이 높고, 또 높은 온도를 유지시켜 주어 맛있는 밥이 된다. 가마솥 뚜껑은 다른 재질로 만든 솥의 뚜껑에 비해 훨씬 무겁다. 요즈음 사용되는 압력밥솥은 잠그는 기능까지 있을 정도이다. 솥뚜껑이 무거우면 불로 가열

● 무쇠솥 주조 모습

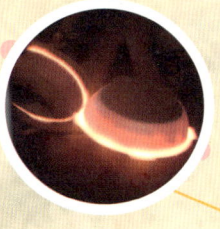

● 솥뚜껑 주조 모습

● 완성된 무쇠솥

할 때 솥 안의 공기가 팽창됨과 아울러 물이 수증기로 변하게 된다. 뚜껑이 가벼우면 수증기가 쉽게 빠져 나가지만 무거우면 덜 빠져나가게 되어 내부 압력이 올라간다. 압력이 높아지면 물의 끓는 점이 올라가 밥이 100도 이상에서 지어져 낮은 온도에서보다 더 잘 익게 되고, 따라서 밥맛이 좋게 되는 것이다.

쌀이 잘 익으려면 대기압(1기압) 이상의 압력이 필요하다. 밥을 지을 때 솥 안의 공기와 수증기가 빠져나가 '김이 새면' 설익게 되기 때문이다. 전통 가마솥 뚜껑 무게는 솥 전체의 3분의 1에 달하는데 이러한 원리를 전기압력밥솥이 그대로 적용하였다. 하지만 전기압력밥솥에 이런 무거운 장치를 얹을 수 없기 때문에 내솥과 뚜껑에 톱니바퀴 모양의 돌출부가 만들어져 있다. 뚜껑을 닫고 손잡이를 돌리면 톱니바퀴들이 서로 맞물리게 되어 공기와 수증기가 빠져나갈 수 없다. 여기에 압력 조절 장치를 달아 일정 압력(2기압) 이상이 되면 기체 배출구를 통해 내부 기체가 빠져나오도록 설계되어 있다.

또한 가마솥은 밑바닥이 둥그렇기 때문에 열이 입체적으로 전해진다. 바닥의 두께가 부위별로 다른 점도 한몫을 한다. 대부분의 가마솥에서 불에 먼저 닿는 부분을 두껍게 하고 가장자리 부분을 얇게 만들어 열을 고르게 전달시킨다. 열전도율을 훌륭하게 적용한 것이다.

이와 같은 가마솥의 원리를 현대 과학과 접목하여 신기술로 나타난 것이 바로 전기압력밥솥임을 알 수 있다.

웬만한 가정이라면 한 대씩 갖추고 있어 현대인의 생활 필수품으로 자리 잡은 '전기압력밥솥'. 이러한 전기압력밥솥의 기술도 점점 진화되고 있다. 전기압력밥솥은 1990년대만 해도 대부분 밑바닥만 가열하는 열판식이어서 아래부터 천천히 가열되어 한 번에 많은 양의 밥을 지을 경우 층층밥이 되곤 했다. 그래서 가마솥처럼 입체적으로 열을 가하기 위해 전자유도가열(IH : Induction Heating) 방법을 적용한 통가열식 전기압력밥솥이 등장했다.

통가열식은 밥솥 둘레 내부에 구리 코일이 감겨 있고, 여기에 전류가 흐르면 자기장이 변화돼 무수한 2차 전류(유도 전류)가 흐르게 된다. 이 전류가 밥솥의 전기 저항으로 인해 뜨거운 열에너지로 전환된다. 장작불 대신 전류를 이용한다 해서 '불꽃 없는 불'이라 불리는데, 사방에서 열이 전달되면서 쌀이 구석구석 잘 익는다.

IH 압력밥솥은 쌀의 원형을 유지하면서 밥의 영양분 파괴를 줄인다. 취사 속도가 빠를수록 영양분 파괴가 적기 때문에 최근에는 취사 시간을 9분대로 줄인 제품도 출시되었다. 이 기술의 핵심은 밥솥의 측면 화력을 두 배 이상 향상시켜 밥의 단맛이 빠져나가지 않도록 하는 것이다.

이외에도 열전도율을 높게 하기 위해 내솥의 바깥부분을 금이나 구리로 얇게 입히기도 한다. 솥의 주요 재질인 스테인리스강은 열전도율이 낮아서 쌀에 열이 전달되는 속도가 느린 반면 구리는 12배, 금은 9배 정도 스테인리스강보다 열전도율이 높다. 단, 도금이 지나치게 두꺼울 경우 코일의 전류가 내솥까지 닿지 못해서 가열이 잘 안 되므로 얇게 도금을 입혀야 한다.

기존의 전기밥솥은 보온과 취사만 가능했다면, 이제는 밥맛을 자유자재로 구현할 수 있게 되었다. 백미, 잡곡, 된밥, 진밥 등을 가족들의 식성에 따라 지을 수 있고, 빵이나 갖가지 요리도 가능하게끔 기술이 발전한 것이다. 그뿐만 아니라 뚜껑과 기체 배출구 등에 끼어 있는 이물질을 제거해 주는 기능을 포함해 여러 가지 부가 기능을 갖추고 있어 주부들의 편의성을 강화시켰다. 이러한 추세라면 머지않아 쌀 한 가마를 넣어 두면 끼니때를 기억해 두었다가 알아서 물을 맞춰 맛있게 밥을 지어 놓고, 쌀이 떨어지면 메시지를 보내는 밥솥도 나오리라 예상된다.

첨단 과학으로 만들었다는 이들 밥솥 역시 가마솥의 원리를 고스란히 담아냈다는 사실은 시사하는 바가 크다. 아울러 온고지신이라는 말처럼 겨레의 과학 슬기는 첨단 과학을 뒷받침하는 버팀목으로 응용되고 있을 뿐 아니라 미래를 여는 열쇠라는 점을 결코 간과해서는 안 될 것이다.

이동식 다연장 로켓
'신기전(神機箭)'

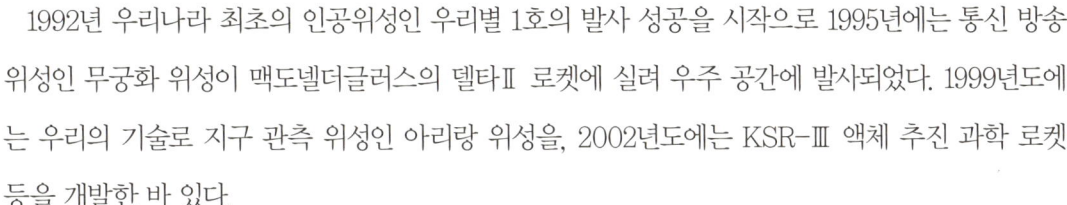

　1992년 우리나라 최초의 인공위성인 우리별 1호의 발사 성공을 시작으로 1995년에는 통신 방송 위성인 무궁화 위성이 맥도넬더글러스의 델타Ⅱ 로켓에 실려 우주 공간에 발사되었다. 1999년도에는 우리의 기술로 지구 관측 위성인 아리랑 위성을, 2002년도에는 KSR-Ⅲ 액체 추진 과학 로켓 등을 개발한 바 있다.

　또한 2006년에는 다목적 실용 위성인 아리랑 위성 2호가 발사되었고, 이 위성에 세계 최고 수준의 해상도를 갖춘 1m급 광학 카메라가 장착되었다. 1m급 해상도란 가로와 세로가 각기 1m인 지상의 물체를 1개의 점으로 표시할 수 있는 정도의 고해상도를 말하는 것으로, 이 카메라로 지구 상공 685km에서 지구상에 존재하거나 발생되는 사건들을 상세히 촬영할 수 있는 조건을 갖추게 되었으며, 이는 30년 먼저 위성을 쏘아 올린 원격 탐사 위성 보유 선진국과 어깨를 나란히 하는 자랑할 만한 일이었다.

　특히 2008년 4월 8일에는 우리나라 최초로 이소연 우주인이 카자흐스탄 바이코누르 우주 발사 기지에서 소유즈 TMA12를 타고 우주 정거장에서 11일간 우주인의 임무를 성실히 수행하였다. 이것은 우리나라가 세계 38번째 우주인 배출국임과 세계 7번째 여성 우주인 배출국이 된 것을 의미하는 것임과 동시에 우리나라 유인 우주 기술 시대의 시작을 알리는 일대 사건이었다.

　우리는 흔히 로켓의 시초를 19세기 초 2차 대전 때의 폰 브라운 박사가 개발한 탄도미사일인 V-2로켓으로 생각하고 있다. 하지만 세계 최초의 로켓으로는 1232년 중국 금나라에서 처음 불화살이 등장하며, 두 번째는 1250년 아라비아에서, 세 번째는 1379년 이탈리아에서 사용된 것으로 전해진다. 그러나 이들은 있었다는 내용만 있을 뿐 실물이나 구조에 대한 구체적인 기록이 없어 복원이 불가능하다. 네 번째의 로켓은 고려말(1377년)에 화통도감(火㷁都監)을 설치하고 18가지의 화약 무기를 연구 개발하면서 1387년 최무선이 만든 '주화(走火)'라는 로켓이다.

당시 로켓의 발사 추진체의 핵심 기술은 흑색 화약인데 이러한 화약 제조 기술을 유일하게 보유하고 있던 나라는 중국이었다. 그러나 중국은 화약 제조 관련 지식을 극비에 붙여 그 기술의 국외 유출을 엄격히 통제하였기 때문에 고려는 화약 제조 기술을 쉽게 습득할 수 없었다.

화약의 주요 성분인 염초, 유황, 목탄 세 가지 가운데 유황과 목탄은 비교적 쉽게 얻을 수 있었지만, 염초는 화학 기술을 요구하는 것으로 제조에 많은 기술적 노하우가 필요하였다. 당시의 화약 제조는 염초의 제조 기술에 그 열쇠가 달려 있었던 것이다.

최무선은 왜구 격퇴를 위해서는 화약 병기가 절대적으로 필요하다는 것을 알고, 오랫동안 노력한 끝에 중국인 이원이라는 사람을 통해 화약의 핵심 기술인 염초 제조 기술을 습득할 수 있었다.

전통 시대의 화약은 유황, 염초, 숯가루를 섞어 만들었는데, 화약을 제조하기 위한 여러 공정 중에서도 가장 까다로웠던 것이 염초 제조 공정이었다. 최무선은 가장 어렵다는 이 염초의 정제 방법을 처음으로 연구하여 직접 만들어 낸 것이다. 당시 화약의 성분 구성은 염초(焰硝) 75%, 유황(硫黃) 10%, 목탄(木炭) 15% 정도인데, 최무선은 수차례의 실험을 통해서 최적의 혼합 비율로 화약을 만들어 낸 것이다.

최무선은 여기에 그치지 않고 고려 우왕 3년(1377년)부터 화약을 본격적으로 제조하기 시작하였으며, 조정에 건의하여 화약 무기 연구소인 화통도감(火㷁都監)을 설치하여 화약과 화약 병기의 제조 업무를 주관하였다. 화통도감의 설치는 곧 고려가 최첨단 무기인 화약과 화약 병기의 자체 생산, 그것도 대량 생산 체제를 갖추었음을 의미하는 것으로써, 고려는 이제 동양권에서 중국에 이어 두 번째의 화기 보유국으로 등장한 것이다.

최무선은 화통도감에서 대장군(大將軍)·화포(火砲)·화통(火筒)·화전(火箭)·주화(走火) 등 18종에 달하는 화약 병기를 연구하여 제작하는데 성공하였다. 이 가운데 눈에 띠는 화약 병기는 바로 '달리는 불'이라는 뜻의 주화(走火)를 들 수 있다. 주화는 화약통에 제조된 화약을 채우고 연소 구멍에 있는 심지에 불을 붙이면 화약이 연소되면서 가스가 형성되고, 이 가스의 분출력에 힘입어 스스로 날아갈 수 있는 로켓 화기였던 것이다. 이것은 오늘날의 고체 추진 로켓과 같은 원리로 작동하는 것으로 고려가 로켓 보유국이 되었음을 만천하에 알리는 역할을 한 것이다.

최무선이 만든 주화 로켓은 금촉주화(金鏃走火) → 세주화(細走火) → 금촉소주화(金鏃 小走火) → 대·중·소주화로 개량되다가 이를 바탕으로 조선 세종(1448년) 때는 더욱 연구 개발에 심혈을 기울여 2~3배 성능이 뛰어난 신기전(神機箭)을 만들었다. 신기전은 여러 크기로 다양하게 제작되었는데, 대신기전(大神機箭)·산화신기전(散火神機箭)·중신기전(中神機箭)·소신기전(小神機箭)을 들 수 있다.

먼저 대신기전은 길이 5m 60cm로 끝부분에 화살 추진체인 발화통을 붙인 뒤 그 위에 폭발물인 발화통을 부착하였다. 약통의 윗면과 발화통의 아랫면 중앙에는 각기 구멍을 뚫어 점화선을 연결하였다. 대신기전은 발사 후 불과 연기를 분출하며 굉음을 내다가 목표 지점에서는 스스로 폭발해 적들을 공포의 도가니로 몰아넣었다.

산화신기전은 '불을 흩어놓은 신기전'이란 뜻으로 크기는 대신기전보다 약간 작은 5m 35cm이다. 약통 위에 발화통(發火桶) 대신에 지화(地火)와 작은 종이 폭탄인 소발화(小發火)를 붙인 뒤 약통과 점화선을 연결한 점이 다르다. 이렇게 하면 추진체가 다 타고 난 뒤 점화선을 통해 지화통에 불이 붙어 사방으로 흩어지며 폭발하여 적들의 간담을 서늘하게 하였다.

중신기전은 길이 1m 45cm로 화살대 앞부분에 대신기전과 마찬가지로 추진체인 약통과 폭탄인 발화통이 부착되어 있다.

소신기전은 길이 1m 10cm로 대·중신기전과 달리 추진체인 약통만 부착하였다.

성종 임금(1474년) 때 간행된 무기서인 『국조오례의서례 병기도설(國朝五禮儀序例 兵器圖說)』

● 신기전 발사 시험

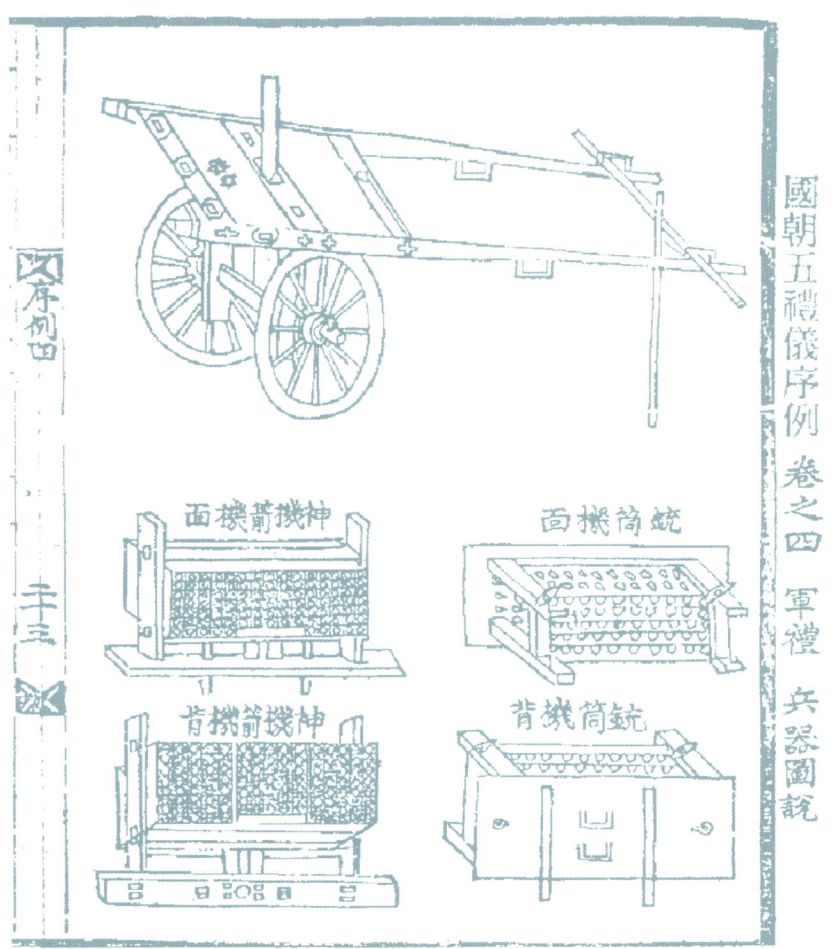

● 신기전 화차 도해

● 신기전의 종류

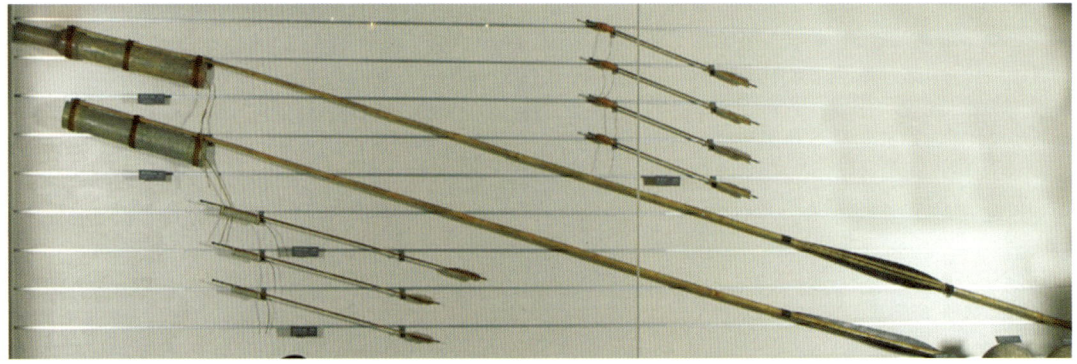

에는 '신기전'이라는 로켓 추진식 화살이 설계도와 함께 기록되어 있다. 항공 우주 연구원 채연석 박사의 노력으로 이것이 세계에서 가장 오래된 로켓 설계도인 것으로 1983년 세계 우주 항공학회(IAF)는 공인하였다.

  이 설계도에 따르면 300여 개나 되는 화차의 부분품과 함께 리(釐)라는 0.3mm에 해당하는 작은 단위까지 사용함으로써 세종 때의 수준 높은 정밀 과학을 말해 주고 있다. 특히 이때 개발한 대신기전(大神機箭)은 전체 길이가 5.6m에 추진체인 약통의 길이만 약 70cm로 당시로서는 세계 최대였다.

  대신기전의 사거리는 2km 정도 날아간 것으로 추정된다. 국방 과학 연구원(ADD)에서 2007년 천연 한지가 아닌 크라프트지 약통으로 만든 대신기전을 19발을 발사하여 2~3발을 성공하였는데, 비행거리는 1.5~1.8km였다. 이어 2008년 4월 발사에서는 한지 90%에 펄프 10%로 된 약통을 기계

● 신기전기 화차(국립중앙과학관)

작업으로 제작한 대신기전 4발을 쏘아 100% 성공하였으며, 비행 거리는 3km였다. 이후 항공 우주 연구원과 충남대학교에서 100% 한지로 만든 약통을 사용하여 제작한 대신기전을 발사하여 비행거리 1km를 기록하였다. 이러한 복원 실험 결과를 토대로 볼 때 적어도 대신기전의 비행 거리는 1km 이상이었을 것으로 추정된다.

  조선의 대신기전은 영국의 콩그레브(William Congreve)가 1805년에 만든 6파운더(Pounder) 로켓(4.3m)보다 크고 360여 년이나 앞서는 것으로 18세기 이전의 로켓 중에서는 세계에서 가장 큰 로켓이다.

  신기전의 과학적 원리를 보면, 먼저 대나무로 제작한 화살대 맨 윗부분에 한지로 만든 화약통(火藥筒)이 달려 있고, 화약통 속에는 화약이 들어 있으며, 화약통의 윗부분에는 폭탄인 발화통을 올려놓았다. 또한 화약통의 아랫부분에는 분사 구멍(nozzle)이 뚫려 있다. 추진제인 약통 속의 화약에 도화선을 이용하여 불을 붙이면 도화선이 타들어가면서 화약에 불이 붙어 연소 가스를 만들

● 신기전기 화차

● 신기전기 발사대

고, 화약이 연소되면서 분출되는 가스의 추진력으로 화살이 날아가도록 하였다. 그리고 화약통 윗면과 발화통 아랫면에 구멍을 뚫은 뒤 도화선을 연결하여 신기전이 목표 지점에 도달했을 때, 자동적으로 폭발하도록 설계하였다.

약통의 아래에 있는 분사 구멍을 로켓학 용어로 노즐(nozzle)이라 하는데 이것의 크기는 아주 중요하다. 크기가 작으면 연소 가스가 밖으로 미처 다 빠져 나가지 못해 커지는 압력으로 약통 자체가 터지게 되는데 이것은 폭탄과 같은 원리이다. 반대로 분사 구멍의 크기가 너무 크면 연소 가스가 빠져나가는 속도가 느려져서 로켓이 움직일 수 있을 만큼의 힘을 만들지 못하게 된다. 우리 선조들은 이러한 기술적 어려움을 과학적으로 슬기롭게 극복하였던 것이다.

이러한 신기전을 발사하기 위해서는 발사대가 필요했다. 지금의 로켓 발사대와 같은 원리인 화차 (火車)가 조선 태종 9년(1409년) 처음 만들어졌다. 그 40년 뒤인 문종 때는 수레 위에 발사대를 만들어 신기전 100개, 혹은 사전총통 50개를 설치하고 한꺼번에 발사할 수 있는 이동식 다연장 로켓무기를 만들어 내었다. 문종 임금 때 개량된 이 수레 모양의 화차는 평상시에는 물건을 운반하는 생활 도구로 사용되다가 전쟁이 일어나면 신기전을 띄우는 발사대로 기능이 바뀌었다. 특히 화차는 신기전의 발사 각도를 0°~43°까지 자유롭게 조절하여 사정거리를 조절할 수 있도록 문종 대왕이 직접 설계한 과학적이고 독창적인 발사대로 그 의의가 자못 크다.

● 다연장 로켓 발사대

1992년 항공 우주 연구원 채연석 박사가 중·소 신기전을 복원하여 발사하는데 성공하였다. 이어 1993년 대전 엑스포 개최 100일을 기념하여 갑천 둔치에서 발사 실험을 실시하여 국내외에 우리 고유 과학의 창조성과 우수성을 드높인 바 있었는데, 우리 겨레는 15세기에 이미 발사체에 대한 최고의 기술을 갖추었던 민족임을 되새길 수 있는 역사적 순간이었다.

21세기 우주 과학 기술 강국으로 발돋움할 수 있는 토대를 공고히 구축하기 위해 현재 전남 고흥 외나로도에 우주 발사장 건설이 완료되었다. 이것은 우리나라 최초의 로켓 '주화'를 만들었던 최무선과 세계 최초의 다연발 이동식 발사체를 만든 조선 초 기술자들의 과학 기술을 계승한 것이다. 이와 더불어 우주 항공 기술 산업의 고성장을 눈앞에 두고 있는 것도 우리 고유 과학 기술과의 접목에서 이루어진 값진 결과가 아닐까?

우리 민족의 신기술
'유기'

● 유기 향로

  유기(鍮器)란 구리에 주석을 합금한 청동, 아연을 합금한 황동의 일종으로 놋그릇이라고도 한다. 유기는 재료의 성분과 비율에 따라 차이가 있으나, 넓은 의미로는 구리를 기본으로 하는 비철금속계의 합금으로 그 시원은 청동기 시대로 거슬러 올라간다.

  삼국 시대에는 백제 금동 대향로에서 상당한 수준의 청동 합금 기술을 엿볼 수 있다. 8세기경 신라에는 유기 제작을 전담하는 관서인 철유전(鐵鍮典)이 설치되어 합금 기술의 획기적인 발전을 가져오게 되었다.

  중국에서는 '신라동(新羅銅)'이라 일컬을 정도로 널리 알려졌는데, 이러한 신라의 뛰어난 청동 합금 기술을 살펴볼 수 있는 문헌으로는, 먼저 중국의 유명한 박물학서인 명나라 이시진(李時珍)의 『본초강목(本草鋼目)』에 "페르시아 동(銅)은 거울을 만드는 데 좋고, 신라동은 종을 만드는 데 좋다."고 쓰여 있는 것에서 그러한 사실을 살펴볼 수 있다. 또한 명(明)의 동월(董越)이 1488년의 조선을 보고, 1490년에 쓴 『조선부(朝鮮賦)』에 고려동(高麗銅)은 질이 우수하여 당(唐)과 송(宋)에서 수입하였다는 기록이 남아 있다.

우리나라의 문헌으로는 먼저『고려사(高麗史)』에 958년(광종 9년)과 959년에 후주(後周), 그리고 1262년(원종 3년)에 원나라에 동을 수출하였다는 기록이 보이며, 조선 초에 간행된『동국여지승람(東國輿地勝覽)』에 "다섯 가지 금속(금, 은, 동, 철, 납) 중에서 동(銅)이 제일 많이 산출되는데, 이 땅에서 만들어지는 동은 가장 굳고, 붉은색이 난다. 식기나 수저는 모두 이것으로 만들며, 이것이 곧 중국에서 말하는 고려동이다."라는 기록으로 미루어 우리나라의 뛰어난 청동 합금 기술을 살펴볼 수 있다.

● 일본 정창원(쇼소인) 신라 유기

이러한 청동 합금 기술은 일본 쇼소인(正倉院)에 소장된 신라의 유기 제품인 주발, 완, 숟가락 등에서도 확인할 수 있다.

고려와 조선 시대에는 그 합금 기술이 더욱 발전되어 화폐, 금속 활자, 각종 악기뿐 아니라 생활 용기가 제작되는 등 세계적으로 독특한 비철합금 기술인 유기를 만들었다.

유기는 제작 기법에 따라 주조법과 단조법이 있다. 주조는 구리에 아연, 주석 합금의 쇳물을 해 감모래 거푸집에 부어 촛대·향로·화로 등을 만드는 기법이다. 유기를 주조해서 만드는 곳을 '통점', 여기서 생산되는 주물을 '붓배기'라 하였다.

단조는 구리와 주석 합금으로 바둑(괴)을 만든 다음 이 바둑을 불에 달구면서 망치나 메로 쳐서 모양을 잡아가며 징·꽹과리·대야·식기·수저 등을 만드는 기법이다. 단조로 만든 것은 인체에 해롭지 않아 식기류로 많이 애용되었으며, 소리가 좋아 타악기로도 널리 사용되었다. 유기(놋그릇)를 단조하여 만드는 곳을 '놋점', 여기서 만든 단조품을 '방짜'라 하였다.

특히 방짜란 용어에는 우리 고유의 과학 기술이 숨어 있다. 대개 두드려 만드는 것을 방짜라고 알고 있지만, 과학적으로는 구리 78%에 주석 22%를 정확히 합금하여 만든 것이 바로 방짜인 것이다. 즉, 방짜는 가장 질 좋은 합금을 일컫는 합금 기술 용어이며, 잡금속을 섞어 질이 떨어지는 합금은 통짜(쇠)라 일컬었다. 이는 우리말의 진짜, 가짜와 통하는 용어이다.

1834년에 간행된 이규경(李圭景)의『오주서종박물고변(五洲書種博物考辨)』에는 "향동(청동)은 우리나라의 놋쇠이다. 놋쇠 1근을 만들려면 구리 1근에 주석 4냥을 넣는다."라고 기술하고 있다. 이것을 조성 비율로 환산하면 구리(Cu) 80% : 주석(Sn) 20%로 청동 합금인 것이다.

바둑 가열　　　　　　　바둑 망치질　　　　　　　우김질

　이러한 유기 합금 조성은 남북국(통일 신라와 발해) 시대부터 찾아진다. 통일 신라의 유기 제품으로 보이는 청동숟가락, 청동용기, 청동제기 등이 이천 설봉산성에서 출토되었는데, 주석의 함량이 청동숟가락 19.3%, 청동용기 22.5%, 청동제기 22.3%로 각기 계측되어 통일 신라 시대부터 방짜 유기의 합금 비율이 어느 정도 완성되었던 것으로 생각된다. 이와 같은 합금 비율은 고려를 거쳐 조선 시대가 되면 정형화되어 방짜 유기의 합금이 구리 1근에 주석 4.5냥, 즉 구리(Cu) 78% : 주석(Sn) 22%로 통일된 것으로 보인다.

　방짜 유기를 통해 우리는 선조들이 개발한 독특한 합금 기술과 과학 기술을 엿볼 수 있다.

　유기에 사용되는 주석의 함량은 22%인데, 현대 재료 공학에서는 주석의 함량이 20%가 넘으면 재료가 매우 취약해져 사용이 불가능한 합금 비율로 알려져 있다. 그러한 이유로 주석을 10% 이상 섞지 말라고 권장하고 있다. 깨지기 쉬운 주석의 성질 때문에 이를 넘으면 용기로서의 기능을 하지 못하기 때문이다.

　그러나 우리의 방짜 유기는 합금 비율이 정확하지 않으면 잘 만들어지지 않으며, 22%의 주석 함량에도 잘 깨지지 않는 특성을 갖고 있다. 실제 유기의 산업화를 위해 현대 재료 공학 이론에 따라 유기를 만들어 보았으나 놋쇠가 너무 찐득하여 성공하지 못했던 사례가 있다.

　또한 2003년도에 이봉주 유기장의 도움으로 구리에 각기 주석 10%와 주석 18% 이상을 합금하여 유기 제작을 실험한 적이 있다. 이때 주석의 함량이 10%의 경우 두드릴 때 쉽게 깨졌으나, 주석의 함량이 18% 이상의 경우 두드려도 깨지지 않고 형태를 유지해 가는 것이 보고된 바 있다.

　원래 구리에 대한 주석의 함량이 높아지면 경도가 커져 두드릴 수가 없으나, 주석의 함량이 18%~25%까지는 600℃ 안팎에서 단조, 즉 두드리는 것이 가능한 구역이 있는데 우리의 선조들은 경험적으로 이를 알아내었던 것이다. 다시 말해 금속이 가지고 있는 성질을 잘 파악하여 적재적소에 이용한 것이다.

　두드림과 열처리에 따라 구리와 주석 두 조직이 하나가 되어 '유기(놋쇠)'라는 새로운 금속이 탄

냄질 　　　　　 징 완성

● 징의 제작 과정

생한 것이다.

　만일 처음부터 마지막 제품의 완성에 이르기까지 계속 두드려 만든다면 모두 깨지고 말 것이다. 이것은 바로 가공으로 재료 자체가 너무 단단해져 깨지는 가공 경화 현상 때문이다. 따라서 어느 정도 가공을 한 뒤 반드시 열 풀림을 해서 재료를 연하게 만든 다음 다시 가공을 해야 하는 것이다. 금속은 열을 가하면 열 풀림 현상으로 연해지는 성질과 두드리면 두드릴수록 단단해지는 가공 경화성을 가지고 있다. 이와 같이 지속적인 열처리로 주석의 취약한 성질을 극복한 후, 단조로 놋쇠를 열간 가공하여 잘 깨지지 않고 견고한 실용성 있는 용기로 거듭날 수 있었던 것이다.

　방짜 유기의 경우 각 단계별로 기계적 성질을 보면 가공을 거듭할수록 강도와 경도가 높아지는 것을 알 수 있다. 이것은 전자주사현미경 조직 사진에서 확인이 된다. 내부에 존재하는 α 상(연한 조직)이 주석의 확산에 의해 β 상(강한 조직)으로 변태(變態)되어 가공을 거듭할수록 β 상의 석출 양이 점점 많아져 최종 제품에서는 오히려 β 상이 더 많이 존재하게 된다.

　이러한 금속 조직학적인 변화를 선조들이 이미 터득하였기에 유기라는 우수한 제품을 만들 수 있게 된 것이다. 방짜는 현대 과학으로도 이해할 수 없는 합금 기술로 이것은 세계적인 신기술인

● 유기 그릇

195

것이다.

현대 과학자들이 세계적인 특허감으로 일컫는 유기에는 뛰어난 장점과 더불어 단점도 갖고 있다.

장점으로는 첫째, 유기는 황금색을 띠기 때문에 미학적으로 완전한 그릇이라는 점이다. 둘째, 살균 기능이 있다는 점이다. 유기 그릇은 2003년도에 박종현 교수(경원대)의 분석으로 식중독을 일으키는 대장균의 하나인 O-157균을 죽이는 살균 효과가 있음이 밝혀졌으며, 최근엔 허정원 박사(경기도 보건 환경 연구원)의 연구로 장염 비브리오, 비브리오 패혈증과 콜레라 등 병원성 비브리오균과 유해 미생물에 대한 살균 효과가 뛰어남을 입증하였다. 셋째, 농약이나 인체에 해로운 가스 등 독성 물질에 반응하고, 보온·보냉 효과가 좋아 음식의 맛을 살려 주는 기능을 지니고 있다는 점을 들 수 있다.

이러한 장점과 달리 단점으로는 첫째, 자주 닦아 줘야 하는 등 관리가 까다롭다는 점이다. 예전에는 유기의 녹을 닦아 내기 위해 짚이나 천에 곱게 빻은 기와 가루를 묻혀 힘들게 닦아야 했던 기억이 떠오르는 독자도 있을 것이다. 둘째, 비철금속이기 때문에 열에 약하다. 때문에 불에 직접 사용하는 것을 피해야 한다. 이러한 단점 때문에 근래에는 스테인레스 제품으로 대체되는 이유가 되기도 하였다.

그러나 요즈음 새롭게 대두되고 있는 유기의 장점을 현대 과학과 잘 접목시키면 여러 분야에서 새로운 활용 방안이 대두될 것으로 생각된다.

먼저, 중금속과 농약 등에 반응하는 점에 착안하여 검출기, 감지기, 정수기 등 실생활 용기를 개발할 수 있을 것이다. 둘째, 여름이면 창궐하는 장염 비브리오, 비브리오 패혈증을 억제하거나 사멸시키는 어족관이나 육류·야채 냉장고 등 고 기능성 살균 냉장고를 개발할 수 있을 것이다. 셋째, 보온·보냉 기능과 쓸수록 은은한 황금 색상을 활용하여 명품 식기와 타악기를 만들면 세계적인 브랜드화가 가능할 것이다.

또한 유기에는 인간에게 꼭 필요한 미네날 성분인 무기질의 구리, 아연과 나트륨, 칼륨, 마그네슘 등이 미량 검출되고 있다. 이런 점에 착안하여 기능성 음료 용기와 저장고 등을 개발한다면 현대 사회의 참살이(웰빙) 열풍과 함께 국민 건강에도 크게 기여할 것으로 기대된다.

이와 같이 유기의 합금 기술에 대한 매커니즘을 규명하고, 현대 첨단 과학 기술과 접목해 기능성이 우수한 신소재 개발이 이루어지면 세계에서 가장 독특하고 우수한 비철 소재로 자리매김할 것이다.

첨단 도난 방지 시스템인 '자물쇠'

우리의 전통 자물쇠는 삼국 시대까지 거슬러 올라갈 정도로 오랜 역사를 자랑한다. 요즈음도 도난 방지를 위해서 단순한 자물통에서부터 손금이나 음성 인식에 이르는 첨단 도난 방지 시스템을 개발하기 위해 애쓰고 있는데, 예전에 우리 어머니나 할머니들도 장롱에 소중한 물건을 넣고 자물쇠를 채워 놓곤 하였다. 이처럼 자물쇠는 중요한 물건을 넣어 두는 함이나 장롱, 뒤주 등 여닫는 물건에 채워서 열쇠가 없으면 열지 못하도록 잠그는 장석의 일종으로, 도난 방지 및 비밀 유지 외에도 가구 장식(家具裝飾)의 아름다움을 돋우는데 사용되었다.

우리의 전통 자물쇠는 자물통·소통·쇠통·쇄금·쇄약 등 다양한 이름을 갖고 있다. 자물쇠라는 말은 동사인 '자물'과 명사인 '쇠'가 합쳐서 만들어진 복합어이다. 여기서 '자물'은 '잠근다'는 의미를 지닌 '즈므다'에서 비롯됐고, '쇠'는 '쇠붙이'를 뜻한다. 이렇게 볼 때 자물쇠는 잠근다는 기능성을 강조한 말로, 폐쇄·보관·보수·수비 등을 상징한다.

자물쇠는 그것이 쓰이는 곳과 시대에 따라 구조와 형태, 재료에서 다양한 변화와 발전을 보였다. 우선 장·농·뒤주 등 가구의 기능과 구조가 발전하고 새로운 형태의 가구가 제작되면서, 그 흐

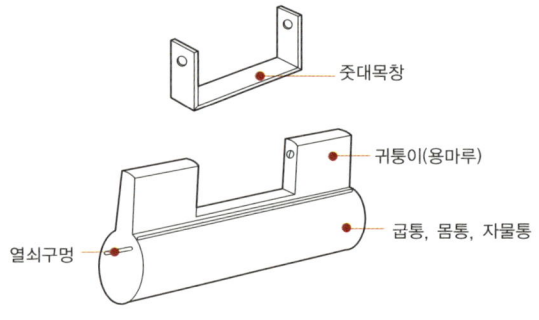

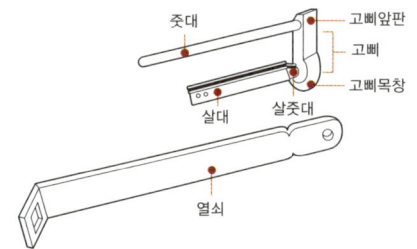

● 황동 단조 대롱(몸통 원형) 자물쇠 세부 명칭

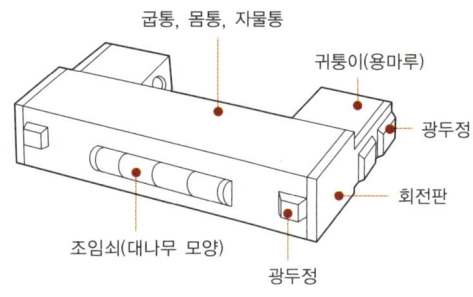

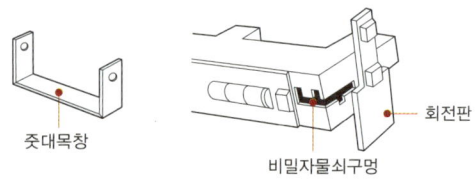

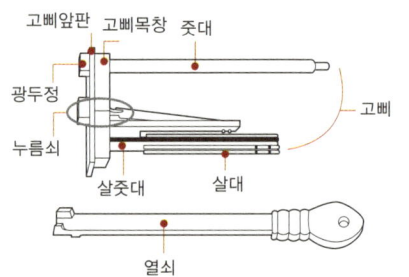

● 백동 8단 비밀 자물쇠 세부 명칭

름에 대응한 좀 더 기능적인 자물쇠가 새롭게 제작됐다. 대롱자물쇠·함박자물쇠·물상형자물쇠·붙박이자물쇠 등 그 종류도 다양하다.

자물쇠의 재료 역시 시대에 따라 달라졌다. 고대의 자물쇠는 충남 부여 부소산성에서 발굴된 백제 자물쇠처럼 주로 철을 이용해 만들어졌다. 그 이후 조선 시대 후기까지는 구리에 아연을 합금한 황동이 주로 사용됐고, 조선 시대 말기에는 구리와 니켈의 합금인 백동으로 만들어졌다. 자물쇠의 사용 목적을 생각하면 부수기 어렵도록 튼튼해야 한다. 연구 결과 황동이나 백동 등은 현대에 만든 합금 못지않게 강도나 금속 특성이 우수하다. 우리 조상의 합금과 단조·주조 기술이 뛰어났다는 사실을 여기서도 알 수 있다.

전통 자물쇠는 크게 자물통과 고삐, 열쇠 세 부분으로 구성된다. 여기서 자물통은 자물쇠의 몸통이고, 고삐는 잠글 물건을 거는 부분에 해당한다. 잠금장치 기능은 자물통과 고삐에 의해 이뤄진다. 고삐의 살줏대에 부착된 탄력성 있는 '〉' 모양의 살대를 자물통에 끼워 넣어 잠그는 것이다. 따라서 자물쇠는 자물통의 열쇠 구멍과 살줏대에 부착된 살대의 크기와 구조에 맞는 열쇠가 아니면 절대 열 수 없도록 만들어져 있다(왼쪽 그림 참조).

전통 자물쇠 중에는 단순히 일자형으로 되어 있어 한번에 열리는 것도 있다. 그러나 미로처럼 만들어 순서에 맞게 여러 단계를 조작해야만 열 수 있는 고도의 기술이 담긴 종류도 있다. 지그

재그로 손놀림으로 밀고 당기면서 자물통과 열쇠의 퍼즐을 하나씩 풀어가는 셈이다. 이와 같은 비밀 자물쇠는 조작하는 과정의 수에 따라 2단에서 8단에 이르기까지 다양한 종류가 있다.

자 그러면 가장 복잡한 과정을 거쳐야 열리는 조선 시대의 백동 8단 비밀 자물쇠를 직접 열어 보자.(백동 8단 비밀 자물쇠 여는 방법 참조) 이 비밀 자물쇠는 겉에 열쇠 구멍이 없다. 열쇠를 어떻게 사용할지 난감할 수밖에 없다. 우선 자물쇠 왼쪽 고삐 앞판에 붙어 있는 꽃무늬의 광두정을 아래로 누른다(1단계). 광두정을 누른 상태에서 줏대를 고삐 방향으로 민다(2단계). 그러면 오른쪽의 회전판을 180° 회전시킬 수 있다(3단계).

이 단계를 거치면 철커덕하고 열쇠 구멍이 나타난다. 그러나 구멍의 모양이 열쇠 끝의 생김새와 다르기 때문에 이 상태에서는 열쇠가 들어가지 않는다. 열쇠가 제짝이 아니라는 생각이 강하게 들 수밖에 없다. 그러나 포기하지 않고 더 고민해 보자.

자물통 밑면 양쪽 가장자리에 부착된 꽃무늬 광두정 가운데 하나를 고삐 방향(왼쪽)으로 민다(4단계). 밀대판이 여닫이문처럼 열리면서 밑면에도 열쇠 구멍이 노출돼 비로소 열쇠 조작이 가능해진다. 옆면의 구멍에 열쇠를 자물통과 직각으로 해 열쇠 위에 부착된 'ㄱ'자 모양을 안으로 감듯이

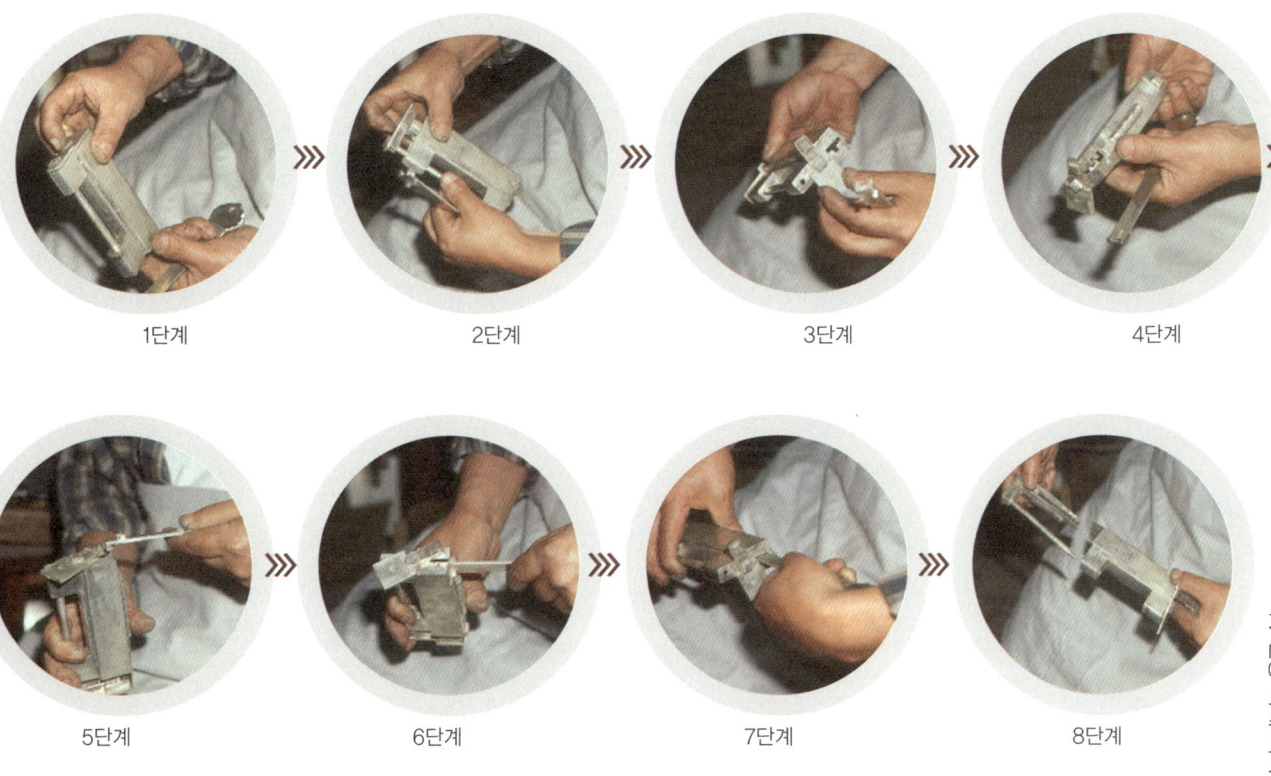

● 백동 8단 비밀 자물쇠 여는 방법

넣으면 들어간다(5단계).

열쇠가 몸통 안으로 들어가면 열쇠를 잡은 채로 고삐 방향으로 움직인다. 그러면 2개의 홈에 열쇠의 돌출 부위가 딱 맞으며, 열쇠 끝 돌출 부위가 안으로 들어간다(6단계). 그런 후 열쇠를 몸통 방향과 수평이 되게 90° 튼다(7단계). 마지막으로 열쇠를 살줏대 방향으로 수평이 되게 밀면 드디어 고삐가 빠진다(8단계).

비밀 자물쇠는 이젠 풀렸다 싶을 때 다시 막다른 골목이 나타나는 경우가 허다하다. 열기 어려울수록 초정밀 수작으로 불리는 것은 당연하다. 이와 같은 비밀 자물쇠의 내부를 살펴보자(198쪽 백동 8단 비밀 자물쇠 세부 명칭 참조).

자물쇠 속에 들어 있는 속목창은 고삐가 들어가 살대가 펼쳐져 빠지지 않도록 해 진정한 자물쇠의 구실을 하는 중요한 부품이다. 위에는 줏대가 들어가는 구멍이 있고, 아랫부분에는 '土'자 모양의 구멍이 뚫려 있다. 고삐에 붙어 있는 살줏대와 살대는 아랫구멍으로 들어간다. 살대는 이 구멍을 지나면서 튕겨지면서 펼쳐져 열쇠를 눌러 주지 않는 한 고삐가 나오지 않게 된다.

이러한 비밀 자물쇠에서 찾아지는 과학 슬기를 보면, 밑면에 부착된 밀대판에 배흘림을 갖도록 만들었으며, 가운데 부분이 약간 오목하게 들어가도록 두드려 판스프링 역할을 하도록 설계하였다. 이는 밀대판을 오래 사용해도 헐거워짐을 방지하여 쉽게 양쪽으로 밀리지 않도록 하는 특수 설계 기법인 것이다.

특히 자물쇠의 속뭉치인 살줏대에 부착되는 살대는 탄력이 가장 중요하므로 밀대판과 같이 백동판을 망치로 두들겨 강도를 높이고 탄력성을 갖도록 만들었다. 살대가 마치 다이빙대와 같은 탄력을 갖게 하여 잠기거나 열쇠를 빼었을 때 원위치로 오르내릴 수 있도록 탄력을 조정하여 설계하였던 것이다.

이러한 설계 구조와 성능은 외국에서 찾아보기 어려운 것으로, 자물쇠를 만들기 위한 정확한 합금과 단조·주조 기술은 우리 선조들의 손끝의 정밀함과 겨레 과학의 정수를 보여 주는 것이다.

지금도 지문 인식이나 성문 인식·체온 인식 잠금 장치의 개발에 심혈을 기울이면서 보안 유지에 각별한 신경을 쓰는 잠금 기술 개발에 첨단 과학 기술이 동원되고 있다. 우리 겨레 또한 잠금·보안 기능을 강화하기 위해 새로운 기술들을 개발하여 왔는데, 그 과학 기술을 고스란히 담고 있는 것이 바로 우리 고유의 자물쇠이다.

우리 고유의 자물쇠는 오늘날 어느 잠금 장치에도 못지않은 제작 기술과 기능이 녹아 있다. 이를 현대 기술과 접목하여 새로운 기술과 장치로 개발 고안한다면 오늘날 사용되고 있는 값비싼 가구, 중요 건축물의 출입문에 자물쇠의 기능과 함께 인테리어적인 기능을 함께 고려하여 설치할 수 있을 것이다. 또한 귀중품 및 중요 잠금 장치에 쓰이고 있는 외제 자물쇠를 대체하는 역할을 할 것이다.

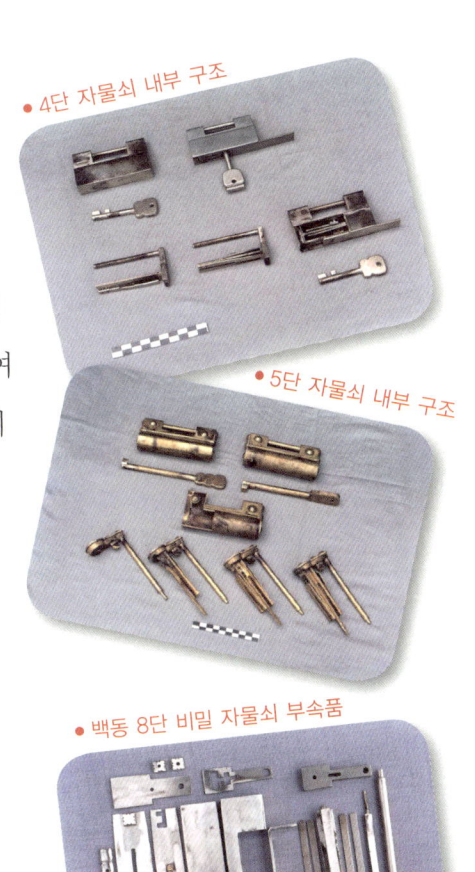

● 4단 자물쇠 내부 구조

● 5단 자물쇠 내부 구조

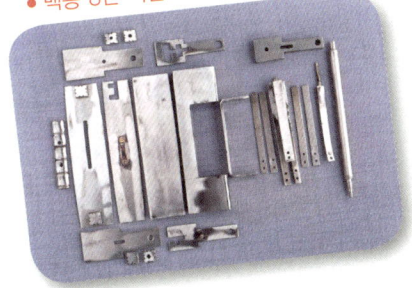

● 백동 8단 비밀 자물쇠 부속품

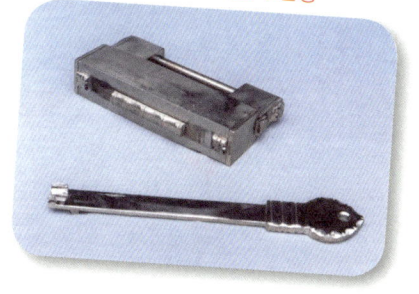

● 백동 8단 비밀 자물쇠 완성

자이로 원리를 배우자!
'팽이치기'의 과학

팽이치기는 땅이나 얼음판에서 하는 건강한 겨울놀이로 어린이들에게 매우 인기가 높았다.

팽이가 언제부터 우리 어린이들에게 놀잇감으로 사용되었는지 확실하지 않지만, 720년에 쓴 『일본서기』에 의하면 팽이가 우리나라에서 일본으로 전래되었다는 기록이 전하는 것으로 미루어 적어도 삼국 시대부터 팽이가 있었다는 것을 짐작할 수 있다.

　팽이는 지방에 따라 뺑이·팽돌이·뺑생이·핑딩·봉애·도래기 등으로도 불린다. 팽이는 박달나무, 대추나무 같이 재질이 단단한 나무로 만들어야 팽이 끝이 무디지 않아서 오래 가지고 놀 수 있으며, 팽이채는 아이들 엄지손가락만한 굵기의 나무 막대에 닥나무 껍질이나 명주실 또는 무명실을 꼬아서 만든다.

　팽이 종류로 말팽이·줄팽이·장구팽이 등이 있다. 말팽이는 모양이 쌀을 되는 말과 같다고 하여 말팽이라 하며, 위는 평평하고 몸통은 원통형이며, 끝을 연필심처럼 뾰족하게 깎아 만든다. 줄팽이는 허리에 잘록하게 홈을 내어 만들며, 장구팽이는 위와 팽이 끝을 모두 뾰족하게 깎아서 양쪽으로 돌게 만든 팽이이다.

　　말팽이　　　　　줄팽이　　　　　줄팽이　　　　　장구팽이

● 팽이의 종류

팽이의 놀이 방법에는 오래 돌리기, 장구팽이를 팽이줄로 감아 마치 야구공을 던지듯이 팽이를 던져 돌려 서로 부딪치게 하는 팽이찍기, 돌고 있는 팽이를 맞부딪쳐서 상대방의 팽이를 쓰러뜨리는 팽이 싸움놀이 등이 있다.

팽이는 축을 중심으로 좌우 무게가 맞아야 비틀거리지 않고 똑바로 서서 돌 수 있으며, 어느 정도 무게가 있어야 잘 돈다. 바닥과의 마찰을 줄여 팽이가 오래 돌 수 있도록 원뿔꼭지에 못이나 쇠구슬을 박아 돌리기도 한다.

팽이는 먼저 손으로 돌리고 재빨리 팽이채로 쳐서 돌게 하는데, 마치 채찍질을 하는 것처럼 팽이채가 팽이의 몸을 순간적으로 감았다가 풀어지는 힘으로 팽이를 돌리게 된다.

팽이를 치면 스핀을 먹은 팽이는 비스듬히 기울어져 돌아가지만 곧 똑바로 서게 되어 마찰로 인해 정지될 때까지 잘 돌게 된다. 만일 팽이가 돌다가 회전력이 약해져 쓰러지려 하면 다시 채로 쳐 회전력을 줌으로써 구심력이 커져 팽이가 다시 서게 된다.

빨리 돌아가는 물체는 회전관성 때문에 평형을 유지하려는 힘을 가지게 된다. 그것은 마치 굴렁쇠나 자전거 바퀴가 천천히 굴리거나 달리면 쓰러지지만 빨리 굴리거나 달리면 똑바로 서는 것이나, 자전거가 쓰러지려 할 때 쓰러지는 쪽으로 핸들을 돌리면 다시 일어서게 되는 이치와 같다. 이러한 원리를 자이로 원리(Gyro, 회전하고 있는 것은 그 자체가 회전면의 위치를 유지하려고 하며, 무리하게 기울이려고 하면 힘에 저항하는 성질)라 하는데 이 원리는 비행기나 배의 자동 항법 장치에 응용되고 있다.

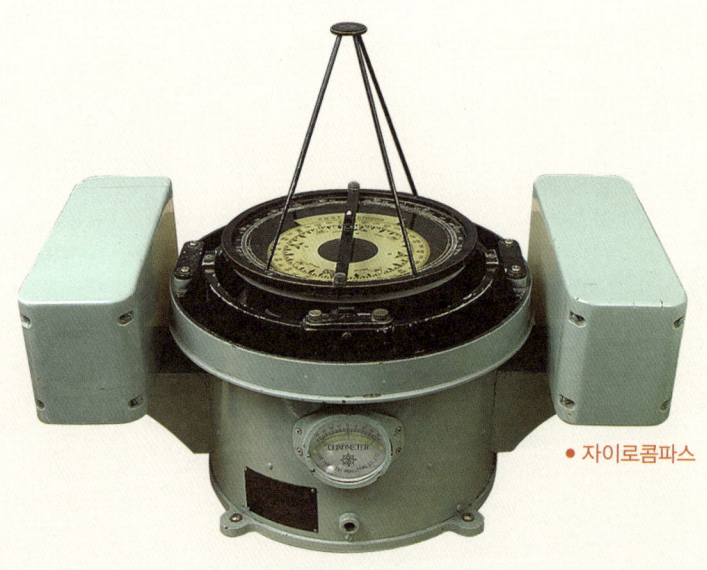

● 자이로콤파스

그러면 팽이 속의 자이로 원리가 어떻게 비행기나 배 등에 사용되었을까? 오늘날의 비행기는 자동 조종 장치에 의해 아주 정확하게 지구의 둘레를 날며, 배는 거친 바다에서도 비교적 수평을 유지하며 정확하게 항로를 잡는다. 이 모두가 팽이가 돌 때 쓰러지지 않고 잘 돌아가는 모습을 보고 미국인 과학자 엘머 앰브로스 스페리가 배와 비행기 등에 응용했기 때문이다. 바로 항공 및 항해에 혁신을 가져온 자이로콤파스 덕분인 것이다. 그는 자이로의 안정된 축이 배의 움직임을 보정하는 작용을 하며, 또 어느 정도 배의 흔들림을 감소시켜 주는 원리를 이용해서 자이로콤파스를 만들었다. 이 자이로콤파스의 콤파스는 항상 정북(正北)을 가리키고 자기(磁氣)의 영향을 받지 않는 특징을 갖고 있다.

또한 팽이는 아름답게 꾸밀 요량으로 윗면에 여러 가지 색의 무늬를 그리는데, 이것이 회전하면 색의 간섭 현상(말 그대로 색의 간섭 현상을 말한다. 여러 색들이 서로 어우러져 색의 3원색을 돌렸을 때와 같은 색의 혼합 효과를 얻을 수 있다.)으로 인한 색의 혼합을 직접 관찰하는 기회를 제공해 주는 중요한 교육 자료이다.

이렇듯 팽이치기에서는 구심력과 회전관성에 따른 자이로 원리와 색의 간섭 현상 등의 과학 슬기를 찾아볼 수 있다.

● 팽이와 팽이채

사진 자료 인용

이 책에 실린 사진들의 저작권은 저작권자와 협의를 마쳤거나 협의 중입니다.
이 책에 실린 사진들은 저작권법에 따라 보호를 받고 있으므로, 무단 전재와 무단 복제를 금합니다.

김경옥_ 윤용현_ 교학사 사진실_ 국립 경주 박물관_ 국립 공주 박물관_ 경주시_ 국립 민속 박물관_ 국립 부여 박물관_ 국립 중앙 박물관_ 국립 중앙 과학관_ 국립 축산 과학원_ 농업 박물관_ 문화재청 사이트_ 부천 활 박물관_ 숭실대 한국 기독교 박물관_ e-뮤지엄_ 한국 공예·디자인 문화 진흥원_ 한국학 중앙 연구원

- 어린이 문화 진흥회 선정 좋은 어린이 책
- 한우리 독서문화 운동본부 선정 필독 도서

10만 독자가 선택한 베스트셀러!!
<하룻밤에 읽는 한국사> 아동판 전격 출간!!

틀에 박힌 역사 지식이나 학설은 가라!!
재미있고 생생한 우리 역사 이야기를 어린이의 눈높이에 맞추어
쉽고 재미있게 엮은 경쾌한 한국사 개설서!!!

어린이를 위한, 살아 있는 우리 역사 이야기!

어린이를 위한
하룻밤에 읽는 한국사

1권 선사 시대에서 남북국 시대까지
2권 고려 시대에서 조선 시대까지

'선사 시대에서 조선 시대까지 그 시대를 대표할 만한 흥미진진한 역사적 사건들을 중심으로 재미있게 엮었습니다. 각각의 주제에 드러나는 역사 인물들의 고민과 결단, 행동을 통해 우리 역사를 자기 시각으로 볼 수 있게 해 주는 능력을 키워 줄 것입니다.

www.kyohak.co.kr

최용범/이우형 글 _ 값 각권 10,000원

초등학교 5, 6학년부터 중학생까지, 청소년을 위한 필독 도서!

남극과 북극에 관한 모든 내용이 담겨 있는 극지 안내서!

가자! 신비한
남극과 북극을 찾아서

극지 연구소 책임 연구원인 저자가 7년 이상 남극과 북극에서 생활하며 보고 느꼈던 것들을 책 속에 오롯이 담아 낸 극지 이야기! 자세한 설명과 풍부한 사진 자료들을 통해 남극과 북극을 생생하게 느낄 수 있습니다.

과학기술부 인증 우수과학도서

장순근 지음/ 국배 변형판 값 13,000원

바다 속 생물을 찾아 신나는 바다 여행을 떠나자!

어린이에게 들려주는
바다이야기

작가가 20여 년 동안 1,000회 이상의 스쿠버 다이빙을 통해 세계 곳곳의 바다를 여행하면서 만났던 다양한 바다 생물들에 얽힌 재미있는 이야기를 풍부한 사진 자료와 삽화를 함께 제시하여 이해하기 쉽게 엮었습니다. 언제나 동경의 대상이었던 바다와 관련된 상식과 지식을 넓혀 주는 안내서로서 훌륭한 길잡이가 될 것입니다.

박수현 지음 / 4×6배판 / 값 12,000원

(주)교학사 서울특별시 마포구 공덕동 105-67 전화 : 편집부 (02)7075-324, 영업부 (02)7075-15